마지막
강의

Dernières Leçons. Collège de France (1968-1969)

by Émile Benveniste

Édition established by Jean-Claude Coquet et Irène Fenoglio

Preface by Julia Kristeva

Postface by Tzvetan Todorov

Copyright © Editions du Seuil / Gallimard, 2012

Korean edition copyright © Greenbee Publishing Co., 2021

All rights reserved.

This Korean edition published by arrangement with Editions du Seuil through Shinwon Agency Co.,Seoul.

마지막 강의

초판1쇄 펴냄 2021년 11월 03일

지은이 에밀 뱅베니스트
옮긴이 김현권
펴낸이 유재건
펴낸곳 그린비
주소 서울시 마포구 와우산로 180, 4층
대표전화 02-702-2717 | **팩스** 02-703-0272
홈페이지 www.greenbee.co.kr
원고투고 및 문의 editor@greenbee.co.kr

주간 임유진 | **편집** 홍민기, 신효섭, 구세주, 송예진 | **디자인** 권희원 | **마케팅** 유하나
물류유통 유재영, 한동훈 | **경영관리** 유수진

이 책의 한국어판 저작권은 신원에이전시를 통해 저작권자와 독점 계약한 (주)그린비출판사에 있습니다.
저작권법에 의해 한국 내에서 보호를 받는 저작물이므로 무단전재와 무단복제를 금합니다.
책값은 뒤표지에 있습니다. 잘못 만들어진 책은 구입처에서 바꿔 드립니다.
ISBN 978-89-7682-665-7 03700

學問思辨行: 배우고 묻고 생각하고 판단하고 행동하고

독자의 학문사변행을 돕는 든든한 가이드 _그린비 출판그룹

그린비 철학, 예술, 고전, 인문교양 브랜드
엑스북스 책읽기, 글쓰기에 대한 거의 모든 것
곰세마리 책으로 통하는 세대공감, 가족이 함께 읽는 책

마지막 강의

천재 언어학자
뱅베니스트의
콜레주 드 프랑스 강의
(1968~1969)

에밀 뱅베니스트 지음 — 김현권 옮김

Émile Benveniste

Dernières Leçons. Collège de France
1968 et 1969

그린비

차례

일러두기

1 이 책은 Émile Benveniste, *Dernières leçons. Collège de France (1968 et 1969)*, Editions du Seuil / Gallimard, 2012를 완역한 것이다.

2 단행본·정기간행물의 제목에는 겹낫표(『 』)를, 논문·단편·기사·영화·시 등의 제목에는 홑 낫표(「 」)를 사용했다.

3 외국어 고유명사는 2002년에 국립국어원에서 펴낸 외래어 표기법을 따랐다.

4 본문의 주석은 모두 각주이며, 옮긴이 주는 [옮긴이]로 표시했다.

5 뱅베니스트의 수기 노트 출처에서 BNF는 '프랑스국립도서관', PAP.OR은 '수고 보존과 동양 학자 문서', DON은 '유증'을 의미한다.

옮긴이의 말

내가 처음으로 에밀 뱅베니스트의 사상을 만났던 것은 대학원 석사과정(1975~1977) 때였고, 그 후 군대에 있을 때 드문드문 그의 『일반언어학의 여러 문제』*PLG* [1]를 읽었다. 1980~1981년에 파리7대학 언어학과에서 DEA과정을 하면서 퀼리올리를 만나고 강의를 들었지만 인도유럽어학이나 일반언어학에 대한 폭넓은 강의보다는 발화행위 이론만이 거의 전부였다. 귀국 후 본격적으로 *PLG I · II*를 읽으면서 1983년에 「에밀 뱅베니스트의 언어관-기호론과 의미론」(경북대 『인문학총』 제8권)을 썼고, 『일반언어학의 제문제 1』*PLG I*(한불문화사, 1988)을 번역하였다. 그 후 *PLG II*의 번역을 준비하다가 때마침 대우학술재단에서 뱅베니스트의 이 책 두 권을 번역 공모하였으나 탈락하여, 2권의 번역은 마치지 못하였다.

---

1 Émile Benveniste, *Problémes de linguistique générale I/II*, Paris: Gallimard, 1966/1974. 이후 *PLG* 로 표기.

뱅베니스트는 일반언어학자이기 이전에 인도유럽언어학자였으므로 그의 스승인 앙투안 메이예를 공부하면서 이 분야의 고전이라 할 수 있는 『인도유럽어 비교연구 입문』*Introduction à l'étude comparative des langues indo-européennes*을 읽었고, 인도유럽어 역사비교언어학 연구를 했다. 이 두 학자의 폭넓은 언어 연구를 맛보면서 쓴 글이 「A. Meillet, E. Benveniste와 인구어학」(『신익성교수 정년퇴임 기념논문집』, 한불문화사, 1990)이다. 그러면서 메이예의 『일반언어학과 역사언어학』*Linguistique Historique et Linguistique Générale 1*(어문학사, 1997)을 번역하였고, 은사 김방한 선생님의 도움으로 대우학술재단에서 에밀 뱅베니스트의 『인도유럽사회의 제도·문화 어휘 연구』*Le Vocabulaire des Institutions Indo-européennes* 1·2권(아르케출판사, 1999)을 번역하는 행운을 얻었다. 이후 절판되었다가 오류를 바로잡아 그린비 출판사에서 2014년에 1권을, 2016년에 2권을 개정판으로 펴냈다. 인도유럽의 수많은 개별언어 어휘를 번역하는 일은 쉽지 않았고, 특히 고전어의 원문 텍스트를 반드시 인용·참조하여 주어진 맥락 안에서 다른 언어의 관련 어휘들을 연계해 그 정확한 의미를 재구하고 설명하는 뱅베니스트의 방법이 인상적이었다. 그러면서 이 방법을 성서의 어휘 연구에 적용하면 매우 유용하고도 성서의 언어학적 연구 방법의 기틀을 마련할 수 있을 것으로 생각했다.

뱅베니스트의 학문적 성과를 한국에 널리 알리기 위해, *PLG I·II*에서 그의 언어사상을 잘 보여 주는 주요한 일반언어학 논문을 추출하여 요약본으로 번역 및 출간하였고(1·2권, 지만지, 2010) 그 후 *PLG I·II*를 2012년과 2013년에 각각 완역하여 출간하였다(지만지). *PLG II*에 실린 주옥 같은 논문은 뱅베니스트의 후기 연구라 할 수 있는 의미론적 기호학과 담화, 사회 연구인데, 이를 나름대로 정리한 것이 「에밀 뱅베니스트의 언어, 담화, 사회 연구」(『언어학』 68호, 2014)이다. 이로써 뱅베니스트의 가장 널리 알려진 명저를 번역한 셈인데, 아쉬운 점은 그의 인도유럽어 연구의 백미를 장식한 저서 『인도유럽어의 명사 구성의 기원』(1935)과 『인도유럽어의 행위자 명사와 행위 명사』 두 권을 번역하지 못한 점이다.

하지만 이 두 학자의 학문적 배경과 바탕은 역시 인도유럽언어학자이면서 일반언어학이론을 창안한 페르디낭 드 소쉬르이기에, 이 세계적 지성을 반드시 공부해야만 했다. 이러한 배경에서 소쉬르 전문가들의 논문을 선별하여 편집·공동 번역한 책으로 『소쉬르의 현대적 이해를 위하여』(박이정, 1998), 『페르디낭 드 소쉬르 연구: 비판과 수용』(역락, 2002)이 있다. 그러나 중요한 것은 원전 그 자체를 비판적으로 읽고 해석하는 일이다. 그리하여 소쉬르의 주저인 『일반언어학 강의』*Cours de Linguistique Générale*의 주요 부분을 발췌한 요약본을 2008년에, 완역본을 2012년에 번역 출간했고(지만지) 그 이전에 소쉬르의 새로운 수기 원고인 『일반언어학 노트』*Ecrits de Linguistique Générale*를 최용호 교수와 공역 출간했다(인간사랑, 2007).

그러면서 주로 소쉬르의 통시론과 인도유럽언어학 연구에 관심을 가지고 발표한 논문이 「소쉬르와 역사언어학 전통 (1)-통시론의 분석」(『언어학』 22호, 1998), 「소쉬르의 '인구어 원시모음체계 논고'와 '일반언어학 강의'의 인식론적 비교」(『한글』 280호, 2008), 「소쉬르 언어사상의 발달: 논고에서 노트/강의로」(『언어학』 53호, 2009)이다. 다른 한편으로 소쉬르가 한국의 언어학자들에게 어떻게 수용되고 연구되었는지 그 수용사에 관심을 가지고 쓴 글이 "Le Saussurisme en Corée au XXe siècle"(*Cahiers F. de Saussure*, vol. 56, 2003), 「눈뫼 선생 학문과 일반언어학 이론」(『허웅 선생 추모논문집』, 태학사, 2005), 「김방한의 소쉬르 연구」(『언어학』 62호, 2012), 「소쉬르 언어학의 수용과 초기 한국어 연구」(『한글』 317호, 2017)이다.

소쉬르 연구는 최근 소쉬르 원사상을 천착·탐구하는 추세로 인해 원본, 진본, 해석의 문헌학적 문제가 많이 제기되어, 전문가들은 바이와 세슈에의 편집본이 아니라 제자들이 소쉬르의 강의를 직접 받아 적은 노트를 가지고 연구를 한다. 이러한 추세에 발맞추어 쓴 연구가 「소쉬르의 《일반언어학강의》와 《제3차 강의노트》의 비교」(『언어학』 78호, 2017)이고, 요즈음 소쉬르 연구에서 편집 정본으로 많이 이용되는 에이스케 고마츠의 편집본인 『페르디낭 드 소쉬르, 제3차 일반언어학강의 1910~1911(에밀 콩스탕탱의 강의노트 편집판)』(에피스테메, 2018)을 번역하였다. 고마츠의 다른 두 권의 편집본, 『소쉬르의 1차 일반언어학강의: 1907』와 『소쉬르의 2차 일반언어학 강의: 1908~09』도 번역하여 『소쉬르의 3차 일반언어학 강의: 1910~11』과 함께 새롭게 출간하였다(그린비, 2021).

가장 최근의 뱅베니스트 연구는 그의 많은 수기 원고가 발굴·편집·출간되면서 담화·문학·시학의 연구로 확장되고 있다. 한편 미학 분야에서도 루이 마랭 같은 철학자는 뱅베니스트의 언어이론, 의미기호학 이론, 발화행위 이론을 받아들여 예술작품 분석과 비평의 기본 이론 및 틀로 이용하고 있다.

특히 국제기호학회가 창간한 『기호학지』*Semiotica* 창간호(1권 1호,

1969)에 실린 뱅베니스트의 「언어의 기호학」Sémiologie de la langue은 차세대 기호학의 청사진으로서 매우 중요하며, 그가 뇌경색을 겪지 않았더라면 엄청난 기호학적 성과를 가져다주었을 것이다. 그가 제안한 차세대 기호학적 모델이 문학·문화·사회인류학·신화·종교학·해석학 등의 영역에서 천착해야 할 많은 아이디어와 모델을 제공하리라는 것을 의심하지 않는다. 이 『마지막 강의』에 쥘리아 크리스테바와 츠베탕 토도로프가 기고한 것을 보면 우연이 아니다. 앙투안 메이예의 인도유럽언어학의 제자였던 조르주 뒤메질이 세계적으로 독보적인 신화학자가 된 배경에는 그만한 이유가 있는데, 고대어와 고전어로 기록된 다양한 인도유럽어 문헌들이 대부분 신화·종교·민속·서사와 관련된 것이었기 때문이다. 소쉬르와 야콥슨이 만년에 문화와 문학에 깊은 관심을 가지고 연구했듯이 뱅베니스트도 역시 천재 시인인 보들레르로 그의 연구 마지막을 장식하였다. 7년간의 병상생활이 아니었다면 중요한 연구 작업물을 많이도 내놓았을 그의 생애를 『마지막 강의』 번역을 통해 다시 한번 회상해 본다.

　이 책에 담긴 문자론은 정식 출간되지는 않았지만 뱅베니스트의 중요한 수기 원고에 기반한다. 자크 데리다가 écriture란 언어학적 용어를 문화철학적 용어로 차용·변용한 사태 이후, 모호한 시대적 열쇠 같은 단어가 되어 버린 이 용어의 정확한 언어학적·기호학적 해석의 기반을 이 책에서 얻을 수 있기를 기대한다.

미사의 청람서재에서
김현권

감사의 말

이 책은 프랑스국립도서관에서 보여 준 극진한 호의가 없었더라면 출간될 수 없었을 것이다. 우선 에밀 뱅베니스트의 유증 자료를 수납할 당시 '동양 원고부'로 불리던 부서의 부서장인 모니크 코엥 씨와 그 후 단일부서로 통합된 수고 자료부 부장 티에리 델쿠르 씨, 차장 안 소피 델레 씨 덕분이다. 에밀리 브뤼네가 바로 이 부서 내에서 특히나 이 유증 자료를 다루고 처리하는 일을 맡았다. 협조해 준 데 대해 깊은 감사를 드린다.

오늘날 저명한 언어학자가 된 세 사람, 재클린 레뷔, 장 클로드 코케, 클로딘 노르망이 콜레주 드 프랑스에서 에밀 뱅베니스트의 마지막 강의를 들으며 적은 노트를 내놓았다. 이 귀중한 소장노트 덕분에 중간중간 끊어진 에밀 뱅베니스트의 노트들을 연속적인 '강의'의 텍스트로 복원하여 확정할 수 있었다.

마지막으로, 에밀 뱅베니스트의 이 마지막 강의 판본은 알르레트 아탈리와 발렌티나 쉐피가가 수기 원고를 엄밀하게 잘 전사한 덕에 가능했다. 이처럼 지루하고 힘든 일을 수행해 준 데 대해 여기서 감사를 표한다.

<삽화 1> 세르주 함부르가 촬영한 에밀 뱅베니스트(1968년 『누벨 옵세르바퇴르』 221호에 게재)

에밀 뱅베니스트 연보

(1902~1976)

1902년 5월 27일	알레포(시리아, 오스만 제국) 태생. 본명은 에즈라 뱅베니스트.
	부친 마타티아스 뱅베니스트(1863년, 스미나-오늘날 터키 이즈미르 태생), 모친 마리아 말켄슨(러시아 빌나-오늘날 리투아니아 빌니우스 태생), 세계이스라엘연맹(AIU) 학교 장학사.
	형 앙리(본명은 힐렐 뱅베니스트. 1901년, 자파 태생), 1942년에 강제 이주.
	여동생 카르멜리아(1904년, 알레포 태생), 1979년에 사망.
1913년	11세에 학업을 위해 파리로 감. 당시 그의 부모는 불가리아의 사모코프에서 근무. 세계이스라엘연맹 장학생. 보클랭 9번지의 랍비학교 '소세미나' 학생.
1918년	바칼로레아(점수 '보통', 언어 1급).
10월	모친이 AIU 교장에게 랍비학교를 나간 뱅베니스트가 어디에 있는지를 묻는 편지를 보냄. 리세에서 복습교사로 근무. 파리 고등연구원에 등록.
1919년 5월 21일	모친인 마리아 뱅베니스트가 사모코프에서 사망. 뱅베니스트는 집을 떠난 후 모친을 만난 적이 없음.

1919~1920년	학사 졸업.
1920년	고등교육수료증: 조제프 방드리에스 지도하에 '고라틴어 시그마형 미래와 접속법'.
1921년 5월 3일	프랑스 시민권을 지니고 거주.
1922년	동양어학교 등록, 부친과 세 자녀는 몽모랑시에 정착. 문법 교수 자격(합격).
1922~1924년	파리 세비녜 중등학교에서 강의.
1924년 10월 9일	프랑스 귀화. 에즈라에서 에밀로 개명.
1924~1925년	푸나(뭄바이 남동부)에서 유명 기업 가문인 타타(Tata)의 가정 교사로 18개월 동안 체류.
1925년	『뤼마니테』지에 논문 세 편 기고. 한 편은 앙리 바르뷔스와의 공저로서 「지식노동자들에게 고함: 전쟁을 처단할 것인가 말 것인가?」, 다른 두 편은 초현실주의자 모임의 교분이 두터운 자들(루이 아라공, 앙드레 브르통, 폴 엘뤼아르)과의 공저로서 「혁명이여, 영원히!」, 「명료성, 철학, 리프 반전 행동 중앙위원회의 초현실주의 연대 혁명」.
7월	리프 반전 지성인 성명서에 서명.
1926년 5월~ 1927년 11월	모로코에서 사병으로 복무. 프랑스가 아브드 엘 크림에 대항해서 전개한 이 전쟁에 반대함.
1927~1969년	고등연구원 연구부장. 앙투안 메이예를 계승(제4섹션, 비교문법 교수직).
1935년	문학박사. 박사학위 논문 『인도유럽어의 명사 구성의 기원』(Paris: Maisonneuve) 출간.

1937년	콜레주 드 프랑스에서 앙투안 메이예의 비교문법 교수직을 계승.
1940~1941년	전쟁 포로. 탈출하여 프랑스에서 숨어 살다 이란학 연구자인 장 드 므나세의 도움으로 스위스로 망명. 므나세는 뱅베니스트에게 프리부르 주립대학 도서관의 사서직 취업 알선.
1942년	형은 벨디브의 독일군 단속에 걸려 파리 자택 지하실에서 체포. 9월 23일, 아우슈비츠행 36호 기차로 실려가 처형당함.
1956년	파리언어학회 총무.
12월	첫 번째 심근경색.
1959~1970년	파리언어학회 총무.
1960년	명문문예아카데미(Académie des inscriptions et belles-lettres)의 회원으로 선출 및 국립과학연구소(CNRS)『동향보고서』의 언어학 분야 텍스트 집필.
1963년	파리대학 이란학 연구소 소장.
1964년	『아르메니아 연구지』(Revue d'études arméniennes) 편집장.
1968년 8월 25일~ 1969년 9월 1일	바르샤바에서 개최된 제1차 국제 기호학 심포지움을 주재.
1969년	새로 창립된 국제기호학회(International Association for Semiotic Studies) 초대 회장.
12월 6일	뇌졸중으로 반신불수가 되고, 이로 인한 실어증.
1976년 10월 3일	베르사유에서 사망. 이곳 고나르 묘지에 묻힘.

서문 에밀 뱅베니스트, 말도 감춤도 없으나 의미를 추구하는 언어학자

줄리아 크리스테바[1]

위대한 언어학자란 누구인가? 위대한 언어학자는 이런 점에서 구별된다. 즉 개별언어들을 잘 알고 분석하면서 인간언어의 속성을 발견하며, 이 속성을 통해 화자의 '세계 내 존재'를 해석하고 혁신하는 인물이다. 필자가 감히 이 정의를 제시하는 목적은 에밀 뱅베니스트의 업적을 그 이전의 몇몇 선구자들의 업적과 비교하기 위함이다. 이 선구자들은 비록 외면상으로 꼼꼼하고 냉정해 보이지만, 인간의 지적 모험이 추구하는 매우 결정적인 단계들을 따르면서 이를 진전시킨 공적이 있다. 스칼리제르Scaliger나 라뮈Ramus 같은 16세기 인문주의자이자 문법가였던 학자들을 생각해 보자. 라틴어에서 근대어로 발달하는 과정에서 언어와 사고 간의 관계에 대한 이들의 분석은 국가어의 형성과 발달을 촉진시켰다. 앙투안 아르노와 클로드 랑슬로를 생각해 보자. 이들의 『일

---

1 [옮긴이] Julia Kristeva(1941~). 불가리아 태생의 문학이론가, 기호학자, 정신분석학자. 미셸 푸코, 자크 데리다, 롤랑 바르트 등과 함께 전위지 『텔 켈』(*Tel Quel*)에 참여하여 활동.

반이성문법』*Grammaire générale et raisonnée*(1660)은 『포르-루아얄의 논리학』
Logique de Port-Royal(1662)보다 한 걸음 더 나아가 '기호'의 개념을 도입하고,
'언어가 가진 심성적인 면'을 규정하려 시도하고, 판단을 '문법 용례'에
기반함으로써 언어통사론에 이성적 주체를 편입시켰다. 19세기의 '역
사주의'와 프란츠 보프, 라스무스 라스크, 빌헬름 훔볼트를 생각해 보
자. 이들은 헤겔과 헤르더 이후 산스크리트어와 인도유럽어의 친족관
계를 밝히고, 인간언어의 진화에서 역사의 중요성을 확인했다.

　　20세기의 비극적 분쟁으로 인해, 사람들은 이 시기가 인간 조건의
핵심에 놓인 이 언어를 각별히 깊이 탐구하는 때이기도 했다는 사실
을 망각했다. 인간의 핵심 활동은 모든 인간 경험을 조건짓고 포괄하
며, 이를 드러내 밝혀 주는 것이 곧 언어이다. 현상학, 형식논리학, 분석
철학, 구조주의, 일반문법, 인문과학은 인간언어에서 행동과 제도의 의
미를 질문했다. 하지만 육체적 성을 끌어들여 생물학의 영역을 조금씩
침식한 정신분석학도 망각하지는 않았다. 이들 학문은 문학 형식, 예술
적 전위, 문체의 특이성 등 유래 없는 지성의 폭발로 문학 영역을 전복
시켰다.

　　에밀 뱅베니스트는 이처럼 급팽창하는 소용돌이에 전적으로 참
여하면서도 그의 지적 활동은 ── 우리가 그의 복잡한 사상을 첨단
의 철학과 인문학, 신사조의 예술과 문학과 상응시키기는 어렵지
만── 우리 시대의 난제들과 '접점을 가지고' 있다. 왜냐하면 그의 업
적은 이러한 인간 마음의 창조적 자유의 기저에 있는 언어의 보편적
속성을 철저히 드러내 보여 주었으며, 인간 마음을 엄밀하게 검토하고
있기 때문이다. 뱅베니스트의 연구 궤적을 면밀하게 살피면서 의미를

상실하고 '통신'$_{com}$에 둘러싸인 사회에서 기술적$_{技術的}$ 긴박함에 쫓기는 언어학에 지속적인 관심을 가진 독자라면, 이 『마지막 강의』에서 그의 '일반이론'이 디지털 글쓰기에 이르기까지를 관통하는 심층논리를 탐구하는 것을 발견할 수 있다. 이것은 '주관성'이 결여된 잡담인가 아니면 이와 반대로 새로운 '의미조직'$_{signifiance}$을 '생성'하는 방도인가?

뱅베니스트는 근엄한 학자이자 고대언어 전문가이며, 비교문법에 정통한 학자이자 일반언어학의 권위자였다. 그는 산스크리트어, 히타이트어, 토카라어, 인도어, 이란어, 그리스어, 라틴어 등 모든 인도유럽어를 알고 있었으며, 1950년대에는 북아메리카 인디언어에 깊이 몰입했다. 하지만 그의 업적은 인상적으로 대담하면서도 억제되고 절제되어 있어서 오늘날 비교적 널리 알려져 있지 않고, 눈에 거의 드러나지 않는다.

에즈라 뱅베니스트는 1902년, 시리아 알레포의 다언어 사용 유대인 가문[2]에서 태어나 1913년에 프랑스로 이민을 왔다. 그는 프랑스 랍비학교의 '소세미나'[3] 학생이 되었다. 언어에 대한 발군의 소질은 실뱅 레비의 관심을 끌었고, 그는 뱅베니스트를 대학자인 앙투안 메이예에

---

2 그의 어머니 마리아 뱅베니스트는 사모코프의 세계이스라엘연맹 학교에서 히브리어, 프랑스어, 러시아어를 가르쳤다. 아버지 마타티아스 뱅베니스트는 유대에스파냐어를 사용했다. 뱅베니스트의 어린 시절의 언어 환경은 터키어, 아랍어, 현대 그리스어 그리고 아마도 러시아어였다. 20세기 초엽 프랑스의 많은 유대계 대언어학자들의 가계 환경은 다언어주의여서 언어 연구에 자연히 몰두하게 되었다(다르메스테테르 형제인 제임스와 아르센, 미셸 브레알, 실뱅 레비).
3 '탈무드 토라'는 어린 학생들에게 유대문화 지식을 불어넣고, 바칼로레아를 보게 하고, 랍비학교에 들어가도록 준비시킨다. 여기서 이 학생들은 라틴어, 그리스어, 히브리어, 독일어 그리고 특별히 배려를 받아 프랑스어도 배운다.

게 소개했다(살로몽 레이나슈에 의해 관계를 맺은 것이 아니라면 말이다).[4] 에즈라는 1918년에 고등연구원EPHE에 들어갔으며, 그 이듬해에 문학사가 되었고, 1922년에 문법교사 자격을 취득했다. 그 후 그는 프랑스 공화국 민중교육의 전형적 소산으로서 1924년에 프랑스로 귀화했고, 에밀로 개명했다. 이 교육기간 동안 그는 젊은 철학자들과 언어학자들, 다소 저항적인 고등사범 출신들, 무정부주의자, 반군주의자, 공산당 동조자들과 밀접하게 교류했고, 특히 초현실주의자들과 사귀었다. 그는 1924년에 대기업가 가문의 가정교사로 인도에 갔고, 1926년에 자의 반 타의 반으로 모로코에서 군 복무를 했다. 이후 프랑스로 돌아와 앙투안 메이예의 제자가 되었고, 고등연구원의 연구부장(비교문법 교수)으로서 메이예를 계승했다. 여기서 그는 동료들에게 큰 영향을 미쳤다. 그는 1937년에 콜레주 드 프랑스에 들어가 앙투안 메이예의 비교문법 자리를 물려받았다. 1940~1941년 사이에 그는 전쟁포로가 되었고, 가까스로 탈출하여 스위스 프리부르로 피신했다(이곳에는 발튀스, 알베르토 자코메티, 피에르 에마뉘엘, 피에르 장 주브도 피신 와 있었다). 그리하여 그는 나치의 박해는 피했지만, 아파트를 약탈당했다. 형 앙리 뱅베니스트는 1942년에 나치에 체포되었고 아우슈비츠로 끌려가 사망했다. 뱅베니스트는 이스라엘의 위대한 지성인들(벤자민 크레미외, 조지 프리드만, 앙리 레비 브륄 등)과 함께 마르크 블로크가 주도한 집단성명에 서명했고, 1942년 3월 31일에 프랑스유대인전국연합UGIF에 가입했다. 이

---

4 『잊혀진 세 언어학자』(François Bader, "Sylvain Lévy", *Anamnèse*, no.5: *Trois linguistes (trop) oubliés*, Paris: L'Harmattan, 2009, pp.141~170).

조직은 유대인을 별개의 집단으로 분리하는 비시 정권의 정책에 관심을 끌기 위한 것이자 강제 추방의 서곡이었다.[5] 나치에서 해방된 후 그는 고등연구원과 콜레주 드 프랑스에서 강의를 재개했고, 다수의 학생 집단을 조직하여 이란, 아프가니스탄, 그 후 알래스카에서 '현지' 언어 조사를 실시했고, 수많은 국제언어학회에 참석했다. 1960년에 그는 명문문예아카데미의 회원이 되었고, 1963년에 이란학 연구소의 소장이 되었으며, 1969년에 국제기호학회의 회장이 되었다. 같은 해 12월 6일에 뇌졸중으로 두뇌 손상을 입고, 그 후 7년간 온몸이 마비되었으며, 1976년에 생애의 종지부를 찍었다.

'유대교 불가지론자'이자 유랑 프랑스인인 이 언어학자의 간략한 생애는 특히 인간언어를 자기 삶의 여정으로 삼은 한 인간의 이력이며, 이 체험으로부터 얻은 사상을 그의 업적을 통해 우리에게 유산으로 남겨 주고 있다.

텍스트의 범위를 과소평가할 위험성이 있는 말이지만, 종종 뱅베니스트가 '미완성의 업적'을 남겼다고들 한다. 그를 견딜 수 없이 곤란한 상황에 놓이게 한 뇌졸중 때문이다. 이 위대한 언어학자는 신체가 마비되고 실어증 때문에 말을 할 수 없는 난감한 상황에 빠졌다. 그러나 절대적인 의미에서도 그의 업적은 미완성이다. 왜냐하면 그것은 그가 한 세기 동안 이론화해 온 인간언어에 대한 체험이기 때문이다. 이

---

5 서명자들은 UGIF에 강력히 요청하기를, "프랑스 형제들과 우리 사이를 가능하면 아주 친밀하게 연합시키고, 민족공동체—법에 처단되더라도 우리는 이 공동체에 충성을 다할 것이다—와 우리가 정신적으로 분리되지 않게 해 주기를 바란다". 마르크 블로크, 『이상한 패배』(Marc Bloch, *L'Etrange défaite*, coll. Folio, Paris: Gallimard, 1990[1946], pp.314~319).

20세기는 사상의 흐름이 다양하고 미학적·인식론적 질문과 궤적이 증가하여, 자기 시대에 닻을 내린 사람에게 헤라클레이토스 주의자처럼 '말하기'를 거부하고, 완전히 완성된 시스템 안에서 폐쇄적인 '메시지'를 구성하도록 강요했다. 이처럼 풍요롭고 다양한 사조(비교문헌학에서 페르디낭 드 소쉬르에 이르기까지, 구조주의에서 놈 촘스키의 통사론으로, 초현실주의에서 '포스트 누보 로망'까지)에 귀를 기울이면서 뱅베니스트적 색깔이라고 불러도 될 사상을 실천했다. 그의 사상은 형태통사론의 세부사항이 언어학적/철학적 기본 범주의 항구적인 질문과 만나고,[6] '말하기'를 거부하는 것 외에 '은폐된' 탐미주의를 회피하고(그의 문학적 자기분석인 남성 향수Eau virile[7]가 증거하듯이 한때 감수성이 예민했던 시절이 있었지만), '말하려는' 의지vouloir dire(사고에 문을 열고, 문제를 제기하고, 질문을 제기한다)와 의미하기signifier가 어떻게 언어의 형식적 장치 내에서 생성되는지를 확정하려는 노력은 매우 특이하다.

그러면 도대체 '의미한다는 것'signifier은 무엇인가? 이 형이상학적인 질문을 가지고 뱅베니스트는 인간언어의 기능작용 내에서 '실질적인' 해결책을 찾는다. 그에게 '그것이 의미하는 것'ça signifie은 '그것이 말하는 것'ça parle과 동의적 표현이며, 따라서 '언어 외적 실체'나 '초월적

---

6 가장 구체적인 사례는 『인도유럽사회의 제도·문화 어휘 연구』(1, 2권, Paris: Minuit, 1969)이다.

7 릴케에 대한 반향으로 이처럼 압축되고 암시적인 바람은 열한 살이라는 어린 나이에 헤어져 열일곱 살에 다시 보지도 못하고 세상을 떠난 어머니에 대한 이 언어학자의 향수를 나타낸다. 남성처럼 강하고 억센 모성이 표면적으로 여성스러운 모습으로 출현하는 것에 이끌려 '잠재된 남성적 격렬함'에 예민했던 뱅베니스트는 호메로스로부터('바다의 노쇠함') 로트레아몽("노쇠한 바다, 오 위대한 독신자여!")에 이르기까지 시인들(독신자들?)의 특징들로 자화상을 그린다. *Philosophies*, n.1, 1924.3.15 참조―최초의 초현실주의 성명서가 발표되던 해이다.

실체'에 의지하는 것이 아니라 언어 자체의 '속성'에 의지하여 의미하는 것의 가능성, 즉 '유의미한 유기체'organisme signifiant로서 말하는 인간의 특유성을 탐구하고 분석했다.

젊은 시절 그는 오스만 제국의 중심지에서 태어나 세계이스라엘연맹의 장학생이었으나 랍비가 되지 않았다.[8] 그가 6일 전쟁과 키푸르 전쟁이 발발하여 수많은 이스라엘 불가지론자의 욕망—조상들의 하나님으로 귀환하려는 욕망—에 불을 지르기 이전의 이스라엘 역사 시기에 인간언어의 속성 내에서 '의미하는 힘'을 연구하려는 야망을 불태운 것은, 델포이 신전의 헤라클레이토스의 격언 "신은 말하지도 감추지도 않는다. 단지 의미할 뿐이다"Oute légei, oute kryptei, alla sémainei[9]를 통해서였다(이것은 발화로 말할 수 없는 전보傳報 형식의 단어 YHWH야훼를 번역한 것이 아니라, 지금 현존하면서 앞으로도 현존할 대상과 동일시된 존재, 즉 '의미조직'과 동일시한 것이다). 정확히 말해서 '말하지도 감추지도 않지만 의미의' 길로 접어들었고, 소크라테스 이전의 그리스 연구(명시적으로)와 성서 및 복음서 연구(묵시적으로)에서 세속의 현대학문으로, 특별히 일반언어학 연구의 길로 접어들었고, 이 탐구의 길을 잘 조정하여 언어가 의미를 창조하기 위해 어떻게 조직되는지를 분석하려고 했다(강의 1).

---

8 보클랭가에 있는 랍비학교는 '학교 교사를 양성하듯이' 동양과 아프리카의 유대 공동체의 랍비를 길러 내는 유럽의 랍비 양성소였다. 1918년 10월자 편지에서 이 어린 학생의 어머니는 아들 에즈라의 '학교 상황'이 '참을 수 없게 되었다'라고 썼다. 그는 언어에 매력을 느껴 문학을 공부할 것이라고 했다. 「에밀 뱅베니스트의 문학 이력」(François Bader, "Une anamnèse littéraire d'É. Benveniste", *Incontri Linguisdici*, n.22, Pisa: Istituti Editoriali e Poligrafici Internazionali, 1999, p.20) 참조.

9 Èmile Benveniste, *PLG II*, p.229 참조.

이중의 의미조직

뱅베니스트는 철학적·도덕적·종교적 '가치'를 제거하고 '의미'를 파악했다. 여기 수록된 장 클로드 코케와 이렌 페놀리오의 『마지막 강의』의 '언어에 대한 담론 요청'은 구체적 언어 내에서 의미를 탐구하는 것이었다. '우리로서는[강조 필자] 언어가 지니는 모든 기능을 좌우하는 근본적인 본질, 즉 의미하는 본질 가운데서 언어를 생각한다.' 이처럼 제시된 언어를 '알려 주는' '의미조직'$_{signifiance}$은 '개별적이거나 일반적인 언어 사용'을 '초월하는' 속성이며, '우리가 전면에 부각시킨 언어는 의미한다라는 특성'이다.

그 유명한 1968년 5월에서 7개월이 지나고 1968년 12월 2일이 되었다. 그때나 오늘이나 순진한 이 선생은 놀라면서, "그게 그렇게 독창적인가? 무언가 의미하지 않는다면 언어가 무슨 소용이 있나?"고 했는데, 그 말이 맞다. '의미한다'는 게 정확히 무엇을 의미하는지 아는가? '소통하다', '말하려고 하다', '메시지를 지니다'가 '의미하다'와 혼동되지 않으려면? 뱅베니스트는 '진리'를 담지한 것으로서의 의미는 언어철학에서 핵심적인 의제지만, 진정 언어학자들의 문제는 아니었다고 환기시켰다. 의미는 '언어학의 밖'으로 버려졌다(*PLG II*, p.216).[10] 의미는 너무 주관적인 것으로 의심받았고, 손을 빠져나가 달아나고, 언어 형태의 모습으로는 기술이 불가능하기 때문에 '제외되었거나', 아니면 인지는 되었지만 '일정한 언어자료체' 내에서 '분포적인' 형태통사론적 구조불변체로 '축소되었다'(레오나르드 블룸필드, 젤리그 해리스). 이와

---

10 [옮긴이] 「인간언어의 형태와 의미」(La forme et le sens dans le langage).

반대로 뱅베니스트에 따르면, '의미하는 것'은 인간언어의 '내재적 원리'이다(강의 3). 이 새로운 '견해'를 가지고서 '우리는 언어학과 언어학을 넘어 이를 포괄하는 문제에 당면했다'고 그는 힘주어 강조했다. 몇몇 선구자들(존 로크, 소쉬르, 찰스 샌더스 퍼스)은 우리가 '기호세계에 산다는 것'을 증명해 보였다. 그 첫째가 언어기호이고, 문자기호, 인지기호, 집합기호가 그 뒤를 잇는다(강의 1). 뱅베니스트는 언어의 형식적 기제가 어떻게 사물과 상황을 '명명하고', 특히 다른 사람과의 대화에서 공유 가능하고, 개인적이고 독창적인 의미작용을 지닌 담화를 '생성해 내는지'를 드러내 보이려고 했다. 더 나아가, 자가自家 생산에 만족하지 않는 언어유기체는 어떻게 자신과 유사한 다른 기호체계를 생성하고 생산능력을 증대시키는가? 또 어떻게 해석을 제공하는 유의미하고 유일한 기호체계가 되었는가?

　『일반언어학의 여러 문제 1』(1966)에 수록한 뱅베니스트의 논문들은 고대어 연구와 비교언어학에 기대어 이러한 이론적인 질문에 답한다. 제2의 뱅베니스트의 모습은, 이 1권의 일반언어학의 주요 질문을 밝히고 천착하는 과정에서 발표한 1965~1972년의 논문들을 모아 출간한 『일반언어학의 여러 문제 2』(1974)에서도 나타난다. 이 두 권의 책을 주의 깊게 읽어 보면, 그의 사상이 주요한 두 단계에 걸쳐 발전하는 모습을 구별할 수 있다. 『마지막 강의』를 읽는 독자가 이 책의 혁신적인 중요성이 무엇인지 포착하려면, 그의 사고가 발전하는 과정을 깊이 알아야 한다.

　이 언어이론가는 주저 『일반언어학의 여러 문제 1』에서부터 구조언어학과 당시 언어학의 전경을 지배하던 생성문법에서 벗어나 일반언어학을 제안하고, 대담allocution과 대화dialogue에 기초하여 담화discours 언어학을 개진하되, 발화행위énonciation, 주관성subjectivité, 간주관성intersubjectivité 의 과정을 향해 나아가는 발화문 연구의 문을 활짝 열었다. 분석철학 (수행문)과 프로이트의 정신분석의 궤적을 좇아 이성적 주체보다 더 복잡한 발신자로서 발화행위 내의 주관성을 상정하고, 이를 (존재론적 현상학에서 빌려 온) '의도성/지향성'intentionnel의 문제로 확장하였다. 그는 더욱이 겉으로 드러내지 않고 '무의식'inconscient의 주체를 향한 개방을 서술하는데, 이는 인간언어로 완전히 구조화되지 못하고, 언어가 재갈을 물리고 승화시키는 '무질서한 힘'(충동?)이 작용한 무의식으로서, '검열의 힘이 연기될 때' 이 무질서한 충동의 힘이 '찢어진 상처를 통해' 언어 속에 '새로운 내용, 즉 무의식적 동기의 내용과 특정한 상징을 집어넣는다'.[11]

하지만 뱅베니스트에 따르면, 일반언어학의 새 지평은 『일반언어학의 여러 문제 2』에서 드러난다. 뱅베니스트는 소쉬르와 그의 기호로서의 언어체계의 변별요소에 대한 개념을 논하면서 인간언어의 의미조직의 두 가지 유형인 기호론적 유형le sémiotique과 의미론적 유형le sémantique을 제안했다.[12]

기호론적 유형sémiotique('SEMEION', '기호'에서 유래. 이는 '시니피앙'과 '시니피에'의 '자의적' 연계로 특징지어지며, 이 연계는 사회적 규약의 결과로

11 「프로이트가 밝힌 언어의 기능에 대한 고찰」("Remarques sur la fonction du langage dans la découverte freudienne", *PLG I*, p.78).
12 [옮긴이] 정관사 'le'는 여기에서 총칭적 학문의 의미보다도 분야나 유형을 가리킨다(le sémiotique=the semiotic, la sémiotique=the semiotics).

생겨났다)은 폐쇄적이고, 총칭적이고, 양분적이며, 언어 내적, 체계화하는 제도적 의미를 가리키며, '계열'과 '대치' 관계에 의해 정의된다. 의미론적 유형은 기호의 '시니피에' 또는 '의도하는 내용'intenté(후설의 현상학적 '의도/지향'intention을 빈번히 언급한다. 에드문트 후설의 사상은 헨드릭 요세푸스 포스 같은 언어학자에게 영향을 미쳤다)을 표출하는 문장 내에서 표현된다. 의미론 유형의 의미조직은 '기호'(기호론)가 화자의 행위로 '단어'가 되는 '연사'connexion나 '통합체'syntagme의 관계에 의해 정의된다. '1인칭'je이 '2인칭'tu에게 말을 거는 '화자의 행위'를 통해 언어[랑그]는 담화 상황에서 작동한다. 3인칭il은 담화 밖에 있다. "기호론적 바탕 위에서 담화로서의 언어는 고유한 의미론을 구축한다. 즉 단어들—각 단어는 기호로서 그 가치의 일부만을 지닌다—의 통합작용을 통해 산출되는 의도의 의미작용이 그것이다."(*PLG II*, p.60 이하, p.229)

　1967~1968년에 구상하여(*PLG II*, p.63 이하, p.215 이하) 프랑스어 철학회[13]와, 그 후 1968년 국제기호학회 창립 기념 바르샤바 심포지엄 (*PLG II*, p.43 이하)[14]에서 발표한 이 의미조직의 이중성 견해는 새로운 연구의 장을 열었다. 뱅베니스트는 체계로서의 기호와 언어에 대한 소쉬르의 개념을 초극하고, 언어 내적intralingusitique—기호 차원(기호론 유형)[15]과는 별개의 의미조직과 담화의 새로운 차원(의미론 유형)을 개발—인 동시에 초언어적인translinguistique—발화행위 의미론에 기초하

13　[옮긴이] 「인간언어의 형태와 의미」로 발표.
14　[옮긴이] 「언어의 기호학」(Sémiologie de la langue)으로 발표.
15　앙투안 퀼리올리가 자연언어의 다양성을 통해서 인간언어 행위를 연구하면서 「발화행위 조작 이론」에서 이 기획을 구현시킨다.

여 텍스트와 작품의 메타기호학 구축 —— 중요성을 강조하였다(*PLG II*, p.66). 엄청난 기호학적 전망에 대한 보다 상세한 견해는 이렇게 시작된다. "[⋯][16] 인문과학의 기구를 재조직하지 않을 수 없게 만든다고 생각합니다. 사실상 우리는 아직 종합적으로 정의할 수 없는 특성을 성찰하는, 극히 초기 단계에 와 있습니다."(*PLG II*, p.238)

뱅베니스트의 『마지막 강의』는 시적詩的 언어라는 새로운 지평에 기대어 이러한 성찰을 계속하고 있는데, 이는 보들레르에 대한 수기 노트[17]가 입증하듯이, 이 강의의 핵심 개념을 개진하고 있음을 보여 준다.

『일반언어학의 여러 문제 2』와 시 언어에 대한 수기 노트 사이에 있는 『마지막 강의』에서 그는 '의미하는 것'이 '언어의 본질적이고 구체적이고 일차적 속성'이기 때문에, 소쉬르가 구상했듯이 기호 단위 속에 갇혀 있는 것이 아니라 언어의 소통적이고 화용적인 기능을 '초월한다'는 것을 일차로 증명하려고 했다. 다음으로, 고유한 의미의 '의미조직'은 치명적으로 중요한 '경험'이므로 이 '의미조직'의 항들과 그 전략을 명시하려고 했다(이를 *PLG II*, p.217에서 이미 이처럼 표명한 바 있다. "인간언어는 의사소통에 사용되기 이전에 살아가는 데 사용된다").

뱅베니스트는 소쉬르와 퍼스에게 경의를 표하면서 이러한 성찰을 아주 논리적으로 도입한다. 먼저 기호의 '각별한 중요성'을 인정하고, 본인의 저작을 '언어분석의 새로운 계기'로 정의한다. 즉 '사상사의 근본적인 한 절차로' 인정하였다(3장, 「마지막 강의, 마지막 노트」). 여기

---

16 [옮긴이] "기호학의 지위에 대하여 말하자면, 그것은 별도의 차원으로서"

17 BNF, PAP. OR. DON 0429, 봉투 6~22. 클로에 라플랑틴은 이 자료를 전사, 출간했다(Limoges: Editions Lambert-Lucas, 2011). [옮긴이] 에밀 뱅베니스트, 『보들레르』(*Baudelaire*).

서 그는 최초로 '기호'와 '기호과학의 형성'(강의 3)을 언급했고, 다음으로 '보편적인 삼위일체' 개념에 기초하여 세 '부류'로 구분되고 다수의 '범주'로 세분되는 기호에 대한 '보편적 개념'을 언급했다(강의 2). 그는 기호학의 선구자를 이처럼 명백하게 인정하면서도 단호하게 그 한계를 드러내는 기회로 삼았다. 그리하여 소쉬르는 '기호에 의지하지 않고', 기호의 잠재적 '외재성'을 열어 놓았으며, 기호체계와 '언어[랑그]의 구체성'과의 관계를 다루지 않았다. 다시 말해서 새로운 기호체계를 '산출하고'('생성하고'), 그러한 연고로 유일한 '해석체'로서의 언어와 '산출로서의 언어에는 적용되지 않는다'는 등(마지막 강의)의 문제가 그것이다. 퍼스는 자신의 기호이론을 언어[랑그]에 기초하지 않고, 오직 단어에 근거해 개진했다. 그의 기호론은 수많은 다양한 기호에 대한 기술을 뛰어넘는다. 하지만 그의 기호론은 언어를 무시했다. 그의 논리학에는 여러 유형의 기호의 체계적 조직이 없다(강의 3)[18].

뱅베니스트에 따르면, 이러한 일련의 비판은 다시금 새로운 일반 언어학의 쟁점을 명료하게 밝혀 준다고 한다. "우리는 이러한 성찰을 소쉬르가 지시한 지점을 넘어 조정해야 한다."(강의 4) 이는 특히 소쉬르에게 없는 '새로운 관계'인 '체계들 사이의 해석관계'를 개진하면서 이루어진다. 정확히 말해서 언어[랑그]는 다양한 유의미 체계 내에서 독특한 것으로서, 자신을 스스로 해석하고 다른 체계(음악, 그림, 친족관

---

18 하지만 뱅베니스트는 이 미국 철학자에게서 'interprétant'이란 용어를 차용하는데, 이 '독자적 지칭'만을 빌리되 '다른' 의미로 이용한다. 현상학적인 의미를 지닌 것으로 추정된다(5강). 뱅베니스트의 의미론(le sémantique)에서 퍼스의 삼위체는 발화행위의 주체구조(프로이트의 오이디푸스적 구조에 상응)를 뒷받침할 수도 있는 것이다.

계)를 해석하는 해석체계란 점에서 체계들 사이의 '해석관계'이다. 언어는 "피해석체에 체계로서 발전하는 관계들의 토대를 제공한다". 이런 관점에서 언어는 의미체계 중 위계상 제일의 지위를 차지한다. 그리고 이 체계들 사이에 생성관계를 유지시킨다(강의 5).

문자체계: 중심과 연계

앞에서 대강 살펴본 언어의 '이중적 의미조직'은 문자_écriture_를 매개로 개진되었는데, 이 문자는 언어의 '산출력'과 '생성력'을 실현시키고 이를 드러낸다. 그러나 '문자'란 용어가 프랑스에서 문학적·철학적 창작물의 핵심에 있음에도,[19] 뱅베니스트는 이를 명시적으로 참조하지 않고 언어의 의미조직의 일반이론 내에서 문자의 개념을 구축한다.

그는 "문자와 알파벳을 혼동하고, 언어[랑그]를 근대어와 혼동하고," 문자가 "언어에 종속한다"고 가정하는 소쉬르의 기호학과 거리를 두기 위해(강의 8), 글쓰기 행위, 글자 학습, 역사의 흐름을 통해 형성된 문자유형에 질문을 던진다. 다만, '문자의 기원'을 탐구하는 것이 아니라 의미조직의 '문자적 표상'에 대한 해결책을 탐구하려고 한다는 것을 조심스레 강조한다(강의 9).

우선 기록문헌의 문명이 구축한 문자, 언어, 발화, 사고 사이의 '아

---

19 롤랑 바르트의 『글쓰기의 영도』(_Le Degré zéro de l'écriture_, 1953), 『기호학 요강』(_Éléments de sémiologie_, 1965), 자크 데리다의 『그라마톨로지』(_De la grammatologie_, 1967), 『음성과 현상』(_La Voix et le Phénomène_, 1967), 문학 분야에서는 '누보로망' 이후, 필립 솔레르스의 『드라마』(_Drame_, 1965), 『논리』(_Logiques_, 1968), 『수』(_Nombres_, 1968), 『글쓰기와 한계 체험』(_L'écriture et l'expérience des limites_, 1971) 참조.

주 밀접한' 관계가 문제시된다. 즉 특정한 '기호체계'로서 문자를 '그 자체로' 고찰하기 위해 이들을 서로 분리해야 하는 것이다. 예컨대 문자는 발화에서 풀려나 '고도의 추상물'로 출현하며, 글을 쓰는 화자는 '생생한' (대화에서 타자와 자신을 연결하는 음성음향적이고 제스처적인) 언어행위에서 벗어난다. 언어행위를 '이미지'로 '변환시키고', 발화를 '손으로 그린 기호'로 '전환시킨다'. 많은 정보가 손실되지만, 이미지는 분명 '외재화'와 '의사소통'의 수단으로서 발화를 대신한다.

하지만 문자의 '실용적' 기능(메시지를 기억하기, 전달하기, 소통하기)이 제거되면, 미묘한 이점이 이 상실을 보충한다. '일차적 대추상人抽象'으로서 문자는 풍부한 맥락적·상황적인 정보와는 분리되어 언어를 '별개의 실체'로 만든다. 화자-글쓴이로 하여금 언어나 사고가 질료적 기호나 이미지로 표상된 '단어'로 만들어지는 것을 이해시킨다. 더욱이 이 '사고의 도상화'(강의 8)는 '화자가 자신에 대해 갖는 유일한 경험'의 원천이다. 화자는 문자가 유래하는 곳이 '표출된 발화, 행위하는 언어'가 아니라는 것을 '의식한다'. '전체적', '도식적', '비문법적', '암시적'이고 '성급한' 마음의 내부언어는 '말하는 화자에게만 이해가 가능한 것이며', 타인이 이해할 수 있는 형태로 '사고 전환 작용을 맡는' 주요한 임무를 지닌다.

이처럼 구상된 '도상적 표상'은 발화와 문자를 함께 구성한다. 이 도상적 표상은 "발화의 구조화와 문자의 습득과 궤를 같이한다". 뱅베니스트는 이 발화/문자 이론화 단계에서 소쉬르와의 만남을 통해 도상 기호가 '종속적인' 것이 아니라 사고의 문자화, 언어화와 연관된다고 지적한다. "도상적 표상은 언어표상과 나란히 전개된다." 그리하여 사고와 발화와의 관계보다 '더욱 총체적이고' '덜 문자화된' 사고와 도상과의 또 다른 관계를 엿볼 수 있다(강의 8).

문자와 '마음의 내부언어'를 연관 짓는 이러한 가정은 뒤에 가서 수정되지만, 뱅베니스트가 프로이트가 말한 무의식의 '무질서한 힘'에 대해 이전에 품었던 질문들과 연계된다(*PLG I*, p.78).[20] 문자가 '표상하는' '마음의 내부언어'는 '좌절', '유희', '자유'와 관련되는가? 프로이트를 읽고 초현실주의자의 글을 읽은 뱅베니스트는 무의식에서 마음의 내부언어의 기원을 찾는 것인가? 『마지막 강의』의 문자에 대한 간결한 노트는 이 언어학자의 과거 저작을 상기시킨다. 그는 현상학적 의도 내용[지향]을 보완하면서 다른 차원의 '동기화'로 이 의도 내용을 '담화의 의미론'에 편입시킨다. 화자-글쓴이의 '마음의 내부언어'는 의식과 '의도'의 초월적 자아$_{ego}$에 특화된 명제성$_{propositionalité}$에 국한된 것이 아니라 그의 주관성 이론 내에서 주관적인 공간을 은연중에 다양하게 펼치는데, 의미조직 생성에서 보이는 주관성의 유형 내지 위상이 그것이다. 앞으로 살펴보겠지만, 보들레르의 '시적 체험'은 이러한 실마리를 확실히 보여 준다.

문자의 역사는 언어와 문자에 대한 관계를 새로이 재조정할 것을 요구한다. 그리하여 이는 뱅베니스트의 의미조직 이론의 새로운 단계로 접어든다.

외부 현실의 기호인 그림문자$_{écriture\ pictographique}$는 '타인의 언어'로 이미 구성된 메시지를 '암송한다'(강의 9). 발화하는 언어는 '창조물'이

---

20 [옮긴이] 「프로이트가 밝힌 언어 기능에 대한 고찰」.

라는 의미에서 이 문자는 '말을 하는' 것이 아니다. 그 선사先史를 아무리 까마득히 거슬러 올라가더라도 문자는 '사건'을 '묘사한다'. 문자는 인간언어와 '평행하는' 것이지, 그 '모사'는 아니다. 이러한 확증은 여전히 유예된 질문을 제기한다. 그림문자pictogramme의 특이성이 '암송하는 것'(재-생산하는 것)이지 '창조하는 것'이 아니라면(생산하는 것이 아니라면), 그것은 인간언어의 모든 도상화에 잠재되어 있는가? 이 특이성은 현대의 몇몇 유형의 문자(예컨대 디지털 문자)에 더 이상 표시되지 않는가? 그렇다면 어떤 조건에서 그러한가? 발화행위의 주체에게 어떤 결과가 초래되는가?

문자의 역사에서 일어난 두 번의 눈에 띄는 혁명은 언어[랑그]의 이중적 의미조직을 밝혀 준다. 첫째 혁명은 한정된 수의 기호로 된, 소리 phonè를 재생하는 문자표기graphie의 발견이다. 이 문자표기는 사건의 메시지 내용을 재생하는 것이 아니라 이 메시지의 언어적 형식(형태)이다. 중국이 이 '기회'를 이용했다. 단음절어인 중국어에서 각 기호단위는 형식적이고 비분할적 단위(한 단어가 한 음절)가 아니다. 이 문자를 생각한 중국인은 발명의 천재성, 즉 동음어를 해소하는 '열쇠'를 가지고서 하나의 '시니피앙'(phonè)에 하나의 기호(graphè: 글자/문자)를 성공적으로 부여했다(강의 11).

발화parole의 흐름을 의식하고, 단어를 분석하고, 단어가 다음절이라는 점을 이해하는 것, 이 절차는 보다 상위 차원의 발화의 분할을 요구한다. 다음절어에서는 변이를 가진 음절로 분할하는 것을 가리킨다. 예컨대 수메르어의 설형문자가 그러한 것인데, 설형문자는 "이미지와 지시대상의 연관성이 분명하다". 또한 설형문자를 아카드어(셈어)에 적용한 것이나, 이집트 상형문자의 문자 '수수께끼 풀이' 방법(하나의 그림=한 음절: 예컨대 '고양이'+'항아리'='모자')도 그 사례이다(강의 10).[21]

언어의 '문자표상'의 역사에서 '결정적인 단계'는 알파벳 형식의 셈어문자를 통해 극복된다. 히브리어는 이에 대한 중요한 사례이다. 뱅베니스트는 여기서 구체적 셈어문자 조직을 상기하지만, 이를 자세히 설명하지는 않는다. 자음도식은 의미를 지니는 반면(의미론), 모음조직은 문법기능을 가진다고 하였다.

이와 반대로 그리스 알파벳은 음절 자체를 분할하고, 모음과 자음에 동일한 지위를 부여한다. 이러한 변화는 발화조음에서 갖는 성voix의 역할을 드러낸다. 즉 "발화의 분해단위는 모음이거나 또는 모음을 포함하는 분할체(CV, VC)라는 것"이다. 게다가 음절은 언어학자에게도 '고유한 단위'unité sui generis이다(강의 11). 이 음절단위는 문자를 가지고 '언어의 자연적 조음'을 재생하고, 문법관계를 구현한다. 언어는 이 문법관계를 이용하여 발화행위라는 행동에 주관적인 입지를 명백하게 드러낸다.

언어가 문자와 맺는 관계를 메타기호학적으로 처리하는 것에 기초해 두 가지 유형의 언어가 생겨난다. 어원 또는 의미론이 우세한 언어유형(페니키아어와 히브리어)과, 자음과 모음을 구별하는 언어에서 종종 어원관계를 파괴하는 문법변이가 굴절체계를 섬세하게 유도하는 (문법범주를 표현하는 접사를 이용하여 형태론적 변화를 유도하는) 언어유

---

21 [옮긴이] chat[ʃa](고양이)의 한 음절과 pot[po](항아리)의 한 음절이 결합하여 이음절 단어 chapeau[ʃapo](모자)를 만들어 낸다.

형이 그것이다.

문자와 언어의 '분리불가능한' 관계는 이처럼 형성되고, 다음과 같이 표현될 수 있다. 즉 문자유형은 자동기호화auto-sémiotisation, 다시 말하자면 문자에 상응하는 언어유형을 포착하는 의식을 각성시킨다. "문자는 언제 어디서고 언어가 스스로 기호화하도록 하는 도구이고 도구였다."(강의 12) 문자와 언어, 이들은 둘 다 서로 다른 유형의 의미조직이다. 그리고 개별언어는 발화행위 경험으로 이해되며, 화자들의 발화행위와 담화 교환을 통해 주관적 경험뿐만 아니라 지시대상도 '포괄하는' 까닭에(강의 1~7), 이 개별언어는 문자유형이 드러내고, 굳히고, 재창조하는 다양한 방식의 세계 내 존재이다. 그리하여 아주 분명한 '계보관계'가 그려진다. 동양(메소포타미아, 이집트, 중국까지)에서는 문자의 우월성을 바탕으로 한 '글의 문명'이 지배적 특징이고, 여기서는 서기관(중국의 '서예대가'書藝大家)이 사회조직의 중심적 역할을 한다. 반면 서양의 인도유럽 세계에서는 문자에 대한 '경시'와 함께 그 평가절하(호메로스에서 graphō는 단지 '긁다'를 의미할 뿐이었다)가 만연했다(강의 14).

어렴풋한 윤곽선만 보이는, 문자유형을 통한 이 의미조직의 유형론은 발화행위의 의미론과 기호학 연구에 풍부한 잠재력을 제공하는 듯하다(강의 14). 그래서 여러 다른 연구 노선 가운데서도 성서 텍스트의 기호학적이고 의미론적인 특성을 규명하고, 그 수신자(청자)뿐만 아니라 화자의 주관성도 탐색할 수 있다. 또한 사도 바울의 '서신'과 '영혼'의 대립관계를 질문할 수도 있다. 다시 말해서 한편으로는 전통의 역사와 메시지를 기억에 담고 있는 문자전승의 다의미적 흔적이 찍혀 있고, 히브리어 단어로써 이미 의미론이 된 (바울 '서신'의) 성서기호학과, 다른 한편으로는 담화의 표현, 출현, 소통의 순간에 실현되는 예수 복음의 주관적 담화 — 그리스어의 문법범주와 양태에 의해 표명되고 명료하게 드러난다 — 를 연결하는 이원적 관계로 이해해야 할까? '세속문명'이 '신성한 글에 부착된 새로운 개념'을 가지고 출현하는 것을 어떻게 이해할까?(강의 14) (라틴어 성서의 대중어 번역문 매개를 통해서 특히) 다양한 문자와, 세속화된 문명에 언어의 자동기호화를 확장해 나가는 다양한 다른 기호체계는 언어의 의미 생성력을 강화하고, 언어에 담긴 주관성을 통해 새로운 의미조직의 체험을 조성하는 것으로 추론할 수 있을까? 아니면 이와 반대로 기독교를 계승하는 '세속주의'가, 마음의 내부언어의 기호학을 희생하면서 소통자의 담화 의미론을 우선시할 수 있는 것인가?

뱅베니스트는 뚜렷하지 않은 이 문제에 대해 더 깊이 천착하지 않고, 또한 언어상대주의의 방향으로 더 나아가지 않고, 에드워드 사피어가 제시한 관점의 전망을 보완하면서 일반언어학의 입장을 굳게 견지하는 동시에 새로운 단계로 접어드는 그만의 독자적 사고 세계를 개척한다. 언어의 이중적 의미조직의 새로운 발견과 발전에 문자가 다양하게 관여하는 점을 들어 그는 문자는 언어와 (그리고 언어유형과) 병행할 뿐만 아니라 이 언어를 더 연장한다는 것을 강조한다. 도상화는 언어의 형식화를 부추기고 더 엄밀히 구축한다. 그 결과 문자는 점점 더 글자 양식으로 고착화되어 간다. "언어는 모든 것을 기호화한다. 그래서 문자는 담화 연쇄보다는 마음의 내부언어와 훨씬 더 닮은 기호체계이다."(강의 12)

여기서 '마음의 내부언어'의 새로운 특성이 보다 자세히 드러난다. 즉 논리적으로 볼 때 (셈어의 음절문자의 의미 표기를 이용하거나, 아니면 시니피에 하나하나가 이미지에 대응하는 중국 한자의 발명을 통해서 언어를 즉각 의미화하는) 마음의 내부언어가 성직 서기관에 '앞서서' '신화'를 만들어 가며 '신성화된다'. 이 '심리적 내부' 서사, 즉 '관념의 행렬', '전체성'을 보여 주는 그러한 문자는 '역사 전체'를 얘기한다. 이것은 일종의 '허구'인가? 이에 대해 후설은 심리적 내부 서사성이 '현상학의 가장 핵심적인 요소'라고 한다. 아니면 '자유연상으로' 펼쳐지면서 전개되는, 프로이트에게서 유래하는 '원초적 환상'의 뱅베니스트적인 변이인가? 아니면 인지론자들이, 말하기 시작하는 아동이 발화하는 최초의 일어문一語文 같은 것으로 추정하는 ('통사능력'보다도 훨씬 더한) '서사적인 겉모습'인가? 어찌 되었건 분명한 것은 그것이 시적 언어라는 것이다. 즉 '단어의 선택과 연접으로 창조되고',[22] 압축된 은유적 서술로 쓰인 '마음의 내부언어'(보들레르와 랭보의 시구를 생각해 보라. "기억들의 어머니, 연인 중의 연인", "밤처럼, 밝음처럼 넓은", "여기 거룩한 시테가 있다. 서구의 대륙에 올라앉은"), 이는 마음의 내부언어가 표출되어 발현된 모습이다.

　　뱅베니스트는 이 탐구의 길을 간략히 상기시킨 후 일반언어학으로 되돌아와 언어가 실행하는 의미하는 기능을 재론한다. "모든 사회행동, 생산 및 재생산의 포괄적 관계는 인간언어에 선재先在하지 않고, 이 언어의 결정에 달려 있다. 언어는 지시대상을 포괄하거나 에워싸면서 언어는 '자가 환원작용을 행하며', 스스로를 '기호화한다'. 문자는

22　BNF, PAP. OR. DON 0429, 봉투 22, 260장.

이 능력을 드러내는 '중개장치'이다." 요컨대 문자는 언어의 비실용적이고 비수단적 기능을 확실하게 강화하고 명시적으로 드러낸다. 이 사실로 인해 문자는 과거에 그랬던 것만큼 더 이상 도구도, 소통도, 죽은 글자도 아니고, '의미하는 유기체'(아리스토텔레스, 강의 12)이자 생성기이며, 자가생성기이다.

　이 지점에 이르러 뱅베니스트는 문자에 대한 최초의 가설을 뒤집는다. '언어과정'상의 '조작작용'으로서 문자는 '문명의 모습을 바꾼' '기반 행위'이며, '인류가 체험하는 가장 근본적 혁명'이다(강의 14). 언어와 관련한 이러한 문자의 특성은 언어와 문자는 '정확히 같은 방식으로 의미한다'는 마지막 발견을 강력히 주장한다. 문자는 청각의 의미조직을 시각에 이전하는 '이차적 형식의 발화'이다. 발화가 일차적 형식이므로 '문자는 전이된 발화'이다. "손과 발화는 문자의 발명에 서로 협조한다"고 뱅베니스트는 말한다. 문자와 발화의 관계는 귀로 듣는 발화parole entendue와 말로 표출하는 발화parole énoncée의 관계와 같다. 문자는 발화를 재이용하여 전달하고 소통하지만, 인지reconnaître하고(이는 기호학이다), 이해한다comprendre(이는 의미론이다). 문자는 언어의 해석작용 interprétance 전체의 일부이다. 기호체계 내에 정해진 발화의 중개기능은 추후 다른 기호체계를 생성할 수 있는 의미조직의 기능으로서, 이 발화를 의미화하는 조건에서 발화의 체계가 되는 것은 블로그나 트위터 같은 디지털 수단에까지 이른다.

　인간언어의 특유한 의미조직의 양태에 대해 진행 중인 이 작업의 핵심이 플라톤의 『파이드로스』를 환기시키는 것은 분명 우연이 아니다. 감각의 다양성과 인간 쾌락에서 일자Un는 무한하며, 자연 상태의 한계 없음에 대립하는 유일한 수단은 수數를 이용하는 것이다. 이 수 덕택에 위계질서 내에서 단위들의 경계가 구분되고, 서로 분리되어 정체가 확인된다. 음악의 '음표'처럼 문법의 글자(grammatikē technē)도 '수'이다. 이런 의미에서 문법가의 활동은 의미작용하에서 인간언어의 기호학적 기호의 수를 세고, 이 기호들을 조직하는 '신적 활동'이다(강의 13). 인간언어의 분석과 이집트의 신 토트(그리스어로 Thoth)——모음은 '무한 속의 다수'라는 것을 알아챈 최초의 신이다——의 작업 사이의 평행관계를 상기하면서, 뱅베니스트는 언어학에서 불가피하게 등장하는 이 한계/경계의 개념을 명확히 하기 위해 수의 개념——언어학에서는 '여러 단계의 단위를 분리해 내고 확인하여' '일정한 수(한계)를 정하는 것'이 중요하다——과 말씀Parole에 의한 세상 창조의 개념을 이용한다. 그러나 그는 초감각적 신의 존재론에서 벗어나서 (강의 1에서 예고한 바처럼) 언제나 인간언어 내에 굴절되어 있는, 수강생들의 눈에는 계속 구축되는 이 초월의 함의를 철회한다. "글을 배운 사람, 즉 문법가grammatikos는 인간언어의 구조를 아는 사람이다." "단위/단일성과 다수성의 관계는 에피스테메épistémè와 감각체험 내에 동시에 발견되는 관계이다."(강의 13)

뱅베니스트의 언어이론은 인간언어의 의미조직 내에서 그리고 그것에 의해서 모든 지시대상을 점차 통합하고, 암묵적으로는 정의상 인간세계 외부에 있는 무한한 성사聖事, res divina도 포괄한다. 이를 위해 그는 소크라테스에 기대기도 한다. 살펴보았듯이 여기에 모세 5경의 제4권인 『민수기』Livre des Nombres,[23] 즉 이스라엘 민족의 수를 세면서 의미세계를 구축해 가는 카발라[24]를 추가할 수도 있다. 하지만 무엇보다도

4복음서의 제4권 『요한복음』은 간주관성과 지시대상만이 아니라 문자표상, 쓰는 행위, 문자의 여러 변이체도 포괄하면서 이러한 언어의 이중적 의미조직을 추구하는 것처럼 보인다. "태초에 말씀이 있었다." 이처럼 차이가 다소 있기는 하지만, 신은 '태초' 없이 의미조직의 주름 생성에, 즉 인간언어의 이 소여 요소와 범주 속에 녹아 흡수되어 버린다(라이프니츠)[25]. 이 소여에 대해 뱅베니스트는 그 진리조건이나 초언어성, 잠재력, 다가올 미래의 무한성을 탐구하지는 않았지만, 그 법칙들을 인지하는 것으로 만족했다(*PLG II*, p.238).

의미조직과 체험

언어의 '기본' 층위에서 ('우발적이고', 경험적인 개별언어와 달리) '의미조직'이 짜여진 랑그는 '사회적 계약'과 외연이 동일한, 소쉬르의 기호이론에 추가되는 단순한 보충요소가 아니다. 뱅베니스트는 사회 구조와 언어 구조는 '동형적이지 않다'anisomorphes 는 개념을 재론하면서 의미하는 행위는 의사소통과 제도로 환원시킬 수 없고, '중심 위치에 있는 화자의 언어활동'을 통해서만 '주어진 의미'를 초월할 수 있다는 것을 증명하려고 한다. '체험'으로 이해된 '발화행위'의 개념은 의미조직의 대상과 인간언어의 대상을 확 바꾸어 버린다(*PLG II*, p.67 이하, p.79 이하).

---

23 [옮긴이] 이스라엘 민족이 출애굽하여 약속의 땅인 가나안에 들어가기 전에 시나이 반도의 광야에서 거주하며 겪은 얘기를 기록한 히브리어 성서.
24 [옮긴이] 시나이 산에서 모세가 하나님으로부터 받은 십계명과 비밀스러운 신의 율법.
25 「정형표현의 생성」, 『기호학, 의미분석 탐구』(Julia Kristeva, "L'engendrement de la formule", *Seméiotiké, Recherches pour une sémanlyse*, Paris: Seuil, 1969, p.290). 「시니피앙의 수 기능」(La fonction numérique du signifiant) 참조.

의미조직은 '기호'를 포기하기는커녕 이 기호를, '관념'을 전달하는 간주관적인 발화 내적$_{illocutoire}$ 행위로서 '담화' 속에 포괄한다. 의미조직은 여러 유형의 구문을 포괄하는 통사적 조직이며, 이 사실로 인해 '유일한 상황', 즉 화자의 입장을 함축하는 발화행위의 사건을 통해 더 풍부하게 한다는 조건하에서 소쉬르 언어학의 '지시대상'도 '포함한다'. 언어학자의 관심을 끄는 것은 간주관적 상황에서 의도적 '지향'의 '형식적 장치'를 통해서 이루어지는 발화행위 주체의 '체험'이다. 다시 말해서 '언어 형태가 다양화되고 생성되는 절차'만큼이나 의도한 지향의 '달성 수단'을 통해서 이루어지는 발화행위이다. '문화적 결정과는 독립된' '주관성의 특이한 변증법'은 분명 이미 예고된 것이었다 (*PLG II*, p.68).[26] 그러나 『마지막 강의』는 문자의 매개를 통해 나/너의 대화교환의 주관적 체험을 후설의 초월적 자아도, 데카르트의 인지적 자아$_{ego\ cogito}$도 아닌 발화행위 주체의 위상학으로 옮겨 가면서 의미조직의 '생성'을 더욱 깊이 천착한다.

인간언어의 이 역동성을 가리키는 용어들은 변동이 다양하다. '생성'과 '기능작용', 랑그의 문자로의 '전환', 랑그의 담화로의 '전환', '다기화'$_{多岐化}$ 등. 랑그는 '산출', '움직이는 풍경', '변형의 장소' 등으로 정의된다. 하지만 생성문법과 관련되는 '변형'과는 반대로—이 변형에는 통사범주가 즉각 주어진다—뱅베니스트가 말하는 의미조직의 생성은 언어 이전의 의미작용과 초언어적 의미작용의 구현 과정에 깊이 관여한다. 의미조직은 세 유형의 생성관계, 즉 해석관계(기본 속성. 랑그

---

26 [옮긴이] 「인간언어와 인간 경험」(Le langage et l'expérience humaine).

는 해석할 수 있는 유일한 체계인 까닭에), 생성관계(기호체계들 사이의 관계.
알파벳 글자와 점자와의 관계), 동형관계(보들레르의 '상응'과 관련된다)를
목표로 한다. 마지막 강의는 '형식범주'('격', '시제', '법')를 재고할 필요
성을 환기시키고, "모든 굴절체계의 문제가 여기에 있다"고 제시하며
이들 하나하나를 다룬다.

　　발화행위의 주체 자신은 이들 범주의 이동성을 스스로 감지한다.
언어[랑그]의 움직임 속에서 이러한 풍경을 그려내는 문자와 관련해
서 '시 언어'가 표상하는 문자의 특정한 체험에 대한 성찰이 유도되어
나온다. 사실상 뱅베니스트는 로만 야콥슨과 레비스트로스가 분석한
보들레르의 시 「고양이」Les Chats에 대한 구조주의적 분석[27]의 대척점에
있으며, 『마지막 강의』에서 그러한 반향을 들을 수 있다. 그는 같은 시
기(1967~1969년)의 보들레르에 대한 수기 노트에서 이 주제를 다룬 바
있다.

　　담화보다는 '마음의 내부언어'에 더욱 가까운 시 언어는 릴케가
원했던 것처럼(앞서 살펴보았듯이 젊은 뱅베니스트는 그에 대해 논평한다)
이 시어 분석가에게 '도구의 교체'를 요구한다. 시가 되는 '다른 언어'
는 '초언어적'이어야 한다. '예술의 의미조직'은 '비관습적'이기 때문
이며, 작가 개개인의 독특한 특이성에서 생겨나는 '단어들'은 그 '수가
무한한' 까닭이다. 뱅베니스트는 단번에 이 '초언어적' 특이성이 무엇
인지를 확정짓는다. 시의 메시지는 '의사소통의 속성의 이면에 있고',[28]

27　[옮긴이] 「보들레르의 고양이」(Roman Jakobson, Claude Lévi-Strauss, "Les chats de Charles
　　Baudelaire", *L'Homme* 2/1, 1962, pp.5~21).

28　BNF, PAP. OR. DON 0429, 봉투 20, 204장.

인간언어가 '전달'은 하지만 '묘사'는 하지 않는 정서를 표출한다.[29] 마찬가지로 시 언어의 지시대상은 '언어표현의 내부'에 있는 반면, 일상 언어의 지시대상은 언어 바깥에 있다. 그것은 "시인의 몸에서 유래한다". 뱅베니스트는 그것이 '근육인상'impression musculaire이라고 보다 정확하게 지적한다. 시 언어는 '감각적'이어서 "오직 이 새로운 공동체에 참여하는 실체에게만 말을 건넨다. 그 실체들은 시인의 영혼, 신/자연, 부재자/기억과 허구의 창조자이다". 뱅베니스트는 어째서 자신의 의도를 예시하기 위해 보들레르를 선택했는가? 보들레르는 "시 언어와 비시적인 산문 언어를 최초로 균열시킨" 시인인 반면 말라르메는 이러한 시 언어와 산문 언어의 단절을 이미 종결지은 시인이기 때문이다.[30]

『마지막 강의』와 같은 시기의, 보들레르의 시적 체험에 대한 뱅베니스트의 노트는 언어가 무의식 속에서 작용하면서 '억압하고 승화하는' '무질서한 힘'에 대한 성찰을 재고한다(*PLG I*, p.77).[31] '대화의 조건을 구성하는, 즉각적이고 회피하는 주관성'의 표현으로서 이 시적 체험은 하부 언어적infralinguistique, 상위 언어적supra-linguistique(*Ibid.*, p.86),[32] 또는 초언어적 성격을 갖는다(*PLG II*, p.66).[33] 시 작품에 투여되는 이 초언어적인 체험은 발화행위의 의미론의 기저가 되어 있다.

산스크리트어 전문가였던 뱅베니스트가 완벽하게 정통한 종교

---

29 *Ibid.*, 봉투 12, 56장.
30 *Ibid.*, 봉투 23, 358장.
31 [옮긴이] 「프로이트가 밝힌 언어의 기능에 대한 고찰」.
32 [옮긴이] 앞의 글.
33 [옮긴이] 「언어의 기호학」.

텍스트에 나타나는 고대 인도의 시학詩學에 귀를 기울여 보면, 이들 텍스트의 종교적 성찰은 1960년대 말과 호응한다. 이 시기는 사회적·세대적 반란이 '권력에 대한 상상력'을 요청하며, (아방가르드와 여성의) 문자-글쓰기 체험 내에서 의미와 존재의 혁신적이고 비밀스러운 논리를 찾고 있던 때였다.

　　과거로 거슬러 올라가서, 정신성욕psychosexualité에 대한 명시적인 언급이 부재하는 가운데 체험과 주관성의 일반언어학적 연구를 통해 그가 생각한 것은 프로이트의 승화이론이 아니라 마르틴 하이데거의, 명칭이 붙지 않은 상태의 탐구였다. 사실상 『존재와 시간』에 따르면, 언어는 담화Rede 또는 발화이며, 단어는 대화의 공동존재Mitsein를 벗어나면 의미작용이 사라진다. 언어는 해석하는 현존재Dasein의 귀속 영역이다. 고찰해야 하는 것은 있는 그대로의 언어가 아니라 실존적 분석 내에서 언어의 위치를 정하는 것이다. 이러한 하이데거의 일차적 언어관과 뱅베니스트의 1차 일반언어학(PLG I, 1966) 사이의 호응에 놀라게 된다. 그는 언어체계의 이러한 형식적 장치 ─ '담화'와 '해석체'interprétant ─ 를 사회와 자연 내에 위치시키려 한다. 하이데거의 접근은 『언어로 향하는 길』에서 선회하는데, 여기서 언어는 '말해진 바의 것', Sage, 즉 '발화된 것'으로 간주되고 있다. 대화는 독백으로 바뀌지만, 유아독존도 아니고 명제적인 것도 아닌 '마음의 내부담화'로서, '소리'도 없고 '소통'도 없는 것이어서 마음의 내적 사고는 침묵 속에서 '언어[랑그]가 되려는 것'의 심적·정신적 산출물로 구현된다. 뱅베니스트에게 문자는 문자형상으로서, 시적 체험으로서, 보들레르에서 초현실주의에 이르기까지 언어에 대한 하이데거의 정의, 즉 '오로지 자

기 자신과 홀로 대면해 발화하는 언어'와 만나는 듯이 보이며 문자는
언어의 음향을 가능하게 만든다. 하지만 언어는 문자로부터 즉시 벗어
나는데, 이 '해방'은 언어의 진수이자 '무의미해질' 수도 있는 모종의
위협이다. 하이데거의 후기 저작에서 볼 때, 『마지막 강의』에 나오는
이러한 암암리의 지적과 『보들레르』에 대한 수기 노트는 서로 대립한
다기보다는 이 언어학자의 경계심을 노정한다. '담화는 한계와 무한계
를 동시에 포함하며', '통일과 다양성'도 동시에 포함한다(강의 13).

　　사실상 뱅베니스트는 우리 '대뇌구조의 필요성'을 반영하는 '통합
작용'을 강조하는 것을 잊지 않는다(*PLG II*, p.226). 이 대뇌구조는 "스
스로 코드화되면서 코드를 만들고, 한계를 설정하면서 스스로 한계 지
어지고, 그래서 현실에 기반한 의사소통적이고 이해 가능한 담화의미
론을 담보하는 능력을 '인간언어 도구'에 부여한다". 그러면서도 첨언
하기를, "언어와 언어의 중개의 평행, 회화적 표상과 시적 체험으로서
의 문자는 '담화'보다는 '마음의 내부언어'와 더욱 유사한 것으로" 그
실용적 장점을 결코 버리지 않는다. 하지만 문자는 특이한 유의미체계
(=시)의 생성을 통해 언어[랑그]의 한계를 벗어나면서 언어 그 자체의
해석능력에 참여한다. 최후의 뱅베니스트가 그리던 의미조직은 제도
적 전횡도 몽상적 찬가도 아닌 자유의 공간이었다.

언어학과 보편성[34]

오늘날 모든 사람들이 의사소통을 하지만, 인간언어의 범위와 항정성을 알아채는 사람은 아주 드물다. 뱅베니스트가 마지막 강의를 하던 그 시기에, 인간언어가 인간을 다른 방식으로 결정하며, 사회관계보다 더 깊이 인간을 결정한다는 견해는 위험한 사고가 되기 시작했다. 관습, '기성의 질서', '경찰국가', 교조적 맑시즘, 공산체제에 대한 저항 등 바르샤바, 이탈리아, 체코슬로바키아, 당시 소연방 발트국과 그 외 다른 곳에서 기호학은 사유의 자유와 동의어였다. 논리적으로 당연히 파리(프랑스의 기호학 연구는 엄청난 역동성을 보여 주었는데, 콜레주 드 프랑스의 사회인류학 실험실의 기호학회를 통해 『소통』*Communication*지와 에밀 뱅베니스트, 롤랑 바르트, 특히 알기르다스 줄리앙 그레마스의 저작 출판 등)에서 이 세계적인 추세를 한데 모으려는 생각이 태동했다. 또한 로만 야콥슨의 영감에 찬 권위하에 뱅베니스트의 주도적 지도가 모든 이들에게 먹혀들었다는 것도 타당하다. 1968년 8월에 개최된 국제 기호학 심포지엄에서 국제기호학회AIS 결성의 토대가 닦였고, 에밀 뱅베니스트는 1969년에 공식적으로 초대 회장에 선임될 예정이었다.

프랑스 정부 장학금을 받은 젊은 불가리아 여학생이었던 필자는 사회과학정보부(유네스코)의 『기호학 연구』 출간지의 학술담당 비서, 그 후 이 국제기호학회의 비서가 되는 특권을 누렸다. 이러한 맥락에서 당시 뱅베니스트의 『일반언어학의 여러 문제 1』을 열렬히 읽었던지

---

34 1954년 10월 17일자 에밀 뱅베니스트의 서신, "언어학은 보편소이다. 하지만 이 가엾은 언어학자는 이 우주에서 제외되어 있다". 조르주 르다르의 「에밀 뱅베니스트의 학문 여정」에서 인용. 이 책의 189쪽 참조.

라 그와 특별한 개인적 교분을 맺을 기회가 있었다. 우리의 만남은 포르트 드 오를레앙 근처의 몽티셀리가에 있는 자택에서 이루어졌다. 지금도 그의 서재가 마치 '신성한' 장소처럼 회상된다(당시 수줍음을 타는 젊은 여자애였던 필자에게는 그렇게 보였다). 그 서재에서 이 대학자는 이 책에 게재한 사진[35] 속에 완벽하게 재현된 모습 그대로 활기찬 지성으로 미소를 머금었고, 기억할 수 없을 만큼 오래된 인도유럽 세계와 이란 세계의 비밀을 간직하고 있는 듯이 보였다. 꽤 어두컴컴한 작업실이었고, 책들이 벽을 융단처럼 장식한 채 바닥과 오래된 서가 안쪽에 흩어져 있었다. 거기서 풍기는 책의 향기가 찻잔에 어리는 김과 뒤섞였고, 우리는 뒤이어 나온 마른 비스킷에는 손도 대지 못했다. 그 서적들의 향기는 오래된 양피지를 떠올리게 했다. 행정적인 잡무를 빠르게 해치운 뒤 그는 필자의 연구를 곰곰이 살펴보았다.[36] 그는 결코 채워지지 않는 호기심으로 새로운 문학혁신운동(당시 한창 비등하던 운동으로, 렌느가 44번지에서 모였던 필립 솔레르스의 잡지 『텔 켈』의 '문학이론가 그룹'과 함께)뿐만 아니라 동유럽의 언어학적, 철학적인 논의에도 관심을 가졌다(미하일 바흐친의 '대화논리'). 이 모든 만남을 통해 뱅베니스트는 주의 깊은 선생이었을 뿐만 아니라 필자의 옹호자였고, 필자는 그에게 글이 하부 언어적 과정인지, 상위 언어적 과정인지 아니면 (그가 꿈에 대해 썼던 바처럼) 초언어적 과정인지를 물었다. 그로서는 레몽 루셀의 "글

---

35 14쪽의 〈삽화 1〉 세르주 함부르가 찍은 사진(1968) 참조.
36 필자는 3기 박사학위 논문을 끝내 가고 있었고, 외국 학생으로서는 예외적으로 1968년에 과정을 종료했다. 그리고 국가 박사학위 취득을 목적으로 말라르메와 로트레아몽의 시어에 대한 연구를 시작했다.

은 '산물'을 무시하는 '생산적 활동'으로 규정될 수도 있을 것"이라는 의견을 제시하거나 아니면 야콥슨에게서 발견한 것 —— 뱅베니스트는 필자에게 spotha라는 개념(인도 문법가에 의하면, '음성'과 '의미'인 동시에 언제나 '활동'을 의미한다)을 얘기했다 —— 을 묻기도 했던 기억이 난다. 이와 관련해 필자에게 당시 고전 브라만교의 언어를 연구한 마들렌 비아르도[37]의 신간도서를 일독하도록 권유했다. 해리스와 촘스키가 다양한 언어를 고려하지 않고 일반통사론을 구축하려고 한 것은 유감이라는 의견을 표명하기도 했다(그는 "단지 한 언어만 안다는 것은 통탄할 일입니다"라고 어느 유명한 언어학자에게 편지를 썼다). 그는 필자의 질문에 다소 솔직하고 자극적인 말로 응대했다. "자네도 알듯이 난 오로지 작은 문제에만 관심이 있다네. 예를 들면 '동사 être' 같은 것이지." 그는 『일반언어학의 여러 문제』 이후 출간된 아주 중요한 잡지 『언어의 기초』 *Foundations of Language*에 게재한, 이 문제에 관해 쓴 논문을 참조할 것을 권유했다.[38] 또 필자의 질문에 대한 답변으로 『리그베다』의 산스크리트어 텍스트를 펴 적절한 구절을 그 자리에서 직접 프랑스어로 번역해 주기도 했다. 그 후 몇 가지 의미론적이고 문법적인 문제를 지적한 뒤, 고대 인도의 이 대찬가집의 '이야기'와 '등장인물'에 대한 내용을 예의 그 암시적이고 약간 냉소적 어조로 다시 설명해 주었다. (예컨대 아라공에게) "부인, 여성은 남성의 미래라고 생각하세요?"

---

37 [옮긴이] Madelaine Biardeau. 프랑스의 인도학 연구자. 고등사범학교를 졸업하고, 파리 고등연구원에서 강의를 했다. 인도철학과 문법학을 연구하고 관련 저술을 남겼다.

38 Charles H. Kahn, "The Greek verb 'to be' and the concept of being", *Foundations of Language*, vol.2, n.3, August, 1966, pp.245~265.

어느 날 중세의 '의미방식론자'modi significandi의 '신을 향한 영혼의 여행'에서 'sénéfiance'란 용어를 갓 발견하고는 이에 대해 어떻게 생각하는지 그에게 물었다. "나이에 비해 독서를 많이 하는군, 우리와 가까운 장 폴랑의 부친도 이 용어를 사용하곤 했어. 불가리아에서도 여전히 그의 책을 읽나? 동구 전체도 그렇지? 알다시피 슬라브어 어근 'čitati'는 '읽다'를 의미하는데, 그 의미는 '계산하다', '존중하다'로 거슬러 올라가지." 필자는 거기에 대해 생각해 본 적이 없었고, 별로 알지도 못했음이 분명했다.

그는 그의 부모님이 불가리아 사모코프에서 교사였다는 것을 말한 적이 없었다. 단지 그의 어머님을 회상하면 그와 조금 닮은 것도 같았다.

그는 후설의 현상학에도 매우 관심이 많았으며, 필자가 후설의 현상학 사상Ideen에 대해 별로 알지 못하는 데에 놀라는 눈치였다. 우리는 하이데거에 대해서도 얘기한 바가 없었다. 당시 필자는 이제 막 하이데거를 발견한 참이었기 때문이다.

그는 바르샤바에서 앙토냉 아르토의 『로데스의 편지』라는 책을 가져왔다면, 좀 빌려주지 않겠냐고 물었다. 필자는 그가 심포지엄의 발표문 복사본 아래에 이 작은 책을 감추고, 입가에 수줍은 미소를 띠고는 발표나 토론이 제자리를 맴돌 때마다 그것을 읽는 모습을 슬쩍 훔쳐보았다. 이런 자유로움의 증거에 용기를 내어, 앙토냉 아르토, 루이 아라공, 앙드레 브르통, 폴 엘뤼아르, 미셸 레리스, 수많은 지성인과 예술가, 작가들이 초현실주의자 성명서 「혁명이여, 영원히!」에 서명한 명부에서 그의 이름을 발견하고는 휴식 시간에 말을 걸었다.

"선생님, 초현실주의자 성명서 가운데서 선생님의 이름을 발견하고는 너무나 기뻤습니다."

"부끄럽게도 우연의 일치라네, 아가씨."

그의 얼굴에서 미소가 사라지고, 차갑고 텅 빈 눈초리가 필자를 마룻바닥에 꼼짝달싹 못 하게 고정시켰다. 필자는 강연 참가자들에 에워싸인 채 수치스러워 몸 둘 바를 몰랐다. 몇 시간이 흐른 뒤, 주위에 아무도 없자 그는 필자의 귀에 이렇게 속삭였다.

"물론 그 이름은 나지. 그렇지만 말하지 말게나. 알다시피 난 콜레주 드 프랑스 소속 교수잖아."

그는 파리로 돌아와 차를 마시자며 이번에는 클로즈리 데 릴라[39]에 필자를 초대했다.

"여기서들 모였어. 전쟁의 격동기에도. 그 모임에서도 피를 흘렸지." 놀란 필자를 바라보며 그는 "아니야, 그 비유는 별로 강렬하지 않아. 그곳이 내가 있을 자리는 아니라는 것을 깨달았네"라고 했다.

지금 와서 이 성명서[40]를 다시 읽어 보았다. 사실상 뱅베니스트는 이 반항운동에 참여하는 것을 피했고, 트로츠키-스탈린의 피의 반동(브르통과 아라공)을 거부하고, 시적 무한성의 압도적인 경험을 무시했다. 이 시적 무한성은 사회계약을 벗어나서 난무하는 폭발적인 목소

---

39 [옮긴이] 파리 몽파르나스가에 있는 카페 레스토랑. 20세기 전반기에 예술가와 지식인들이 자주 모임을 가졌던 유명한 카페이다.
40 "우리는 이 처절한 혁명을 굴욕적 정신의 피할 수 없는 혁명으로 생각한다. 우리는 […] 이 혁명을 사회적 형태로만 생각하고, […] 이 혁명의 이념은 개인에 대한 최선이자 가장 효율적인 보증이다."

리 가운데서 (아르토의 횡설수설) 언어의 질서를 탈취하고(말라르메: "유일한 보증은 통사이다"), 일종의 성직聖職처럼 언어의 논리 가운데서 의미조직에 헌신했다. 사회적 소요에 유혹된 이 유목민이자 '우주에 내던져진 이 가엾은 언어학자'에게 학교 규정은 교원 보호에 필연적으로 따르는 제동이었다. 하지만 그러한 관례도 공산주의하의 불온사상에 손 내미는 것을 막지는 못했다. 그는 베를린 장벽 붕괴로 야기된 공산주의의 종말을 보지 못했다. 바르샤바에서 개최된 국제 기호학 심포지엄은 시간이 지나면서 그 전조를 알리는 신호 중 하나로 등장했다. 학교 규정은 마음의 내부언어라는 이름 모를 체험과, 소통과 명령에 이용되는 담화의미론 사이의 이중적 의미조직에서 창조적이고 자유로운 주관성의 흔적을 추적하려던 그의 의지를 단념시키지 못했다.

1969년 11월 말이나 12월 초에 그와 나눈 마지막 대화를 기억한다. 그는 필자가 보낸 책 『기호학, 의미분석 탐구』*Sèméiôtikè, Recherches pour une sémanalyse*를 받고는 늘 그랬던 것처럼 친절하게, 책을 끝까지 읽고 바캉스를 떠나기 전에 자세히 논평해 주려고 했다. 그렇지만 얼마 뒤 그는 갑자기 뇌졸중 쇼크를 겪었다. 사고, 신체마비, 실어증. 콜레주 드 프랑스의 행정처와 동료들은 관례적인 공식 절차를 밟는 책임을 맡았고, 섬세하고도 헌신적인 누이 카르멜리아 — 그녀를 병원에서 처음 보았다 — 가 비참한 여건에서 매일 오빠를 곁에서 돌보며 죽을 때까지 간호했다. 카르멜리아가 필자에게 얘기한 장 드 므나세 신부는 뱅베니스트의 오랜 친구로, 그와 유사한 병력이 있었으나 다행히도 회복된 상태였다. 므나세 신부는 이 위대한 언어학자의 누이가 오빠의 회복을 믿을 수 있도록 마음으로 격려했다.

병원 상황은 개탄할 정도로 열악했다. 뱅베니스트는 공동병실에 입원했고, 재활치료도 하지 않는 상태에서 다른 환자 가족들의 시도 때도 없는 병문안과 온갖 비위생적인 일을 견뎌야 했다. "오빠가 더는 말을 이해하지 못하는 것만 같습니다. 이 변고에 앞서 들려준 가족 얘기에 더 이상 아무 반응을 보이지 않았고, 매우 지루해했죠"라고 카르멜리아는 말을 아꼈다. 우리는 정확한 병세 판정을 위해 실어증 전문가 프랑수아 레르미트를 가까스로 초빙했다. 그는 뱅베니스트에게 집을 그려 보라고 했으나 아무 반응이 없었다. 금방이라도 실어증 판정을 받을 것 같은 생각에 놀라, 필자가 나서서 그에게 그림을 그려 볼 것을 요청했다. 그는 집을 그릴 수 있었다. 그 후 발화 재활 프로그램을 실시했지만 결과는 기대에 미치지 못했다. 그의 성실한 제자 모하마드 자파르 모엥파르와 우리는 사립시설에서는 더 양호한 병원을 찾을 수 없다는 사실을 즉시 깨달았다. 필자가 이해한 바로는, 정신이 멍한 상태에 빠진 이 학자가 국립교원건강상호부조MGEN의 보험을 부담하지 못한 탓이었다. 우리는 모든 지인들에게 성금을 거둘 생각이었고, 보험금을 소급해서 조정하려고 했지만 행정 처리의 어려움 때문에 사정이 여의치 않았다. 지금에 와서야 그때 재활치료를 매번 실시하지 못한 것이 후회스럽다. 그가 필자에게 보여 준 애정으로 볼 때, 아마도 그는 치료에 더 협조적이었을 것이다. 헛된 망상이지만 이러한 불찰이 늘 눈앞에 떠오른다. 외국 제자들과 친구들이 그의 불운과 놀라운 업적에 가장 적극적으로 나섰고, 이 문제들을 잘 의식하고 있었던 것 같다.

필자는 뱅베니스트가 지적知的으로 늘 현재적이었다고 확신한다. 예컨대 어느 날 그에게 그의 첫 저서인 『주요 그리스 원전에서 본 페르시아 종교』*The Persian Religion according to the Chief Greek Texts*(1929)에 사인을 해달라고 부탁한 적이 있었는데, 동양서 고서점에서 발견한 영어본 책이었다. 그는 떨리는 필체로 이름 'É. BENVENISTE'를 인쇄체 대문자로 쓰고 1971년 9월 23일이라고 날짜를 적고는, 이를 곧 1971년 9월 24일로 정정했다. 따라서 그는 우리 두 사람의 대화행위가 이루어지는 현시점에 존재했고, 시간의 개념을 여전히 간직하고 있었다. 필자는 1971년에 학술지 『언어』*Langages*의 '언어학 인식론'에 대한 특별호인 「에밀 뱅베니스트 헌정본」을 주관해 이를 헌증했는데, 그는 매우 기뻐했다. 우리는 피에르 노라(갈리마르사의 인문과학 서가의 편집장)와 함께 『일반언어학의 여러 문제』 제2권을 편집 및 출간하여 그에게 바쳤다. 1975년에는 쇠이유 출판사에서 니콜라 뤼에와*N. Ruwet*, 장 클로드 밀너와 필자가 『언어, 담화, 사회. 에밀 뱅베니스트를 위하여』*Langue, discours, société. Pour Émile Benveniste*란 책을 기획, 편집 및 출간하여 그에게 헌증했고 그는 기쁘게 책을 받았다. 지루한 책이지만, 그는 내용보다도 출간 자체를 고마워했다. 그 후 그가 7년간 병원을 9번이나 옮겨 다니는 동안, 필자는 국가박사학위 취득과 임신으로 거의 병문안을 가지 못했다. 그렇지만 그는 필자를 잊지 않았고, 1975년 11월에 여동생을 통해 필자를 보고싶다고 서신으로 알려 왔다. 그는 가까스로 자기 소망을 표현했고, 다시 보고 싶은 사람들을 기억해 냈다.

여러 번 병문안하던 중, 크레테유 병원에서 그는 필자에게 침상 가까이 다가오라고 하고서는 몸을 일으켰다. 그리고 이 책에 실린 사진처럼 손가락을 내밀고, 무척 쑥스러운 소년 같은 미소를 지으면서 필자의 가슴팍에 뭔가를 '쓰기' 시작했다. 놀라고 당황해 감히 꼼짝도 못 했고, 그가 이 묘한 동작으로 쓰거나 그리려는 것이 무엇인지를 미처 알아채지 못했다. 마실 것이나 쓸 것, 읽을거리를 원하는지 물었으나 그는 아니라고 머리를 흔들면서 난처하고 알 수 없는 기호들을 다시 쓰기 시작했다. 종이와 볼펜을 받아든 그는 전에 필자에게 헌사를 써 준 글자와 같은 글씨체, 인쇄체 대문자로 **THEO**라고 썼다.

1972년인지 1973년인지는 모르지만, 이 시기에 뱅베니스트가 랍비학교 학생으로 프랑스에 유학을 왔다는 사실도 필자는 알지 못했다. 그는 필자에게 쇼아Shoah[=홀로코스트]에 대해서 언급한 적도 없었다. 필자는 일반언어학 연구에 대한 총체적인 안목이 없었고, 『일반언어학의 여러 문제』 제2권은 아직 편집되기도 전이었다. 어쨌든 필자의 짧은 지식으로 그것이 무엇인지 제대로 파악할 수 없었다. 하지만 그의 지적 능력이 언어의 마비로 인해 완전히 망가진 것은 아니라는 점을 확신했다. 이 THEO는 분명 의미가 있었다.

오늘날 출판된 그의 저작들과 관련해 마지막 글을 읽으면서 내가 어떤 해석을 하려는 것은 아니다. THEO는 영원히 수수께끼로 남아 있기 때문이다. 단지 일독을 해 볼 뿐이다.

우리 각자의 개인사의 우연한 기회들로 필자는 그를 만나게 되었고, 그래서 그가 죽기 전에 그 메시지를 내게 상기시켜 주기 위해 몸에 흔적을 남기려고 한 것일 수도 있다.

(우리가 일시적 존재 내에서 대화를 통해 소통하는 것처럼) 담화의 '의미론'이 무엇이든 다양한 개별언어와 랑그 자체는 우리 주관성의 마음의 내부언어들 간의 만남 속에서 '기호 능력'을 생성한다(말로 발음할 수 없는 문자 /YHWH/가 이 기호 능력을 증거하지만, 그는 그리스의 신적 존재론 /

THEO/[41]의 도구를 이용하고 후속 연구를 통해 이를 분석하려고 시도했다).

이 '작용하는 원초적인 힘'(강의 7)은 인간언어의 다른 모든 속성을 '초월한다'(/THEO/). 그 원리가 언어[랑그]가 아닌 다른 곳에서 발견된다고는 생각하지 않는다. 말하는 어떤 인간이든 '나'는 이 이원성으로 구성되고, 이 교차지점에 있다. 전인全人으로서의 '나'는 역사를 속박하고 해석하는 이 의미조직을 체험한다.

『마지막 강의』의 독자들이 이 교차로에 서서, 이 글에 자신의 고유한 길을 덧붙여 준다면 더할 나위 없이 고맙겠다.

*   *   *

인용된 에밀 뱅베니스트의 논저

『일반언어학의 여러 문제 1』(*PLG I*, Paris: Gallimard, 1966)
　「사고 범주와 언어 범주」, pp.53~74.
　「프로이트가 밝힌 언어 기능에 대한 고찰」, pp.75~87.
　「언어에 나타난 주관성」, pp.258~266.
　「분석 철학과 언어」, pp.267~276.

『일반언어학의 여러 문제 2』(*PLG II*, Paris: Gallimard, 1974)
　「인간언어와 인간 경험」, pp.67~78.

---

41 [옮긴이] theós[θεός](신). théo-는 신(dieu)을 의미하는 접두어이다.

「발화행위의 형식적 장치」, pp.79~88.

「언어 구조와 사회 구조」, pp.91~102.

「인간언어의 형태와 의미」, pp.215~240.

들어가며

장 클로드 코케 · 이렌 페뇰리오

> "세계사가 일보 전진하고 난관을 뚫고 지나갈 때마다
> 말들의 강화 진영이 더 굳게 짜인다.
> 오, 관념만을 위해 사는 독신자여, 고독한 자여."[1]

에밀 뱅베니스트의 현재성

에밀 뱅베니스트의 사후 36년이 지난 지금까지도 그의 저작은 언어학 뿐만 아니라 언어학을 넘어 수많은 연구의 참고문헌으로 꾸준히 이용되고 있다. 특히 '발화행위'énonciation 연구 영역에서, 1970년대부터 그의 저작은 이미 기초 연구로 이용되었다. 프랑스에서 담화분석, 텍스트 언어학, 화용론, 의미론, 대화 상호작용 분석 등의 연구 영역에서는 강력하게 요청되는 이론적 전통이다. 뱅베니스트의 비교언어학자로서의 주요한 연구는 그리 널리 알려져 있지 않지만, 이 분야의 공적으로 그는 콜레주 드 프랑스에 자리를 잡았다.

　뱅베니스트는 19세기 후반에 프랑스 언어학이 혁신된 이후부터 프랑스 언어학과 언어 연구 기관의 주요 학자와 인사들의 학맥을 지속

1　뱅베니스트가 옮겨 쓴 키르케고르 인용문으로, 이 강의노트 안에 들어 있었다.

적으로 계승한 학자이다. 그 주요 인물로는 미셸 브레알, 가스통 파리G. Paris, 앙투안 메이예, 조제프 방드리에스, 마르셀 코헨M. Cohen 등이 있다. 주요 연구 기관은 콜레주 드 프랑스, 고등연구원, 파리언어학회 등이다. 해외에서 뱅베니스트의 저작과 특히 발화행위이론의 수용은 프랑스와는 극명하게 대조된다. 상당수의 국가에서 『일반언어학의 여러 문제』가 번역되었고, 예컨대 브라질과 러시아나 그 외의 나라에서는 이 저서로부터 큰 영향을 받아 독창적인 언어 연구가 탄생했다. 번역본들을 통해 국제적 차원에서 연구의 수용과 확산의 가능성이 널리 알려진 것이다.

　『일반언어학의 여러 문제 1』은 저자가 구상한 계획에 따라 출간되었고 2권도 마찬가지이다. 출간 후 뱅베니스트의 주요 저작들은 널리 홍보되었지만, 다른 저작들은 모든 면에서 접근성이 떨어졌다. 예컨대 거의 알려지지 않은 희귀 언어들에 대한 연구는 전문가들 이외에는 접근이 불가능했다. 또한 뱅베니스트가 고등연구원과 콜레주 드 프랑스에서 했던 강의들은 모두 여전히 어둠 속에 묻힌 채로 출간되지 않고 있다.

　그의 강의와 특히 『일반언어학의 여러 문제』에 실린 논문을 새롭게 조명한 이 책을 독자들과 함께 읽는 것이 매우 중요하다고 생각한다. 특히 문자écriture는 일반언어학의 논문에서 여러 번 논급했지만 본격적으로 다루지 않았던 주제로서, 이 책에 실린 마지막 강의들에서 다루고 있다.

미편집 원고

언어인류학자, 고대 및 원시 인도유럽어와 거의 알려지지 않은 인도유럽 개별어(토카라어, 히타이트어, 고대 페르시아어, 아베스타어, 오세트어, 소그드어 등) 학자, 비교문법 전문가, 일반언어학의 혁신적 이론가인 뱅베니스트는 프랑스국립도서관(오늘날 BNF)에 자신의 논문을 모두 유증했다.

이 논문 자료의 편집계획을 세울 수 있었던 바탕은 30년간 잠들어 있던 지적 자산의 존재이다. 사실 프랑스국립도서관의 이 연구 자산은 언어이론의 연구사에 엄청나게 중요한 자료로서 2000년대까지는 전혀 활용되지 못했다.[2]

이 『마지막 강의』의 출간은 거의 알려지지 않은 언어학자 뱅베니스트의 여러 단편적 모습을 알 수 있는 계기가 될 것이다. 우리는 이제야 비로소 이 언어학자의 폭넓고 해박한 지식을 제대로 알고, 『일반언어학의 여러 문제』의 저자로서 맑고 투명한 그의 이론적 문체에 찬탄하며, 연구자로서의 연구 차원과 방향을 깨닫기 시작했다. 그러나 언어학를 가르친 선생으로서의 역동적이고 단호한 모습은 잊어 버리고 있었다. 구체적이고 특정한 언어 지평에 대해 철두철미하게 정교한 지식을 발견하고 발전시키는 교육적 면모나, 논문을 쓸 때마다 언어이론과 그 근저에 있는 개념을 구축했음에도 재기발랄하게 창의력이 넘치는

---

2 2006년 이후 '근대 텍스트와 수고 자료 연구소'(CNRS/ENS)의 '텍스트 발생론과 언어이론' 연구팀(이렌 페놀리오가 주도)이 언어학자들의 수기 자료에 대한 연구를 개시하면서 이 지적 자산을 활용하게 되었다.

가르침을 전달하는 교육자적 모습은 아직도 충분히 조명되지 않았다. 뱅베니스트의 강의를 직접 들은 많은 청강자들이 이러한 교육자적 모습을 증명했음에도 여전히 그렇다.

뱅베니스트가 콜레주 드 프랑스에서 행한 마지막 강의를 편집한 이 편집본은 이 언어학자의 언어학적 고뇌와 교육자적 면모를 잘 보여 줄 것이다.

이러한 성찰은 새로운 것이다.

분명한 것은 1968년과 1969년에 작성, 발표한 논문 「언어의 기호학」Sémiologie de la langue 구상의 기초가 된 사고의 흐름을 이 책에서 재발견할 수 있다는 점이다. 그가 수차례나 관심사를 표명했지만,[3] 이 언어학자의 연구 그 어디에서도 읽을 수 없었던 문자라는 주제에 대한 성찰과 전全 역사가 눈앞에 펼쳐지는 것을 볼 수 있다.

활발한 연구 시기(1968~1969)

이 두 시기에 앞서 에밀 뱅베니스트에게는 아주 긴 부동不動의 시간과 실어증으로 인한 침묵의 시기가 있었다. 이 시기에 콜레주 드 프랑스에서 행한 강의의 바탕이 되어 준 것은 열렬한 학문 연구였다. 이 마지막 강의에는 모든 종류의 연구와 글이 녹아 들어 있다. 한편으로 이 언어이론가는 「언어의 기호학」이란 논문에서 주축이 되는 개념쌍인 '기

---

3 예컨대 「언어의 기호학」(*PLG II*, p.66)이나 「발화행위의 형식적 장치」(*PLG II*, p.88)의 말미에서.

호학/의미론'을 명료하게 설명하였고, 다른 한편으로는 인간언어 내의 의미에 대한 견해를 이론적으로 명석하게 설명하면서 이를 바르샤바에서 열린 국제 기호학 심포지엄에서 발표했다. 뱅베니스트는 국제 기호학회의 창립에 기여했고, 1969년에 초대 회장직을 수락했다. 또한 같은 해에 파리기호학회의 회장직도 수락했다.[4] 마지막으로, 교수이자 연구자로서 그는 콜레주 드 프랑스에서 언어이론적 문제를 강의하고, 예컨대 문자이론처럼 연구 결과를 정식 논문으로 체계화하지 못한 분야에 대한 지식을 전개했다.

바르샤바에서 열린 국제 기호학 심포지엄에 대해 잠깐 이야기하는 것이 좋겠다. 이 시기가 그의 연구의 주요한 특징을 보여 주기 때문이다.

1968년 8월 25일에서 9월 1일까지 바르샤바에서 국제 기호학 심포지엄이 개최되었는데, 당시 동유럽 국가들이 처한 정치 상황은 매우 극적이었다. 이 심포지엄의 참가자로 나와 있는 국제적으로 저명한 학자들의 예를 몇 명만 들면, 리투아니아 출신의 알기르다스 줄리앙 그레마스, 러시아 출신의 로만 야콥슨, 헝가리 출신의 토마스 알버트 세벽 등이 있다. 이들은 심포지엄에 참가하는 위험을 무릅쓰고 싶지 않았는데, 여기에는 이유가 있었다. 8월 21일에 바르샤바 조약군이 시내로 진입함으로써 프라하의 봄이 종국으로 치닫고 있었다는 점을 상기해 보면 된다. 하지만 같은 달 25일, 바르샤바에는 어떠한 변화의 조짐도

---

4 장 클로드 코케는 뱅베니스트가 파리기호학회의 회장직 수락에 동의했고, "그에게 '기호학'(sémiotique)과 '기호론'(sémiologie)은 보다 전문적인 의미가 있다는 점"을 강조했다고 지적했다. 『의미 탐구: 언어 문제』(*La Quête du sens: Le langage en question*, Paris: PUF, 1997, p.33).

없었다. 도시에는 평화로움이 흐르고 있었다.

　심포지엄을 개최하고, 당시 프랑스 대표단을 이끌었던 뱅베니스트도 그중 한 명이었다. 이들에게는 학문적 이슈가 정치적 상황보다 당연히 더 중요했으므로 심포지엄의 발표 제목을 원래대로 고수했다. 프로그램에 따르면, 뱅베니스트의 발표 제목은 '기호학과 의미론의 구별'*la sémiotique et la sémantique*이었다. 사실상 뱅베니스트는 사전에 그의 첫 발표 제목이 '기호학 분야와 의미론 분야의 구별'*le sémiotique et le sémantique*(강조 필자)이 될 것이라고 언급했었다. 주의 깊은 참석자라면 남성 관사 'le'로 된 이 발표 제목에서 뱅베니스트에게 새로운 연구의 장을 열려는 의도가 있었다는 사실을 충분히 이해할 수 있었을 것이다. 소쉬르와 단절하려는 의도는 없었지만, 소쉬르가 제기한 문제를 재론하고 예비노트에서 '언어는 어떻게 의미를 발생하는가?'[5]라는 제목으로 논문을 재구성하여 일말의 해결책을 모색하려는 희망을 품었던 것이다. 앞의 제목은 뱅베니스트의 강력한 주장을 반영한다. 이 주제는 "소쉬르가 당면했던 문제였고, 전 생애 동안 그를 사로잡았던 문제로서 그의 언어학에 깊이 침투해 있었다". 이 문제는 뱅베니스트 자신의 도전이라고도 생각할 수 있다. 하지만 전적으로 기호학에만 매달리는 것은 좋은 해결책이 아니었다. 그는 1962년 케임브리지에서 그랬던 것처럼, '문장의 환원 불가능성을 보여 줄 필요성'이 있었다고 썼으며, 그래서 언어와 대치된 담화의 구체적 특성을 밝혀야 했던 것이다.

5　이 글(「활발한 연구 시기」)의 모든 인용은 BNF의 지적 자산 가운데 전체 수기 노트 PAR. OR.DON 0616에서 발췌한 것이다.

SÉANCES PLÉNIÈRES

25 VIII 68   9³⁰ — 13⁰⁰ h. *E. Benveniste* (France):
La distinction entre la sémiotique et la sémantique

J. Kuryłowicz (Pologne):
L'extrapolation d'une loi linguistique

Discussion

26 VIII 68   9³⁰ — 13⁰⁰ h. *H. Seiler* (G.F.R.):
The Semantic Information in Grammar: Problems of
Subcategorisation

T. Gamkrelidze (URSS):
On the Problem of the Arbitrariness of Linguistic Sign

Discussion

27 VIII 68 9³⁰ — 13⁰⁰ h. *A. Grabar* (France):
Cérémonies, paroles et images: trois modes d'expression
parallèles au service de la monarchie à Byzance

R. Jakobson (U.S.A.):
Toward a Classification of Semiotic Systems

Discussion

28 VIII 68   9³⁰ — 13⁰⁰ h. *A. Zinowjew* (URSS):
General Theory of Signs

Th. A. Sebeok (U.S.A.):
Is a Comparative Semiotics Possible?

Discussion

29 VIII 68   9³⁰ — 13⁰⁰ h. *A. Greimas* (France):
Les langues naturelles et le monde naturel

W. Uspenski (URSS):
On Epistemological Limitedness of Linguistic Signs

Discussion

30 VIII 68   9³⁰ — 13⁰⁰ h. *J. Lotman* (URSS):
The Metalanguage of Typological Descriptions of Cul-
ture

E. Weigl, M. Bierwisch (G.D.R.):
Neuropsychology and Linguistics: Topics of Common
Research

Discussion

<삽화 2> 1968년 바르샤바 국제 기호학 심포지엄 프로그램의 첫 페이지

기호와 단어

뱅베니스트에 따르면 기호학은 기호론과 의미론이라는 두 축을 포함한다. "이 구별에 관심을 기울이면 소쉬르의 이론은 극복할 수 있다." 사실상 소쉬르의 기호 개념에 만족하면, 그것은 기호론에 그치고 마는 것이다. 언어는 '의미조직'을 가진 구성 요소들로 환원된다. 뱅베니스트는 이 용어에 강조 괄호를 치고 —— 장 폴랑의 부친인 언어학자 프레데릭 폴랑의 논문을 참조한다 —— "기능을 가진 언어(의미론의 고유 영역이라고 할 수 있다)에 접근하는 길을 막고 있다"고 한다. 뱅베니스트는 이 의미론의 영역에 자리를 잡으려고 한다. 의미론에는 언어학자들이 무시하는 특징이 있다. 예컨대 "'의미'와 의미론의 구성 원리는 담화의 연속성 원리", 즉 선조성의 원리이다. "의미는 단어라는 이 구성 요소를 연속으로 두면 생겨난다." 뱅베니스트의 사고 논리에 따르면, 그는 의미론(자신의 고유영역)의 '단어'와 기호론의 소쉬르의 '기호'를 나누어 대립시킨다. "소쉬르는 기호론의 기저에 단위로서의 '기호'라는 부동의 견해를 고수한다." 그것은 그가 언어의 일차적 요소를 정확히 찾으려고 하기 때문이다. 이런 관점에서, "기호의 선조성 개념은 지지할 수 없다". 기호의 영역은 음성학(그리고 음운론)의 영역이자 형태론과 어휘론의 영역인 반면, 단어의 영역은 문장과 통사론의 영역이다. 니콜라 뤼에는 1967년 이후 『생성문법 입문』에서 통사론을 전면에 부각시킨 공적을 뱅베니스트에게 돌리고 있다. 실제로 뱅베니스트가 강조하듯이 "통사론은 의미론을 감싸고 있으며, 의미론은 통사론으로부터 필요한 형태를 부여받는다". 그리고 또한 통사론은 "의미론 전체의 원천이며, 이차적으로 전체 기호론의 원천이기도 하다". 그러므로 뱅베니스트에게 '이차적으로'는 매우 중요하다. 술어의 의미는 분명 구문에 따라 다르다. 예컨대 'chercher'는 "Je cherche mon chapeau"라고 할 때와 "Je cherche *à* comprendre"라고 할 때, 그 의미가 다르다. 'chercher'(찾다)와 'chercher à'(노력하다)는 의미가 다르다. 그것은 같은 '단어'가 아니다. "기능작용을 하는 언어는 그 단위들을 재창조한다." 우리는 '언어'langue에서 '담화'discours로 옮겨 간다. 'encore'란 단어가 있다고 하자. 이 단위는 hanc horam의 빈번한 반복(뱅베니스트가 지적하듯이 "[단어를] 빈번히 사용한다는 것은 [단어가] 기능작용을 행하기 때문이다")이 '융합체'인 *ancora를 만들었고 여기에서 프랑스어 'encore'가 생겨났다는 것에서 시작된다. 이것이 뱅베니스트가 과거에 '통합작용'syntagmation으로 부른 '의미' 구성 작용의 핵심 개념이다.

전제

1969~1970년 콜레주 드 프랑스의 강의 준비노트에서 뱅베니스트가 다룬 요점은 심포지엄의 발표 요점과 섞여 있다. 그는 두 가지 통사론을 서로 관련지어 정리했다. '개별언어의 통사론'은 '인간언어의 통사론'에 의존한다. 이는 그가 기호론과 의미론의 구별에 대응해서 구성한 것이다. 의미론이 없이는 기호론도 없다. 달리 말해서 기호론적 '의미조직', 즉 어휘적 의미는 의미론적 '의도', 즉 말하려는 것으로부터 유래한다. "실행하고, 반복하고, 재현하는 언어 내에서 기호를 고정시키고(단어에서 기호로 이전시키고) 기호의 목록을 증가시키고, 이 기호들을 다양화시켜 결과적으로 해당 개념을 창조하는 것(우리는 이 현상을 앞의 encore란 단어의 창조 과정에서 살펴보았다)은 담화이다." 그래서 뱅

베니스트는 기호학에 상응하고, 기호의 의미조직에 상응하고, '개념에 상응하는 언어적 대응'이 이차적으로 이루어지게 만든다. 이처럼 의미의 위계화 견해는 다음과 같이 표현된다. 의미조직, 즉 "어휘적 '의미'는 의도적/지향적 '의미'와는 근본적으로 구별되며, 이 의도적 의미에서 어휘적 의미가 생겨난다.

여기서 '운동'mouvement이란 개념에 부여한 이중적 역할을 주의해서 살펴보자. 이 운동이란 개념은 '기호'와 관련해서 계열적 분석, 즉 층위 분석에서 출현하거나 또는 '관계'와 대립하는 '조작운용'을 강조하기 위해 '의도'나 문장(또는 담화)의 통합적 분석, 즉 담화 분석에서 두 번 출현한다. 하지만 염두에 두어야 할 것은 이 두 분야는 서로 분리된다는 것, 즉 전자의 '기호' 영역은 후자의 '의도' 영역과 관련해서만 존재한다는 것이다.

(계열적) 기호학적 분석에서 '하강' 운동(소쉬르가 채택한 용어)은 의미가 없는 '순전히 형식적 요소'까지 분석한다. 그런데 뱅베니스트는 "문장의 형식적 구조가 의미에 접근할 수 있는가?"라고 지적한다. 그리고 이 형식 요소의 '분해' 방식 자체가 합당하며 "우리에게 그렇게 할 타당한 권한이 있는가?"라고 묻는다. 이와 반대로 상승, '통합' 운동을 따른다고 하자. 뱅베니스트는 이 후자의 조작운동을 '요소에 의미를 부여하는, 더 높은 층위로 상승하는 것'으로 분석한다.

의미론, 동사, 발화행위

강의 준비노트를 읽어 보면, 우리는 뱅베니스트가 선택한 아이디어가 분명히 현상학적임을 확인할 수 있다. 그는 네덜란드인 동료 헨드릭 요세푸스 포스의 관점을 받아들인 것인데, 포스는 프라하학파 회원이자 후설의 제자이다. 로만 야콥슨과 모리스 메를로퐁티는 이미 포스의 중요성을 인정하고 있었다. 뱅베니스트가 말하길, 포스는 1951년에 니스에서 개최된 유럽의미론학회Actes de la conférence européenne de sémantique에서 개회사를 하기로 예정되어 있었고, 언어와 '현실' ── 언어학의 외부영역이다 ── 과의 관련성, 다시 말해서 '인간이 언어 문제에 개입하여 언어를 통해 무엇인가를 말하고자 하는 방식, 즉 현실의 어떤 측면과 어떻게 관련되는지에 대한 방식'을 명확히 밝히려 했다. 따라서 1968년에 뱅베니스트가 포스처럼 의미론을 '화자의 직접 경험의 실체, 즉 언어[랑그]'에 뿌리내리게 한 것은 결코 놀랍지 않다. 관건은 "화자와 청자 사이의 인간관계를 설정하는 것이다. 이는 다시 말해서 모든 발화문에는 의도가 있기 때문에 체험을 내포한다는 것을 의미한다. 이 사실로부터 발화문은 매번 유일한 사건이며, 유일한 체험과 유일한 상황을 참조한다". 사용된 적이 없는 문장은 정의상 의도를 '운송'(뱅베니스트의 통상적인 메타포이다)한다. "문장과 더불어 사람들은 무언가를 발화하며, 현실을 제시하고, 현실에 의문을 품는다. 사람들은 무언가를 말하려고 한다. 생각은 단어로 표현되므로, 청자가 포착하여 이해하려는 것은 (화자의) 생각이다."

의미론에 속하는 발화행위, 언어행위에 특유한 용어들이 선별되었다. "무언가를 발화한다는 것은 현실('사태, 즉 새로운 상황', 공유 경험이 포함된다)을 제시하는 것이다." 이는 동시에 인지행위이기도 하다. "생각은 단어로 발화되기 때문이다." 이것은 포스의 현상학적 이론과 명백히 상응한다. 포스는 1939년에 『국제철학학술지』에 발표한 「현상학과 언어학」[6]에서 "언어 주체는 구경꾼으로서 현실을 관망하는 것이 아니라 직접 체험한 자신의 현실을 발화한다"고 했다. 화자는 현실을 발화함으로써 주체로서의 자신의 입장을 표명한다. '동사'로 불리는 이 '언어형'(그리스어 rhēma, 라틴어 verbum, 산스크리트어 ākhyyā), 아리스토텔레스가 '발화행위'로 적확히 명명한 것, '심층의 기능에 해당하는 것' 덕택에 화자는 "어휘 형태에 상관없이 모든 동사형에 내재한 진리 관계, 존재 긍정"을 설정한다. 그리하여 기호학은 재차 의미론에 의존하며, 여기서 이와 같은 항 대 항의 대립이 생겨난다. "기호학le sémiotique은 반드시 완성될 수 있고 목록 작성이 가능한, 주어진 언어질료에서 출발한다." 기호들은 동시에 '주어지기' 때문에 이들은 유한집합을 구성하며, '기호는 기호들 사이의 공간espace inter-signes에서 그 의미가 조직된다'. 의미론le sémantique은 이와 다른 세계에 속한다. 그것은 발화행위에 기반을 두며, 따라서 "그 수는 유한한 것이 아니라 무한하고, 끊임없이 변동과 변형이 일어나며(따라서 목록화할 수 없다), 의미는 주어진 것이 아니라 산출된 문장에 기반한다". 기호학에 대한 의미론의 우위는 부인할 수 없는데, 그것은 의미론 세계에 논리적 속성이 아니라 현상학적 속성이 개입되기 때문이다. 그리하여 '진리', '현실'은 객관화된 것이 아니다. 화자의 지위가 어떠하든 그것은 화자에게 속한다. 화자는 사회적·정치적·학문적 입장을 취하기 전에 먼저 발화의 입장을 취한다. 이러한 이유로 '완료'(프랑스어에서의 복합과거) 같은 동사시제

---

6 [옮긴이] H. J. Pos, "Phénoménologie et Linguistique", *Revue internationale de philosophie*, vol.1, n.2, 1939, pp.354~365.

의 분석은 타당성을 갖는다. "완료는 나 자신의 일부다." 동사와 '존재의 긍정'은 연관되어 있다.[7] 발화행위를 통해 화자는 자신의 존재를 인정하고, 자신이 관여하는 사건의 '현실'을 설정한다. 화자, '사태'(현실), '진실'은 상호 의존되어 있다. 화자의 입장에서 사건을 완료시제로 선택해 얘기한다는 것은, "사건이 이 사건을 발화하는 화자와 관계를 맺고 있다는 것"을 단언하는 것이다. 심지어 그 관계는 이렇게 표현된다. "사건이 벌어지는 공간은 사태의 진실이 알려지고 단언되는 사건 확인의 공간이다." 뱅베니스트는 『기호학』*Semiotica*지에 기고하기 위해 쓴 논문 「언어의 기호학」의 초고 「'미래'의 현상학」Phénoménologie de l'"avenir"[8]에서와 동일한 취지의 입장을 견지하면서, 미래시제를 '우리'를 향해 움직이는 '흐름'('지향'처럼 후설의 용어이다)의 방향이거나 '인간의 행렬'이 따르는 그 반대 방향의 양방향 운동으로 분석한다. 인간관계에서의 '우리'는 곧장 추월되는 '고정된 지점'으로 간주된다. 이것은 '인칭의 부재'인 '그il'를 언어적 지표로 갖는 인간 부류와 대립한다.

　'의도하는 의미를 실현'하려면 동사의 '일상적 기능', 즉 발화행위에 준거를 갖는 의미론적 차원에 의존해야 한다. 1968년에 그가 선택한 발화행위 이론의 윤곽은 이 강의노트를 통해 명확하게 드러난다.

7　[옮긴이] 복합과거(완료) Je suis né에서 suis는 결과적 상태로서의 존재(être)의 의미를 갖는다.
8　BNF. PAP. OR. 53, 봉투 231, 104장.

마지막 강의, 마지막 글

생애 마지막 몇 년의 연구 활동 시기에 콜레주 드 프랑스에서 한 강의는 뱅베니스트의 창조적 능력을 극명하게 보여 준다. 기호학과 의미론의 관계, 언어의 해석체 개념, 언어와 문자/글 간의 관계에 대한 서설 등이 그 사례이다.

'언어의 의미 문제'와 언어와 문자/글 간의 관계에 대한 준비노트는 아주 명쾌하다. 이곳저곳의 지면에서 이 관계성을 찾아볼 수 있다 (257장).

일반언어학(콜레주)

언어의 기호학/의미론의 특성에 대한 강의의 주요 논점.

비언어적 기호체계는 단일 차원이며, 도상적이거나(신호, 해상 불빛, 지도) 발화지시적이지만(도로 신호), 보고하는(알리는) 기능이 없다는 지적에서 출발.

언어를 기호론에 포함시키는 것은 이 문제를 명확히 해명하는 것인 동시에 이를 오도하는 것이다. 왜냐하면 인간언어는 '알리는'signalique 것, '지시적'인 것일 뿐만 아니라 유의미한 메시지이고, {보고하고}noncial,[9] 고지하는indicatif 기능도 있는데, 언어에서 파생되지 않은 기호체계(농맹아의 언어)는 그러한 기능이 없다.

---

9 중괄호({ })는 원문의 표시이다.

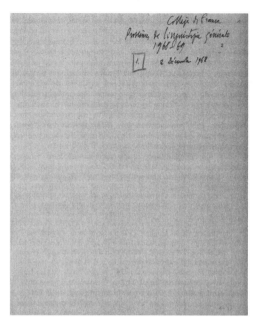

<삽화 3> 첫 강의에 해당하는 문서철의 첫 페이지

프랑스국립도서관의 문서보관소에 있는, 이 마지막 강의에 해당하는 뱅베니스트의 노트는 어떤 모습인가?

1968~1969년 강의에 해당하는 노트는 천으로 된 하드 커버—분명 그의 노트로 보인다—에 싸여 있고, 15장의 각 속표지에는 뱅베니스트의 필체로 "콜레주 드 프랑스, 1968~1969년, 일반언어학"이라고 적혀 있으며 강의 번호(붉은 테두리 안)와 때로 '강의'라는 표시, 날짜가 적혀 있다.

속표지 안의 대부분의 강의노트들은 출처가 다른 A4 용지에 적혀 있다. 하지만 규격도 다르고 재질도 다른 용지에 적힌 노트도 있다. 때때로 같은 노트에서 찢어 낸 것이 분명한, 강의 번호가 적힌 일련의 용지들이 노트 묶음에 끼어들어 있는 것도 볼 수 있다. 예컨대 '강의 11'이 적힌 118장 같은 것이다.

아홉 번째 묶음("강의 9, 1969년 2월 10일, 월요일")부터 '언어와 글/문자체계'란 제목이 붙어 있다.

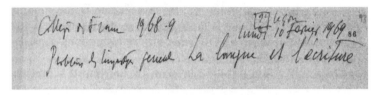

<삽화 4> 강의 9에 해당하는 문서철의 첫 페이지

하드 커버로 된 이 전체 노트의 속표지에 뱅베니스트의 필체로 '언어와 글/문자체계'란 제목이 달려 있다. 이 속표지 내에 여러 재질의 노트 14장이 들어 있다.

최종 강의에 해당하는 노트는 베이지색 속표지 아래에 들어 있다.

이 노트의 재질은 아주 이질적이다. 종이도 용지 크기도 다르다. 동일한 노트가 여러 장 이어지기도 한다.

첫 강의에 해당하는 노트는 세 장이다.

•139장(A4): "올해에도 작년에 시작한 언어의 의미 문제를 계속 강의하려고 한다."

•141장(A4): "{강의 1}. 작년에 착수한 연구{언어의 의미}를 계속하려고 한다 […]."

•152장(작은 종이묶음, 네 장이 같은 것으로 연속): "강의 시작. 언어기술이든 언어비교든 언어학자들의 저술을 읽어 보면, […] 알게 된다."

일관성 있고 가독성 있는 편집본을 만들기 위해, 뱅베니스트의 전체 노트 중 다수의 강의노트와 세 청강자의 강의노트가 필요했다.

이 책의 구성

우리는 이 편집본을 세 장으로 구성했다.

첫 두 장은 1968~1969년에 콜레주 드 프랑스에서 뱅베니스트가 한 강의[10]로 다음과 같이 15회로 나뉜다.

- 제1장: 강의 1에서 강의 7까지. 이 장의 제목을 '기호학'으로 붙였는데, 뱅베니스트가 직접 지적한 주요 주제를 다루기 때문이다. 뱅베니스트는 여기서 언어학에 나타난 의미의 개념사를 다루고, 이에 관한 이론을 세울 필요성을 제시한다. 기호론과 의미론의 개념 사이의 이론적 관계를 제시하면서 소쉬르 이론과의 차이가 무엇인지를 지적한다.
- 제2장: 강의 8에서 강의 16까지. 뱅베니스트는 이 일련의 강의 제목을 스스로 '언어와 글/문자체계'로 붙였다. 이 장의 내용은 뱅베니스트가 발표한 어떤 논문에도 나오지 않는다. 완전한 미편집 원고이다.
- 제3장: 제3장, 마지막 장은 정확히는 뱅베니스트가 작성한 마지막 노트이다. 1969년과 1970년에 행할 예정이었던 강의로서 첫 회만이 확정적으로 작성되었다.

---

10 이 강의에 대한 준비노트는 PAP. OR. 40, 봉투 80, 1~239장에 있다.

1969년 12월에 갑자기 발생한 뇌졸중 때문에 1969년 12월 1일, 그가 몸소 '강의 1'이라고 이름 붙인 단 하나의 강의만이 남았고, 그것이 결국 그의 생애 마지막 강의가 된 것이다.

　　우리는 정말 비통한 마음으로 이 마지막 노트의 편집에 착수했다. 이 강의가 12월 1일에 실제로 열렸기 때문이다. 그로부터 5일 후인 1969년 12월 6일, 레스토랑을 나오던 에밀 뱅베니스트는 갑자기 뇌졸중을 일으켰고 그로 인해 온몸이 마비되고 실어증에 걸렸다. 부득이하게 강의는 그만두어야 했다.

　　우리는 이 마지막 강의를 두 가지 출처에 근거해서 편집했는데, 뱅베니스트의 강의 준비노트[11]와 당시 강의에 참석한 두 언어학자(장 클로드 코케와 클로딘 노르망)가 적은 노트이다.

　　1969~1970년의 이 첫 강의는 기호학과 의미론의 연관 개념에 대한 해설을 갓 시작하는 문턱에서 멈추었다. 그는 이를 준비하고 소개했지만, 시간이 충분하지 않아 청강자들에게 제대로 전달할 수 없었다.

　　우리는 이 강의록을 편집하면서 뱅베니스트의 필사본을 직접 전사한 부분과 청강자들이 받아 적은 노트에서 발췌한 부분을 명확히 구분하려고 했다(첫 세 장은 장 클로드 코케의 노트, 나머지 두 장은 자클린 오티에 르뷔의 노트, 마지막 장은 클로딘 노르망의 노트). 이 강의노트들은 각기 상호 보완적이며, 더 작은 크기의 글자로 편집하여 강의 중간에 끼워 넣었다. 첨가사항과 모음 표기는 대괄호로 표시했다.

　　뱅베니스트의 노트를 문서로 보관할 때는 순서를 재구성해야 했

11　이 강의에 대한 준비노트는 PAP. OR. 58, 봉투 249, 141~157장에 있다.

다. 청강자들의 강의노트를 이용해 뱅베니스트의 강의와 전달순서를 복원할 수 있었다. 강의노트가 실제로 강의한 순서를 따르고 있었기 때문이었다. 어떤 강의노트는 실제 강의에는 이용되지 않은 것으로 보인다. 이들은 다른 문서에서 가져온 것일 수도 있다. 특히 「언어의 기호학」의 논문 일부에서 말이다. 뱅베니스트는 당시 이 논문을 막 발표했고, 게다가 마지막 강의노트에서 의도적으로 언급하고 있다. "여기에 두 번째 논문, 130쪽을 인용."

이 강의록에 속한 내용들은 뱅베니스트 본인의 강의 준비노트와 마지막 강의를 넘어, 결코 실행되지는 못했으나 그 후의 강의들을 향해 진일보하고 있다는 점에서도 흥미롭다. 발표되진 않았지만 문서고에 보관되었던 노트들 덕택에, 그리고 뱅베니스트의 유예된 존재와 목소리를 통해 이 후속 강의를 들을 수 있다.

* * *

두 가지 추가된 부록을 통해 이 책을 보완한다.

첫 번째는 자주 언급되는 미편집 문서로서, 뱅베니스트의 유일하고도 독특한 참고서지의 최초 상태를 보여 준다. 저명한 이란어 학자이자 뱅베니스트의 단골 대담자였던 조르주 르다르가 작업한 이 참고서지는 완벽하게 작성되지는 못했지만, 분명 흥미롭다. 이 참고서지는 현재까지 존재하는 유일한 참고자료로서 뱅베니스트의 생애와 이 언어학자의 연구 방식을 보여 준다.

더욱이 우리는 독자들에게 프랑스국립도서관 문서보관소의 뱅베니스트 자료를 보여 주는 것이 필수적이라고 생각했다. 언어학자 자신이 살아생전에 기증한 유산에 기반해서 만들어진 이 자료들은 정말 예외적이다. 뱅베니스트가 학생 시절에 선생들(예컨대 메이예)의 강의를 들으며 적은 노트에서부터 병마로 더 이상 글을 쓸 수 없을 때까지의 최후의 연구 성찰을 기록한 작업이 포함되어 있다. 이러한 특성 때문에 이 보관 문서는 이 언어학자의 지적 자산을 보여 주는 훌륭한 본보기가 될 것이다.

1장

기호학

Collège de France   1968-1969

Problèmes de linguistique générale

La sémiologie aura beaucoup à faire
rien que pour voir où se limite
son domaine.

F. de Saussure,
(note manuscrite, Cahier F. de Saussure
№ 15, 1957, p. 19)

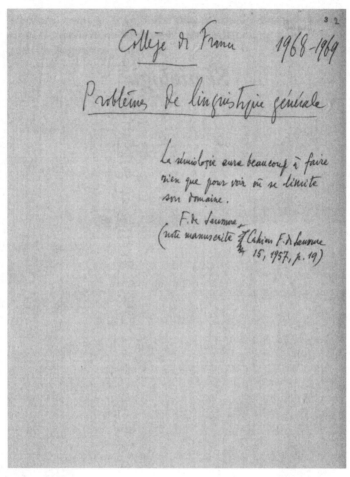

<삽화 5> 1968~1969년까지 이루어진 총 15번의 강의노트 묶음의 첫 장

1968년 12월 2일
강의 1

그러므로 우리는 '일반언어학'의 여러 문제를 계속해서 논의하려고 한다. 일반언어학은 다양한 의미로 사용되는 개념이다. '일반'이란 용어에 규모나 크기의 의미를 부여할 수도 있다. 즉 개별언어 전체와 이들의 진화 법칙이란 의미이다. 이와 같이 내가 이해하는 바의 일반언어학은 스스로에게 질문을 던지며, 정의, 대상, 지위, 연구 절차에 대해 질문한다. 따라서 이는 언어학의 경험이 심화되고 시각이 확대되면서 계속 전개되고 혁신되는, 끝없이 반복되는 질문이다. '언어학'을 논의한다는 것은 언어[랑그]에 대해 얘기하는 것이다. 그러면 두 가지 질문이 제기된다.

1) 언어는 어디에서 발견되는가?
2) 이 언어에 대해 어떻게 논의할까?

이 두 질문은 서로 연관이 있다. 언어에 어떤 입장을 부여하는가 (언어를 제기하는 방식)와 언어와 관련되는 담론의 성질이 그것이다.

우리는 언어의 본성이란 그것이 담지하는 모든 기능을 요청하는 것이므로 단연 의미하는signifiante 성질이라고 믿는다. 특수하거나 일반적이거나 모든 용법, 언어 사용을 벗어나 생각해 보더라도 언어는 의미조직signifiance의 정보[1]를 지니고 있다. 이 언어의 속성은 우리가 보기에는── 실제로 우리에게 그렇게 보인다 ── 다른 모든 속성을 초월하며, 언어에 대한 담론을 요구한다. 우리가 제1의 지위에 두는 특성, 즉 언어는 의미한다signifie는 속성에 대한 담론을 요구한다.

그렇다면 의미한다는 것은 무엇인가?

간단하고도 충분한 한 가지 정의로 족할 수도 있다. 즉 이런 맥락에서 우리게에 '의미한다'는 '의미를 갖는다, 표상한다', '어떤 것을 마음에 환기시키기 위해 그것을 대신한다'는 것을 의미한다. 그런데 언어는 각 화자가 어느 정도 식별할 수 있는 변별 요소로 구성되기 때문에 결국 이 변별 요소들이 언어 전체에 대한 고유의 의미적인 특성을 공유한다. 이 언어의 변별적 분할체는 곧 기호이다.

이로써 이제 언어학에 대한 정의가 가능해졌다. 즉 언어학은 언어 기호를 다루는 과학이다. 그러면 우리는 즉각 언어학을 포괄하면서도 그것을 넘어서는 주요한 문제에 부딪힌다. 여기서 우리는 '기호'의 개념에 접근하게 되는데, 기호는 언어학의 가장 중요하고 혁신적인 개념 가운데 하나로 등장했다. 아주 오래된 기호 자체의 개념(중세기의 signum, 그리스 철학의 sèmeion)이 아니라 기호는 일관된 집합을 형성하

---

1 [옮긴이] signifiance는 뱅베니스트가 만든 전문용어로 언어/언어단위가 유의미한 조직·존재라는 것을 강조하기 위해 사용된다.

<삽화 6> 1968~1969년도 콜레주 드 프랑스 강의를 위해 작성한 뱅베니스트의 첫 번째 강의노트 첫 장(PAP. OR., 상자 40, 봉투 80, 4장)

며 기호체계를 구성한다는 것, 그리고 새로운 과학인 기호의 과학, 즉 기호론sémiologie을 탄생시킨다는 생각은 혁신적인 것이다.

우리는 기호의 세계에 산다. 우리는 매 순간 기호를 의식하지 않은 채 다수의 기호체계를 경쟁적으로 사용한다. 즉 기호체계를 지적한다는 것은 곧 기호학의 영역을 탐구하는 것이다. 맨 먼저, 우리는 말을 한다. 이것이 일차 기호체계이다. 그리고 글을 읽고 쓴다. 이것은 별도의 표기체계이다. 우리는 인사를 하고, '예절 표시'(기호)를 하고, 감사를 표하고, 모임을 알리는 표시(기호)를 한다. 우리는 안내 화살표를 따라가고, 신호등을 보고 멈춘다. 음악을 작곡하고, 공연을 관람하고, 영화를 본다. 또한 '화폐 기호'를 다룬다. 예식, 축하연, 제사, 의식에 참여한다. 여러 가지 방식으로 투표를 하기도 한다. 의복을 착용하는 방식도 또 다른 기호체계에 따른다. 또한 부분적으로 평가 제도를 사용한다(새 집/낡은 집, 부유한/가난한…).

이러한 개념들을 잠시 생각해 보자. 이 생각은 새로운 것이기 때문이며, 새롭다고 하는 이유가 반드시 새로이 생겨났다거나 운이 좋아서는 아니다.[2] 그 생각이 참신하다는 것은 다음과 같은 이유 때문이다.

1) 세계, 자연, 인간 행동, 인간의 작품에는 아주 다양하고 수많은 종류의 기호(음성, 몸짓, 자연), 무엇을 의미하고, 의미를 가진 사상이 있다는 것.

---

2 개념의 전개에 있어서 sémiologie나 sémiotique에 특별한 중요성을 부여하지는 않을 것이다. 『일반사전』(*Dictionnaire générale*)에 등재한 sémiologie나 sémiotique처럼 '많이 통용되지 않는' 형태는 1762년에 아카데미 프랑세즈가 이를 수용하여 '질병을 알아차리는 징후(signes)를 다루는 병리학의 분야'로 명명했다.

2) 따라서 이 기호들은 집합을 이루며, 어떤 방식으로든 서로 연관을 맺는다는 것.

3) 이 기호 집합 간에 어떠한 관계를 설정할 수 있다는 것.

4) 이 기호의 연구는 특정한 학문, 다시 말해 기호학을 설립할 수 있다는 것.

기호에 대한 일반론은 존 로크가 간파했지만, 이 기호이론은 다른 두 곳에서 체계적으로 구축되었다. 분명 서로 이름조차 모르던 두 학자가 창발적으로 생각해 낸 것이다. 미국에서는 퍼스였고, 유럽에서는 소쉬르였다. 이 특이하고 고독했던 두 학자는 모두 생전에 제대로 된 기호학 저서도 출간하지 않았으며, 그들 연구의 영향력이 생긴 것도 사후의 일이었다. 한 사람은 비참했고, 다른 사람은 안정적이고 편안했지만 둘 다 불안을 느끼고 있었다는 점에서는 같다. 이들은 19세기 후반기나 세기말, 20세기 초 거의 동시에 기호학을 연구했고, 그 문제를 깊이 성찰했다. 퍼스(1839~1914)는 소쉬르(1857~1913)보다 한 세대 앞선 학자였다. 이 두 사람은 공통적으로 기호와 의미작용에 깊이 몰두했지만 그들의 학문적 경륜이나 방법, 연구 대상에 대한 관계는 전혀 달랐다. 퍼스는 논리학자, 수학자, 역사가, 과학철학자로서 특히나 박학다식한 '학자'였다. 1931년부터 대량으로 발표한 노트(1958년에 8권을 출간했으나 아직도 미완간이다[3])에서는 아주 고집스럽게 생소한 용어

---

3 [옮긴이] 뱅베니스트의 기호론, 기호학, 의미론의 사용에 대해서는 다음 논문을 참조: C. Normand, "Sémiologie, Sémiotique, Sémantique: remarques sur l'emploi de ces termes par Émile Benveniste", *LINX* 44, 2001. 특히 관사의 사용에 유의하면서 볼 것. "기호론의 첫 번째 용법은

를 사용하여 기호일반론을 천착했다. 언어 자체는 증거나 필요에 의해 노트 곳곳에 출현하지만, 특정한 활동으로서 존재하지는 않았다. 그는 언어의 기능작용에는 전혀 관심이 없었다.

　이와 반대로 소쉬르는 언어의 기능작용을 깊이 성찰하고 그에 몰입했다. 그는 언어학 전체의 기초를 언어기호이론에 두고 있다. 또한 그는 기호일반론, 즉 기호학의 근본적인 개념을 창안했는데, 언어학은 이 기호일반론의 한 분야였다. 그러나 그는 기호에 대한 일반론적 개념을 깊이 천착하지는 못했다.[4]

　'기호체계를 연구하는 일반과학'이라는 소쉬르의 계획을 재사용한다. 두 번째 용법은 이러한 영역에 적용된 기호학적 분석과 의미론적 분석, 이 두 가지 분석으로 구성되는 전 분야를 가리키는 것 같다(예컨대 랑그의 기호론)."(p.5) "기호학이란 용어는 대부분 명사로 사용되는 형용사로서 학문(예컨대 기호론, 언어학 같은)을 가리키는 것이 아니라 의미론과 차별적으로 정의되는 이 학문의 한 분야를 가리킨다."(p.6)

4　[옮긴이] 소쉬르의 기호론을 극복하는 뱅베니스트의 기호론/의미론 논의는 「언어의 기호학」("Sémiologie de la langue", *PLG II*, pp.43~66) 참조.

1968년 12월 9일
강의 2

퍼스의 '기호론'에 대한 검토.

『선집』¹을 읽어 보면, 퍼스는 '일반관계대수학'의 구축을 목표로 한 것 같고, 여기서 출발해 기호를 일반적으로 세 부류로 분류한다.

윌리엄 제임스가 재론한 '실용주의'의 원리에 따른 유사, 인접, 인과관계. 그래서 모든 기호는 의미된 사상을 환기하고, 판단은 또 다른 판단을 야기하는데, 여기서 후자는 전자의 기호가 된다.

이는 전통적인 삼위일체의 관계를 구축한다.

• '일위항'primeité: 타자가 무엇이든 이것에 대한 참조 없이 현재 있는 그대로의 존재 방식

---

1 [옮긴이] 『찰스 샌더스 퍼스 논문집』(Charles Sanders Peirce, *Collected Papers of Charles Sanders Peirce*, vols. 1~6/7~8, Cambridge: Harvard University Press, 1931~1935/1958).

- '이위항'secondéité: 삼위항에 대한 참조 없이 대상과 관련해 현재 있는 그대로의 존재 방식
- '삼위항'tiercéité: 이위항(대상)의 상태와 삼위항(해석체)과 관련해 현재 있는 그대로의 존재 방식

퍼스의 분류는 다차원적이고 복합적이다. 그는 삼분법을 사용하고, 66개 부류의 기호를 분류한다. 각 기호는 다음 기능을 담지할 수 있다.

- 특질기호qualisign: 현상적 성질
- 단일기호sinsign: 쪽당 계산된 단어
- 일반기호legisign: 일반적 유형

기호는 대상과의 관계에 따라 세 부류로 분류되는데, 도상icône, 지표indice, 상징symbole이 그것이다.

도상은 대상과의 관계에서 질료적 유사 관계를 갖는 기호이다.

도상은 내재적 한정qualisign을 하거나 오류의 분포곡선처럼 개별사건sinsign을 참조한다(이를테면 도표나 도해).

지표는 대상과 지시 관계를 갖는 기호이다.

지표는 고유명사처럼 대상이나 질병의 징후와 실제적(직접적) 관계를

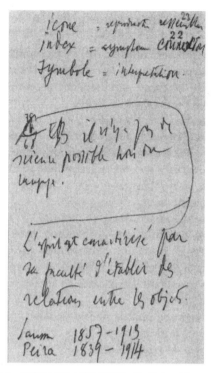

<삽화 7> 뱅베니스트의 수기 노트(PAP. OR., 상자 40, 봉투 80, 22장)

맺는 기호이다.

상징은 대상과 순전히 관례적 관계를 갖는 기호이다.

상징은 대상과 간접적 관계를 맺는다. 해석을 해야 하므로 그것은 관례,
관습에 의존한다. 퍼스의 분류가 포괄하는 상징 영역은 그 외연이 가장
큰데, 다음 인용문이 이를 잘 보여 준다. "인간이 사용하는 단어나 기호
는 인간 그 자체이다", "내가 사용하는 언어는 곧 나 자신 전부이다."

비판: 기호의 분류는 모든 정신활동을 책임진다. 언어는 이 기호 개념에 포함되나 동일한 대상이 달리 분류될 수도 있다.

• 도상: 음악을 들으며 받는 인상은 도상적이지만, 도표는 이와 전혀 다르다. 그것은 논리-수리적 장치를 전제로 하기 때문이다. 이는 별개의 두 세계이다.
• 지표: '피에르'란 고유명사는 특정한 개인과 연관된다. 열熱은 질병과 연관된다. 두 세계는 역시 별개이다.
• 상징: 모든 것이 관례에 따른다. 그러나 고유명사도 그 자체로만 보면 역시 관례이다.

대상에 대한 최선의 한정은 다음 사항을 고려하는 것이다. 즉 도상은 대상과 재생산reproduction의 관계를 맺는다(경치, 영화, 회화, 카드…). 지표는 대상을 향해 지시하는 모든 것과 관계된다. 무엇을 지시하는 모든 것(예컨대 화살표 →), 몸짓(예컨대 검지 표시), 언어의 지시대명사 등. 그러나 언어는 성질이 전혀 다르다. 언어의 그러한 요소는 단지 언어 내부에서만 의미를 나타낼 뿐이다.
상징은 언어와 같은 관례적인 모든 것을 가리키지만, 모든 종류의 제도도 또한 포함한다.
이 세 용어의 범위는 엄격히 한정되어 있다.

이 세 부류의 기호를 서로 연관 짓는 것이 무엇인지, 이 분류가 기초하는 원리가 무엇인지는 알 수 없다.

끝으로 이 많은 개념을 어떻게 유기적으로 체계화하는지를 알기란 매우 어렵다. 거기에는 예컨대 페이지의 단어, 단어 자체, 여러 다른 종류의 단어, 언어가 아닌 단어, 수많은 다양한 기호처럼 차원이 다른 것들이 서로 교차되기 때문이다. 이러한 이유로 이 모든 것으로부터 개별적으로 지시된 개체를 취하지 않고, 오직 전체 체계만을 취사선택하는 것이다. 우리는 아직도 퍼스의 상징적 사고와 기호이론을 깊이 연구하지 못했다. 그래서 현재로서는 퍼스의 이 분류를 기호이론으로 이용하는 것은 어렵다.

1968년 12월 16일
강의 3

소쉬르의 기호이론의 구체적 특성을 어떻게 한정할 수 있는가? 퍼스에게 언어는 단어와 혼동되는 반면, 소쉬르에게 언어는 전부이다. 기호는 개인적 개념이자 사회적 개념이다(퍼스가 말하는 것처럼 보편적 개념은 아니다).

소쉬르는 세 가지 관점에서 언어를 성찰한다. 즉 대상의 기술, 법칙, 성질이다.

대상에 따라 언어학을 세 가지로 구분해야 한다. 1) 세계의 언어[개별언어]는 기술하고 분석해야 한다. 2) 이 개별언어 내에서 다양성을 만들어 내는 힘의 작용을 밝혀야 한다. 규칙과 차이의 비율의 확립은 언어학자의 일이다. 3) 또한 대상의 성질[본질]을 숙고해야 한다.

• 언어가 아닌 모든 것[을 제외하고], 여러 다른 대상을 분리해서 분류해 내야 한다.

• 인간언어langage와 언어langue를 구별해야 한다(성질의 차이 및 외연의 차이). 인간언어를 전체로 볼 때, 그것은 이질적인 것으로서 개인적이고 사회적이며, 심리적이고 생리적이다…

소쉬르에게 있어 언어는 인간언어를 유기적으로 조직한다. 그 다음으로 그는 언어/말과 문자/글을 구별하고, 그 후 언어를 개인적으로 구현한 발화[파롤]와 소극적으로 구별한다. 이 음향적이고 생리적인 부분은 언어에 속하지 않기 때문이다. 그래서 음성은 특정 연구 분야이며, 결국 부차적 분야가 된다.

소쉬르는 의미에 근거를 두지 않았다.

따라서 기호는 사회적 기호이다. 이것이 기호 개념이 갖는 존재의 틀이다. 언어는 제도이다. 언어는 수용된 것이다. 언어는 개인적 의지나 집단적 법령으로 변경될 수 없다. 언어에는 관례적 특성이 있다(자의성).

각 개인이 갖춘 능력과 지식으로서, 추상체계인 언어[랑그]는 기호로 조직된다. 소쉬르는 『일반언어학 강의』에서 언어는 "관념을 표현하는 기호체계이다"라고 말했다. 기호체계로서의 언어는 문자체계, 농맹아의 알파벳, 상징의식, 예절 형식, 군대 신호 등과 같은 다른 기호체계와 통합된다. "언어는 이들 체계 중 가장 중요한 것일 뿐이다."(p.33)

언어학은 기호학 내에서 완성될 것인데, 그것은 기호학이 언어학을 초월하는 전체로서의 기호의 지위를 알려 줄 것이기 때문이다.

이 점에서 소쉬르는 각별히 중요하다. 바로 그에게서 기호의 개념과 기호의 과학(기호학)이 설립되었기 때문이다. 언어는 기호 집합으로서뿐만 아니라 동시에 기호체계로서 간주되고 있다. 그리하여 언어의 구조와 귀속은 이처럼 정의된다. 언어의 본질은 '의미하는 것'significante 이며, 다른 기호체계에 대해 언어가 갖는 관계는 의존관계임이 드러난다. 언어는 기호로 이루어져 있기 때문에 기호체계의 한 체계로서 귀속된다. 기호 개념과 기호학에 관심을 가진 우리들로서는 일단 이를 받아들인 이상, 소쉬르가 생각한 것처럼 언어학은 일반기호학의 한 분야라는 것을 알아야 한다.

1) 언어의 중심은 언어 자체 내에 있다.
2) 전체 기호학 내에서 언어를 어떻게 정의할 수 있는가?

언어란 기호로 이루어져 있을 뿐만 아니라 기호를 산출하기도 한다는 것, 언어를 구성하는 체계는 새로운 체계 — 언어는 이 체계의 해석체이기에 — 로서 스스로를 생성한다는 것, 지금까지 그 어떤 것으로도 이 확신을 뒤흔들 수 없었다.

기호는 체계를 형성하므로 이들은 그 전체가 내적 원리에 의해 조직되며, 퍼스가 주장한 바처럼 논리적 구조에 의해 조직되는 것은 아니다.

마음의 특징은 대상들 간의 관계를 설정하는 능력이며, 기호과학은 언어를 떠나서는 불가능하다.

요컨대 퍼스는 기호를 전체 세계의 기저에 위치시킨다. 바로 이 점이 불안한 것이다. 모든 것이 기호라면, 이 기호는 어디서 생겨나는 것인가? 이미 기호로 존재하는 것에서 생겨나는가? 하지만 최초의 기호관계를 매어 둘 고정 지점은 어디인가?

이것이 내가 퍼스를 비판하고자 하는 것의 요체이다. 우리는 기호인 것과 기호가 아닌 것의 차이에 대해서만 기호관계를 설정할 수 있다. 따라서 기호는 기호체계 내에서 포착되고 이해되어야 한다.

1969년 1월 6일
강의 4

소쉬르는 언어를 분류할 수 있는 특징을 탐구했다. 언어는 기호로 구성되기 때문에 기호체계이다.

그리하여 우리는 새로운 문제를 향해 나아간다. 기호체계는 어떻게 생겨나는가? 그 수는 얼마나 되는가? 모든 기호체계가 동일한가 아니면 서로 다른가? 이들 기호체계가 서로 다르다면, 어떤 점에서 차이가 있는가? 기호체계들 사이의 관계는 무엇이며, 만일 기호체계가 하나라면 그것은 어떤 것인가?

소쉬르는 이 중 어떤 문제도 제기한 바가 없었다. 그는 기호를 정의하고, 그 지위를 정하는 등의 과제를 미래의 기호학에 위임했다. 소쉬르는 단지 언어가 가장 '중요한' 기호체계라고 말했을 뿐이다. 그러나 어떤 관점에서 가장 중요한 것인가? 언어가 보편성이라는 특권을 지니기 때문인가?

<삽화 8> 뱅베니스트의 수기 노트(PAP. OR., 상자 40, 봉투 80, 28장)

언어는 그저 도처에 존재할 뿐이다. 그것을 고찰하는 것은 실용적인 문제이다.

언어의 의미작용은 어떤 방식으로 행해지는가? 소쉬르가 언어의 지위에 대해 이러한 견해를 표명한 것은 기호학적 분류 때문이 아니었다. 그가 언어는 그 자체로 분류될 수 없다고 생각한 것은 언어가 물리학(음향학), 생리학(음성의 조음), 심리학, 사회학 등 다양한 여러 학문에 귀속된다고 여겼기 때문이다.

소쉬르를 기호학으로 이끈 사유를 추동한 것은 무엇인가?

그것은 대상 자체도 엄밀히 말해 분류 불가능의 영역이었기 때문에 대상의 성질에 의해 정의될 수 없는 언어를 분류하고자 함이었다.

소쉬르는 언어의 구조와 부류 귀속의 문제를 한꺼번에 규정했다. 언어는 기호로 구성되기 때문에 기호학에 속한다는 것이었다.

소쉬르는 "일반적으로 다른 모든 기호체계처럼 어떤 사상을 구별하는 것과 그 대상을 구성하는 것 사이에 차이가 없다는 점이 바로 언어의 특징이다"(로베르트 고델, 『소쉬르의 일반언어학 강의 수고 원자료』, Genève: Droz-Minard, 1957, p.196)고 했다. 이는 다음 정의를 되풀이한 것이다. "언어에는 적극적 항이 없이 차이뿐이다."[1] 사실상 소쉬르는 '항'terme을 '체계'와 관련해 사용하고 있다.

우리는 이와 같은 성찰을 소쉬르가 지적한 그 지점을 넘어서 확장해 보려고 한다.

왜 적극적 항이 없이 차이뿐이란 말인가? 왜 사상을 구별하는 것이 그 대상을 구성하는 것과 동일하다는 것인가? 다른 말로, 왜 사상의 존재가 바로 그 차이란 말인가?

전체 체계는 단지 그것이 표상하기 때문에 존재하며, 어떤 것을 대신하고, 무엇을 '의미하기' 때문에 존재한다. 어떤 항의 실질적 본질은 무관하다. 중요하게 고려되는 것은 다음 사항뿐이다.

---

1 [옮긴이] 언어에서 독자적인 하나의 항은 고유한 적극적 가치가 없다. 그것이 다른 항과의 차이에 의해 관계를 맺으면서 부정적으로 정의되면 가치를 갖는다. 한국어에서 /ㅂ/ 항은 /ㅃ/, /ㅍ/라는 항들과의 관계에서 부정적으로만 정의된다. 그러나 이 차이에는 물리적 차이만 있어선 안 되고, 대립적 차이로서의 의미적 차이를 반드시 전제한다.

1) 항의 다름, 체계의 다른 항들에 대한 차이성은, 이 체계의 기능 작용의 조건이다.

2) '표상된 사상'과의 관계는 전적으로 관례적 관계, '자의적' 관계 이다.

기호학의 입장에서 보면 언어의 특성은 다음과 같이 규정될 수 있다.

1) 타당성(유효성)의 영역. 이는 제1의 조건이다. 이러한 기호체계는 보편적이지도 않고, 보편적일 수도 없다.

2) 사용된 기호의 극히 가변적인 성질. 기호의 기능은 어떤 방식으로 무엇을 표상하는 것이다. 의미에 포착되고 이해되어야 한다. 그 수는 많지 않다.

3) 기호의 기능작용의 유형.

4) 기호가 야기하는 반응의 성질.

비언어적 기호체계의 사례─도로교통 신호체계

1) 이들은 현장에 있는 개인들의 행동 전개를 통제한다.

2) 기호의 성질과 수는 2개로 제한된다.

3) 진행이냐 정지냐(차도 개방, 차도 폐쇄). 관련 감각은 시각이다(예컨대 두 가지 색이 유의미한 것으로 선별된다). 이보다 더욱 간단한 기호체계를 생각해 볼 수도 있다. 색깔을 전혀 고려하지 않은, 빛의 유무에 의한 기호체계이다.

4) 이 두 기호는 성질이 같다. 이들은 양분 대립구조이다.

기호체계는 관례적이지만 규범적인 역할을 한다. 그것은 유효성의 영역과 연결되어 행동을 유발하고, 추상적 지식을 가져다주지 않는다. 이 영역에서 동일한 방식으로 사용되는 잉여적 기호체계란 없다. 의미작용은 단지 일정한 영역 내에서, 단일 기호체계 내에서만 그 기능을 발휘한다. 달리 말해서 의미작용은 무용하거나 혼란스럽다. 하지만 보완적인 기호체계도 있다. 예컨대 소리 기호이다.

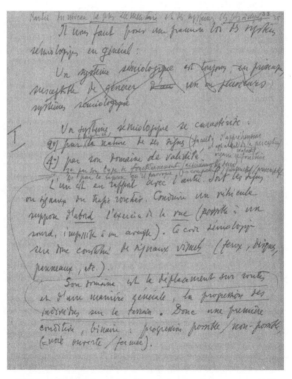

<삽화 9> 에밀 뱅베니스트의 수기 노트(PAP. OR., 상자 40, 봉투 80, 33장)

따라서 한 기호체계에서 다른 기호체계로의 전환가능성이라는 새로운 원리가 생겨난다.

기호체계는 서로 고립된 닫힌 세계가 아니다. 기호체계들 사이의 관계는 생성에 의해 맺어진다. 즉 생성하는 체계와 생성되는 체계이다.

이는 곧 파생_dérivation 관계이다. 선험적으로 이는 광대한 영역을 가진 기호체계로부터 파생되는 한정된, 좁은 영역의 기호체계이다. 언어의 문자체계로부터 음악 문자체계(음표는 낭송 발화를 표기하는 데 사용되는 것보다도 훨씬 더 문자표기법을 거의 그대로 따른다)와 무용의 안무 문자체계가 파생된다.

일차 기호체계가 있고, 다음으로 전이된 파생 기호체계가 있다.

원리상 기호체계는 언제나 하나의 다른 기호체계나 다수의 기호체계를 생성할 수 있다.

그러한 전환된 기호체계는 분명 그 구조를 제공한 최초의 모델 없이는 결코 존재할 수 없으며, 고려된 기호의 수는 그 수의 다소多少 자체로는 기호체계의 복잡성의 기준이 되지 못한다(예컨대 전자기기나 논리계산기의 체계는 아주 복잡하지만 모든 것을 0/1의 조합으로 축소한다).

1969년 1월 13일
강의 5

이제 기호체계에 대한 기술적 분석과 비교 분석에 새로운 관계를 도입해야겠다. 이는 소쉬르가 언급한 적 없고, 아마도 예견하지 못한 것이다. 이 새로운 관계는 해석관계rapport d'interprétation이다. 이는 문제의 기호체계가 스스로 해석될 수 있는지 아니면 다른 기호체계로부터 해석을 받아야 하는지를 결정하는 것이다. 내가 제기하는 질문은 기호체계들 사이의 해석관계이다(퍼스의 해석체의 개념과는 전혀 다르다). 이 문제를 보다 명료하게 드러내기 위해, 차원을 보다 더 명확히 부각시키기위해 우리는 훨씬 더 일반적이지만 다른 시각에서 이에 접근하려고 한다. 바로 사회와 언어의 기능이라는 시각이다.

다음의 사항은 여전히 중요한 질문으로 남는다. 즉 기호체계의 해석은 그 기호체계 자체에 의해 주어지는가 아니면 다른 기호체계에서 주어지는가?

음악과 시각예술과는 별도로, 언어 이외의 다른 기호체계는 그 자체로는 충분하지 않으며, 모두 언어화가 필요하기 때문에 우선 인간언

<삽화 10> 뱅베니스트의 수기 노트(PAP. OR., 상자 40, 봉투 80, 38장)

어에 의해서 지시되는 것만이 유의미하다는 게 그 대답이다.

따라서 우리는 인간언어와 앞의 기호체계 사이에 생성관계relation d'engendrement를 설정하는데, 이는 지칭관계relation de dénomination로 실현된다. 이것은 언어와 사회의 관계이기도 하다. 발화parole와 글écriture로 '동일한 사상을 말할' 수 있다. 이들은 서로 전환될 수 있는 두 기호체계인데,

기호 유형이 동일하기 때문이다. 발화와 음악은 '동일한 사상을 말할' 수 없는데, 이들은 유형이 다른 두 기호체계이기 때문이다. 동일한 의미 작용 관계를 나타내기 위해 다수의 개별 기호체계를 이용할 수 없다.

언어와 사회 사이에는 상호 비전환성의 관계가 있다.

언어 구조와 사회구조는 사피어가 말했듯이 '비동형적'이다. 언어가 사회를 반영한다는 생각은 버려야 한다. 좀 더 순진한 태도는 단순한 개체들 사이의 관계를 설정할 수 있다고 생각하는 것이다. 예컨대 문법적성의 유무, 성조 관계, 모음의 수 같은 이 모든 것이 사회구조와 상응할 수 있을까?

이 문제를 제기한 후, 경험적 언어(프랑스어, 중국어 등에서의 현재와 과거 같은 시제 관계…)와 대인 간의 의사소통 체계로서 기능하는 기본적 언어를 구별해야 한다. 즉, 두 층위를 구별해야 한다. 하나는 우발적(역사적) 층위이고, 다른 하나는 기본 층위로서 공통 특성(자연과 동일시되는 무의식적 실체)을 발견할 수 있는 층위이다. 인간 제도는 이와 아주 다르며, 인간은 제도를 변경하고, 비교하고, 분석한다. 바로 이 점에서 지칭 체계의 변동이 생겨난다.

언어와 사회, 이 두 체계 사이에는 구조적 상관관계가 없다. 이들의 관계는 기호학적인 것뿐이다. 즉 모든 발생론적 관계를 배제하는 해석체 interprétant와 피해석체interprété의 관계일 뿐이다.

언어는 사회를 포괄한다.

우리는 사회를 고려하지 않고 언어 그 자체를 위해, 형식적 체계로서 언어를 연구할 수 있다. 그렇지만 그 역은 사실이 아니다. 언어적 구현이 아니고서는 사회와 사회를 지배하는 표상을 기술할 수 없다.

언어가 지칭하는 것은 오직 사회적인 것이다.

지칭체계로서 친족체계를 비교할 때 분명한 것은 이들은 서로 번역이 불가능하다는 것이다(비전환성의 원리). 각 친족체계는 지칭의 집합에 기반을 두며, 이 지칭 집합만이 존재한다.

따라서 언어는 언제나 해석체가 된다.

1) 사회는 자주 변화할 수 있다. 언어 변동은 이와 다르다.

2) 해석체 체계는 피해석체가 체계로 발달할 수 있게 피해석체에 관계의 기저를 제공한다. 예컨대 대명사 체계인 나/너$_{je/tu}$ 대 그$_{il}$. 대화의 관계와 이타성의 관계를 도입하는 이러한 언어적 구별 없이는 사회란 존재할 수 없다.[1]

그리하여 우리는 언어의 내적 구성에 이르게 된다. 1) 언어는 유의미 단위로 구성된다(언어 성질의 구성 속성, 본질적 절대 속성). 2) 언어는 이 유의미 단위들을 유의미한 방식으로 배열한다(차별 속성). 소쉬르가 예시한 도로 표지판처럼 어떤 기호체계도 그 자체 내에 의미하는 능력을 갖지 않는다. 모든 기호체계는 언어와 관계를 맺는다. 언어는 다른 모든 기호체계와 관련해 기호학적 해석체 역할을 한다. 즉 그 항을 정의하고, 이들의 관계를 정의하는 모델로 사용된다. 언어는 그 자체로서 스

---

1 [옮긴이] 에마뉘엘 레비나스의 타자/이타성의 철학은 뱅베니스트의 이 인칭의 대립구조에서 출발한다. 진정한 인칭인 1/2인칭과 대립하는 3인칭의 타자는 곧 1/2인칭의 존재를 전제하며, 3인칭은 1/2인칭구조의 흔적이다. 이런 의미에서 3인칭 타자는 곧 나(ego) 자신의 반사물이다.

스로 기호체계를 구성한다. 위계상으로 볼 때 언어는 이 기호체계 중에서 첫째의 지위를 갖는다.

<삽화 11> 뱅베니스트의 수기 노트(PAP. OR., 상자 40, 봉투 80, 46장)

1969년 1월 20일
강의 6

소쉬르처럼 다수의 기호체계를 제시하는 것으로는 불충분하다. 이 기호체계들이 독립적으로 공존할 수 있는지, 의지적으로 창조될 수 있는지, 무한정으로 존속할 수 있는지, 어떤 방식으로든 서로 연관을 맺는지, 관계를 맺는다면 이 관계는 어떤 것인지, 이들이 서로의 필요에 따라 다른 기호체계를 요구하는지, 요컨대 이러한 기호체계의 개념을 사실적 소여로 인정할지 아니면 생성적 원리로 인정할지의 문제를 제기해 봐야 한다.

세 가지 지적사항

1) 인간이 확립하지 않은 기호들이 있다. 이는 기호체계에 속하지 않는다. 예컨대 자연현상 같은 것이다. 자연현상들의 관계는 예측이 가능하다. 천둥, 번개가 치면 뒤이어 비가 온다. 그래서 이 관계는 정신작용으로 대강 설명되며, 기호체계론이 되지 못한다.

2) 개인은 관계를 만들어 내는 창조자이다. 이는 시적 현상phénomène

poétique의 경우에 해당된다. 그러나 단일 개인에 의해 형성되는 이 관계는 언어와 대비해 볼 때 이차적이다.

3) 사회는 세계에 대한 마법적 해석을 제공할 수 있다. 점성술의 신성 영역은 사회계층의 자산이다. 그래서 새의 비상, 벼락, 번개, 꿈 등은 유의미한 것이 된다. 이 점성술 체계는 언어화를 거쳐 명료하게 산출된 산물이며, 또한 언어에 의존하는 체계이기도 하다.

우리가 보기에 기호체계는 특정 기호를 통해 어떤 사상을 표상하는 것이기 때문에 이들 사이에는 언제나 관계가 있다. 이 관계를 맺게 하는 기준이 무엇인지 찾아내는 것이 중요하다. 이 관계 자체도 기호학적이어야 한다.

해석체계를 거쳐야만 유의미해지는 체계들이 있다. 적어도 유의미조직을 파생시키는 해석체계가 있다.

어떤 기호체계는 자체의 고유한 질서에 기반하는데, 예컨대 음악이 그렇다. 음악은 일정한 음계에서 일정한 선율로 결합되어 연결된다. 더욱이 음악은 동시적 두 축, 즉 중첩된 음표의 화음과 통합적 연쇄라는 이중의 결합을 가능하게 하는 특성이 있다. 그렇지만 음악은 요컨대 전위가 불가능하고, 음악 자체에만 반응한다. 음과 음의 선율 결합이 무엇을 '표상하는 것'인지는 음악가들이 말할 것이다.

이 음악 세계의 단위와 다른 기호체계의 단위에는 어떠한 상관관계도 없다. 음악의 단위는 내적 규약에 의거해서만 유의미할 뿐이다. 그래서 '라'나 '도'는 단위로서 인정된다. 이 음악의 체계는 다른 참조 기호체계 와는 아무런 상관관계 없이 자체의 고유한 해석에 속한다.

그러나 이미지의 표상 원리는 전혀 다르다. 여기서 발화parole는 갖가지 방식으로 개입된다. 표상의 준거로서, 영화의 필요한 구성 요소로서 '주체'가 누구인지를 가리키고, 연극의 표상 대본으로서 누가 '말하는' 화자인지를 가리키는 등이다. 여기서는 언어에 의존하는 것이 아니라 '이야기'histoire에, '내레이션'에, 발화'행위'에 의존한다.

우리가 영상 기호체계이론을 확립하려면 아직도 멀었다. 음악 기호체계와 영상 기호체계의 두 체계 중 어느 것도 해석체로서 다른 체계를 완벽하게 수용할 수 없다.

표현 기호체계로서의 언어 —— 이것 없이는 인간 사회란 불가능하다 —— 와 특정한 기호체계로서의 언어-개별어langue-idiome를 구별해야 한다. 모든 제도와 문화의 해석체란 바로 표현체계로서의 언어이기 때문이다.

1969년 1월 27일
강의 7

언어는 '의미작용'의 일반체계에 속하며, 더욱 정교한 특수체계로서 유의미 체계의 세계에 속한다고 말할 수 있다. 언어의 특성은 체계를 구성한다는 것, 그 자체의 원리에 의해 분포되고 연결되는 의미작용을 드러낸다는 것이다. 따라서 '형태'와 '의미', '시니피앙/시니피에'를 영원히 분리시키는 것으로 보이는 원동력이 작용하는 듯하다.

언어 이외의 다른 어떤 기호체계도 이러한 체계가 갖는 다음 가능성은 없다.

1) 새로운 단위를 만들어 내는 집합을 형성할 가능성. 즉 어떤 기호체계도 단위들이 스스로 합성되거나 해체될 수 없다.

2) '문장'의 '단어'로서 기능할 가능성.

3) '맥락' 내에서 어떠한 방식으로 바뀔 가능성(시니피앙 또는 시니피에).

4) 동음어나 유의어로 행위할 가능성.

그래서 다른 기호체계들을 기호체계라고 말할 때, 이러한 의미로

<삽화 12> 뱅베니스트의 수기 노트(PAP. OR., 상자 40, 봉투 80, 56장)

언어를 과연 기호체계라고 할 수 있을까를 자문해 봐야 한다. 다른 기호체계가 기호체계가 아니라고 한다면? 언어와 이들 '기호체계'의 주요한 차이는 어떤 기호체계도 스스로 대상으로 취급되거나 자기 고유의 항들로써 기술될 수 없다는 것이다.

　　언어가 정말 기호학에 속하는지 의심이 간다. 그것은 단지 다른 모든 기호체계의 해석체가 아닐까?

기호체계 사이의 기본적 구별은 다음 사항을 따른다.

1) 자체 내에 스스로를 포함하는가(이는 자기지시적 자율성이다).
2) 해석체가 필요한 것인가.

자율체계와 의존체계의 위계를 설정해야 한다. 예컨대 언어와 관련해 서만 존재하는 문자/글. 하지만 손을 이용하고, 기록 흔적을 남기는 이 기호체계는 언어를 어떻게 표상하는지 알아야 한다. 예컨대 제1단계의 의미조직, 제2단계의 의미조직 등.

언어에서 문자/글로, 문자/글에서 언어로의 상대적 전환이 가능하다고 한다면, 언어적 작문과 음악적 작곡은 전환이 불가능하다.

모든 기호체계는 단위가 같지 않고, 조합도 같지 않다. 음성 단위는 더 작은 구성 요소로 분해할 수 없고, 음성 단위 이외의 다른 것과 결합할 수도 없다. 음성 그 자체로는 유의미하지 않다. 색깔도 마찬가지이다. 기본 단위도 없고, 일정한 가치(의미)도 없다. 그 선택이 자의적이기 때문이다. 요컨대 일정하게 주어진 기호체계 내에서만 전환이 가능하다.

복기: 기호학적 단위는 의미작용의 단위이다.

• 신호체계: 자의적으로 결정된 기본 의미작용과 관련한 대립만이 유의미하다.

• 음악에서 선율로 연결된 음 체계: 음(이것만이 단위이다) 역시 단순한 사건이다. 음계에서 차지하는 위치(수학적 배치)는 다른 음과 관련되는 음들의 관계 현상이다. 음 자체만으로는 의미작용과 연관되지 않는다.

• 영상체계: 이 영상체계의 단위는 무엇인가? 영상인가? 색깔인가? 그 기준은 영상이론 내에서 결정해야 한다.

• 언어체계: 그 단위는 분리가 가능하고, 일정하며, 의미작용을 지닌다. 성질상 그것은 완전하고 자율적인 전체이다. 각기 의미조직의 가치를 가진 기호들로 구성된다.

두 가지 방식의 의미조직이 있다. 이는 다른 기호체계에서 볼 수 없는 특징이다. 소쉬르가 생각한 바와는 반대로 이는 언어를 기호체계에서 벗어나게 하는 분류 속성이다.

1) 각 기호는 시니피에와 시니피앙의 관계로 구성된다. 기본 단위에서 의미조직은 이미 내포되어 있다. 의미조직은 이 단위의 구성 요소이다.
2) 이 단위는 집단으로 모여 있다. 이들은 전체로서 기능을 행한다. 이 기능작용의 원리는 제2차 의미조직 방식이다.

언어에서 의미작용은 두 층위에서 조직된다.

<삽화 13> 뱅베니스트의 수기 노트(PAP. OR., 상자 40, 봉투 80, 58장)

언어 / 말과 문자 / 글

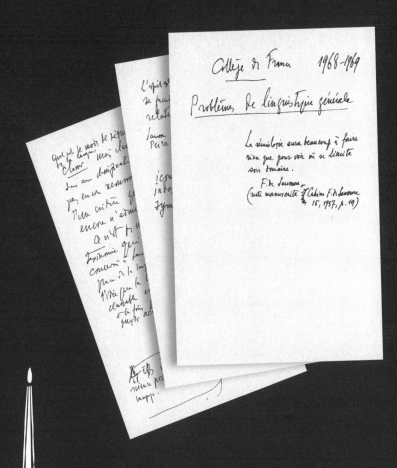

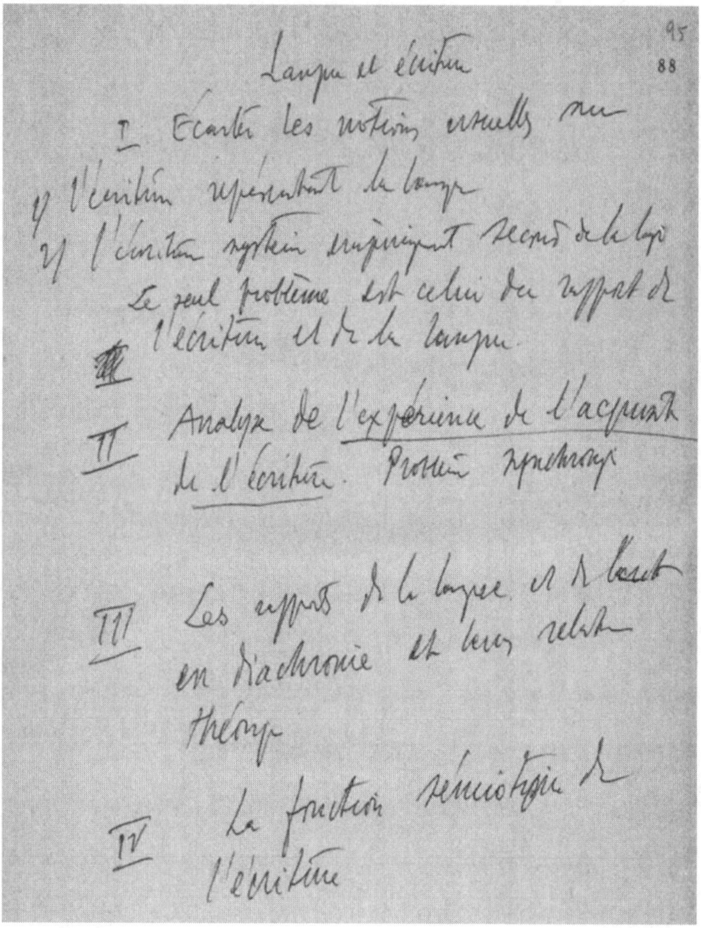

95
88

Langue et écriture

I Écarter les notions usuelles sur
1/ l'écriture représentant la langue
2/ l'écriture système simplement second de la langue
Le seul problème est celui du rapport de l'écriture et de la langue.

II Analyse de l'expérience de l'acquisition de l'écriture. Problème synchronique

III Les rapports de la langue et de l'écrit en diachronie et leur relation théorique

IV La fonction sémiotique de l'écriture

<삽화 14> 「언어와 문자」 강의 계획안(BNF, PAP. OR., 상자 40, 봉투 80, 88장)

1969년 2월 3일
강의 8

우리는 책, 읽은 책, 글로 쓴 책, 문자와 독서의 문명 속에 살아가고 있다. 우리는 사고의 수준 여하를 막론하고 문자로부터 끊임없이 정보를 받아들인다.

이로 인해 글과 언어 전체, 발화와 사고 ── 실제적이든 가상의 것이든 이를 기록한 글과는 더 이상 떼려야 뗄 수 없다 ── 는 더할 나위 없이 서로 밀접하고 가까운 관계가 되었다. 언어에 대한 모든 성찰은 특히 우리 사고에 기록 형태 ── 언어기호는 여기서 시각적 실체를 취한다 ── 를 불러일으킨다.

문자/글에 대해 우리가 처한 이와 같은 조건은 이 문제의 가장 어려운 부분을 은폐하고 있다. 이 난점은 그 소재matière보다는 본능적으로 이 소재를 고찰하는 방식에서 기인한다. 거의 피할 수 없는 가상의 노력이 없다면, 우리는 일상적 경험으로부터 벗어나 언어와 문자/글을 그 원초적 관계에서 다시 생각할 수 없다.

우선 우리는 어떤 문자/글을 말하는가?[1] 소쉬르는 단호히 그리스 알파벳까지 소급하는 문자를 얘기한다. 그러면 다른 문자는? 문자/글을, 문자로 기록한 언어langue écrite와 혼동하지 말자(나는 이 문자로 기록한 언어란 표현을 '문자로 기록된 형태의 언어'란 의미로 사용한다).

소쉬르가 문자 논의에서 염두에 둔 것은 이 문자로 기록된 형태의 언어에 대한 지식이다. 이 문자 표상과 관련된 위험이나 기만을 강조한 것이다. 그 누구도 이에 대해 이의를 제기하지 못할 것이다. 그렇지만 우리는 이 문제의 본질에서 완전히 벗어나 있는데, 그것은 다름 아닌 언어와 문자/글의 관계이다. 소쉬르는 글(문자로 기록된 언어)과 알파벳을 혼동하고, 언어langue와 근대어를 혼동했다. 하지만 근대어와 문자/글의 관계는 보편적인 것이 아니라 특정한 것이다.

적어도 소쉬르처럼 우리는 우리가 있는 곳이 어디인지 안다. 즉 우리는 자연이 아니라 사회 내에 있으며, 퍼스처럼 정신과 세계 내에 있는 것은 아니다.

문자/글은 고도의 추상을 전제로 하는 체계이다. 인간언어의 음성적 측면, 갖가지 억양, 표현, 변조가 추상된 것이다.

문자/글 현상이 가진 제약을 전체 현상으로 간주해서는 안 된다. 그것은 특정한 차원이다. /kar/와 'car', /o/와 'eau'의 평행관계를 제시할 것도 없다. 문자로 표상된 것으로서 언어와 이 문자 표상 자체를 고찰해

---

1 [옮긴이] écriture는 문자, 문자체계, 문자로 쓴 글, 작품, 글 쓰는 행위나 결과 등 다양한 의미를 나타낸다. 여기서는 문맥에 따라 언어/말에 대해 문자, 글자, 문자체계, 글 등으로 번역했다.

야 한다. 우리는 문자/글을 그 자체로 고찰해야 할 것이다.

바로 이것이 내가 제안하려는 필수적인 구별이다. 왜냐하면 오직 이 구별을 통해서만 기호학적 체계로서의 문자체계를 추론할 수 있기 때문인데, 소쉬르는 이것을 별개의 것으로 구별하지 않았다. 그러나 이것이 문자/글 분석의 제1원리이다.

문자/글이 즉자적으로나 대자적으로 기호체계라고 제시한다면, 이로부터 결론을 끌어내야 한다. 문자$_{la\ graphē}$는 음성$_{la\ phōnē}$을 표상한다. 이것이 원리이다. 따라서 이 표상을 방해하거나 문자가 음성을 그 자체로 수용하는 것과 다르게 해석할 수도 없고, 다르게 해석해서도 안 된다. 이 문자체계를 오직 두 항, 즉 문자↔음성이 일 대 일로 대응하는 가역적 관계를 설정하는 것으로 확정해야 한다.

우리가 이용하는 책은 문자체계에 기반을 두고 있으며, 글 자체에, 그 자체로 전위 절차에 기반한 것이 아니다.
문자소와 음성의 관계를 어떻게 타당하게 설명할 수 있을까? 음성 형태 [wazo]의 네 가지 음성 중 어느 것도 6개의 문자기호 /o-i-s-e-a-u/에 대응하는 것이 없다.

글자 OISEAU는 음성 [o.i.s.e.a.u]를 표상하며, [wazo]를 표상하는 것이 아니다. 기호체계는 하나의 시니피앙/하나의 시니피에, 따라서 하나의 글자/하나의 음성이라는 원리에 기반해서 기능한다. 문자체계가 점차 알파벳으로 진화하고 '음성적'이 되면서 그것은 더욱더 음성에 종속되고, 그래서 언어에 종속되었다. 이는 역사적이고 경험적인 조건이며, 결코 유기적이거나 필연적인 것이 아니다.

문자/글을 통해 화자는 언어활동, 사고의 외재화, 생동하는 의사소통으로서의 본능적 발화하기의 표상에서 벗어나야 한다. 언어를 이용하는 것과 구별된 실체로서의 언어를 의식해야 한다. 이것은 아주 어려운 조작 활동으로서, 어린아이에게 문자/글의 기초를 가르치는 자들은 경험을 통해서 잘 알고 있다.

언어는 언어에 대한 이미지로 급변한다. 화자가 참여하는 완전한 활동, 음성청취적인 행동 못지않은 신체행위, 개인적이고 집단적인 의사 표현에 있어서 타자, 다른 모든 타자와 가능한 협조자들의 참여, 이 모든 것이 손으로 쓰는 기호로 대체된다.

문자/글의 학습은 일련의 추상화를 전제로 한다. 언어가 언어 이미지로 급전환된다. 자연 상태의 인간에게 그것은 경이롭고 극히 어려운 일이다. 사실상 언어란 늘상 대화 속에 있는 활동이자 행동이다. 문자/글로의 전환은 완전한 전복이며, 실현되는 데에는 긴 시간이 걸린다. 화자는 외재화된 사건이자 의사소통으로서 발화된 언어의 이 문자 표상화에서 벗어나야 한다.

1) 그래서 제일 중요한 추상화는 언어가 별개의 실체가 된다는 사실이다. 사람은 사실상 본능적으로, 말할 필요나 욕망이 있을 때 어떤 상황에서 어떤 결과를 얻으려고 나이나 동료애 관계 등에서 목소리를 가진 사람과 말한다… 화자가 자기 발화를 사용하는 상황이 늘상 존재한다.

이처럼 발화는 화자가 처하는 발화상황과 화자 — 특히 어린아이 — 가 표현하고자 하는 특정 욕구의 구체적 특성과 관련해서 본능적으로 실행된다. 이를 발화의 실행이라고 말하고 싶다. 화자가 아주 힘들게 수행해야 하는 것은 추상화이다. 화자는 말을 할 때, 그가 상대방 역시 가지고 있고 운용하는 '개별어'une langue를 작동시킨다는 사실을 의식해야 한다. 각자는 서로 다른 목소리, 다른 억양을 가지고 다른 상황에서 달리 말하면서도 같은 '언어'를 이용한다.

2) 그렇다면 추상화는 말하는 데 필수적인 이러한 풍부한 '맥락'으로부터 화자 자신을 분리하는 것이다.

3) 화자는 무엇인가를 발화하고자 하는 상황 밖에서 무엇인가를 말해야 하는 반면, 화자에게 그것은 생동하는 현실이다.

아동은 발화하려는 욕구에서 친구와 같이 놀거나 사과를 먹는 것을 추상화하여, 언어자료 /jouer/, /pomme/를 '대상화해야' 하는 한편, 자신에게 존재하지 않는 이런 일에 몰입하는 것을 지겨워한다. 이는 친구나 부모에게 건네 보지 않은 언어로서, 누가 말하고 듣는지도 알 수 없는 언어다.

4) 문자/글의 습득 과정

문자/글에 접근하는 사람에게는 또 다른 차원의 추상화가 필요하다. 즉 언어로, 다시 말해서 사고로 이전되는 발화에 대한 의식 — 약하기는 하지만 ─ 뿐만 아니라 질료적 이미지로 표상된 언어 또는 사고에 대한 의식 ─ 사실상 단어에 대한 의식 ─ 이 그것이다. 단어에서 단어 데생(그림 단어)으로, 말하기에서 말하기의 상징적 이미지로의 거대한 도약이 일어난다.

이러한 언어 인식의 단계만 있는 것이 아니다. 우리는 말할 때 단어가 사용된다는 것을 발견한다. 그런데 말은 전체 덩어리로 하지만, 이 전체는 분할체를 매개로 실현된다. 반복적이고 개별적인 단어만 존재하는 것이 아니라 쓰인 글과 생각과의 관계도 문제이다.

이 글 쓰는 행위는 내뱉은 발화, 즉 행위언어langage en action에서 유래하지 않고, 기억된, 마음의 내부언어langage intérieur에서 유래한다. 문자/글은 내적 언어의 전위된 표현이고, 그래서 우선 이 내적 언어 의식 또는 '언어'langue 의식에 접근해 글쓰기로 전환하는 메커니즘에 동화시켜야 한다.

마음의 내부언어는 전체적이고 도식적이며 비구성적이고 비문법적인 특성을 가지고 있다. 이는 암시적인 언어이다.

마음의 내부언어는 급속하고 일관성이 없다. 언제나 자기 스스로 이 언어를 이해하기 때문이다. 그것은 언제나 현재 상황에 자리를 잡고 있는 언어로서, 이 현재 상황은 언어의 존재 조건에 속하며, 말하는 자에게, 오직 그에게만 그 뜻이 이해된다. 하지만 마음의 내부언어는 화자 자신의 늘 변하는 개별적 경험과 상황 속에서 조건화된 것이고, 글의 형태로는 내부언어의 상태와는 자연적 관계를 상실하기 때문에 이를 타인이 이해할 수 있는 지적 형태로 전환한다는 것은 엄청난 과제이다. 더욱이 이 과제를 수행하려면 사고를 문자/글로 전환하는 습관으로 습득한 것과는 전혀 별도의 태도가 필요하다.

마음의 내부언어를 이해할 수 있게 만드는 것은 발화 형성 및 문자/글의 습득과 쌍벽을 이루는 전환 활동이다.

소쉬르는 언어langue에 종속된 체계로서 문자/글의 일상적 관념을 옹호했다. 그러나 '도상기호'(또는 '상징기호'. 이 용어 선택은 퍼스의 용어와는 전적으로 무관하다)를 생각할 수도 있는데, 이는 사고와 문자적 질료화를 연결 짓는 것으로, 이와 더불어 사고의 관용적 언어화와 관련되는 '언어기호'도 연결 짓는다. 도상적 표상은 언어적 표상과 나란히 발달하며, 언어 형태에 종속되지는 않는다.

사고의 이러한 도상화는 아마도 사고와 발화의 관계와는 다른 종류의 사고와 도상 사이의 관계를 전제로 하며, 이는 문자적 관계라기보다는 총체적 영상관계일 것이다.

1969년 2월 10일
강의 9

언어, 글, 표상(/maison/의 도상적 표상과 언어항 'maison' 사이의 거리는 엄청나게 멀다) 사이의 극히 간략한 관계를 제쳐 둔다면 문자/글의 습득 방식이나 역사를 통해 드러나는 다양한 방식의 관점에서 문자체계를 연구할 수 있다.[1] 그러나 역사적으로 문자체계들 사이에는 근본적인 차이가 있다.

문자체계의 최초의 선례들을 발견하려면, 기원전 4세기로 거슬러 올라가야 한다. 이들은 이집트(원시 이집트어)와 수메르에서 제정된 문자체계이다. 그러나 우리들에게 이 증거가 전해질 수 있었던 것은 아마도 우연한 조건들 때문이며, 이 증거에서는 문자체계의 단초를 전혀 볼 수 없다.

선사시대의 유적에 새겨진 '흔적'trace의 문제가 있다. 이것은 언어 표상

---

1 [옮긴이] 르루아 구랑(A. Leroi-Gouhran) 같은 학자는 동굴벽화나 고분의 그림은 단지 대상을 모사한 단편적 '그림'이 아니라 총체적 '사건'이며, '문자'로 이행하기 전의 '메시지'를 표상한 것으로 간주한다.

의 시초인가? 선사시대의 그림들이 서사적 이야기인지 아닌지를 따져 보았지만, 이 그림기호와 연관될 가능성이 있는 언어적 면모는 찾아볼 수 없다.

이 옛 시기에 존재했을 도상과 언어 표상의 대응 모델을 수립하기 위해서 이와 아주 유사한 실체들을 생각해 볼 수 있다. 역사적으로 보면, 사실상 이미지에 의한 재생원리가 적용되었음을 알 수 있다. 다수의 문자체계가 19세기에 아프리카(바문어), 북아메리카(체로키 인디언), 알래스카 북부의 에스키모인 등의 문맹자들에 의해 창제되었다.

19세기 중엽 에스키모어를 사용하는 사회에 기독교 선교가 이루어졌다. 알프레드 슈미트는 이들에게 설교하려 했으나 의사소통을 위한, 문자로 기록된 언어는 이용할 수 없었다.

선교사들이 글을 쓰는 것을 본 개종한 한 샤먼은 자신들의 언어를 쓰는 것에 대한 아이디어를 얻었다. 기존의 문자체계를 가지고 글을 쓰려는 충동은 늘 있었다(하지만 이는 모방이지 발명은 전혀 아니었다). 그 이전에도 수많은 시도가 있었다. 파견된 사신들은 선물교환의 축제에 메시지를 지니고 가야 했다. 사신들은 기억을 도울 수 있는 흔적을 새긴 조각품을 이용했다.

매우 중요한 것으로 여겨졌으나 문자체계와 관련해 충분히 연구되지 못한 개념은 바로 메시지의 개념이다. 메시지를 전달하는 사자使者는 기억한 텍스트를 암송했다. 그는 결코 말을 하는 것이 아니었다. 사자의 입을 통해서 나오는 것은 담화가 아니었다. 그는 다른 사람의 입이자 언어였다. 이는 매우 특이한 상황이었으며, 고유의 담화를 조직하는 것은 아니었다.

기억은 기본적 조건이다. 고유명사, 가계, 돈 계산, 재산목록 등을 기록할 필요가 있었다. 구전 전승은 상실될 우려가 있었고, 물품 목록을 작성해야 할 때가 있었다.

사자가 기억 속에 여러 사람에게 가져갈 각기 다른 메시지를 간직하는 경우, 그는 키푸quipu(케추아어로 '매듭'을 의미)와 같은 메모장이 필요했다. 특정 수신자에게 전할 특정한 메시지를 기억으로 복원할 수 있게 도와주는, 종이에 긁적거린 글자 표식을 사용할 수도 있었다. 그것은 자신의 담화가 담고 있는 주요 자료를 요약적으로 재생하는 이미지들이었다.

이 전달 방식(매듭, 막대기에 새긴 홈, 선의 연결)은 개인적이고 사적인 것이었으며, 공용으로 사용하기 위한 것이 아니었다. 성서의 몇몇 텍스트에는 에스키모어로 된 메시지 기록 방식을 보여 주는 문서들이 있다. 이것 역시 개인적으로 기억의 편의를 위한 것이었지만, 문자와 근접했다. 서양 문자를 모방한 것이었기 때문이다.

원시인이 동물이나 정경을 그리면서 '표상'할 때, 그는 이 대상을 글로 기록하는 행위를 하는 것이었다. 이때 그가 적는 '글'은 광경 자체를 재생하는 것이며, 현실을 적는 것이지 언어를 글로 쓰는 것이 아니었다. 왜냐하면 그에게는 언어란 '기호'로서 존재하는 것이 아니었기 때문이다. 언어 자체가 곧 [세계] 창조였다. 따라서 '문자/글'은 '현실의 기호' 또는 '관념의 기호'가 되는 것에서 출발했으며, 그것은 언어와 평행하게 발달한 것이지 언어의 모사가 아니었다고 말할 수 있다.

그림문자 표기법pictographie은 다음 유형의 전통적 담화를 빈번히 재생한다: '그러고 나서… 그러고 나서…'. 사람을 그린 그림은, 몸의 자세와 그 다음 그림을 향해 뻗친 팔을 통해 말을 시작하는 것 또는 텍스트를 재개하는 것을 가리킨다. '그러고 나서…'.

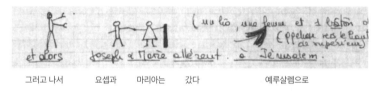

그러고 나서   요셉과   마리아는   갔다   예루살렘으로

<삽화 15> 뱅베니스트가 강의하면서 칠판에 그린 그림을 거의 그대로 따라 그린 수강자의 그림
(노트에 남아 있으나 거의 읽을 수 없다)

예컨대 예수의 부모에 관한 신약성서의 메시지를 전달하기 위해 지팡이에 몸을 의지한 남자와 여자(요셉과 마리아)의 그림이 뒤이어 계속 나온다. 마지막으로 위를 향해 있는 화살표가 나오는데, 이 화살표는 이 두 사람이 따라온 방향을 지적하는 것으로 보인다. "그러고 나서 요셉과 마리아는 예루살렘으로 갔다."
우리로서는 이 그림문자가 무한히 많은 관계를 도입시키는 것 같다. 번역된 텍스트 없이는 그 누구도 그처럼 연속으로 그린 그림들의 의미를 해석할 수 없다. 특히나 첫 번째 그림이 도구로 이용되는 문법적 제시

수단이라는 것을 어떻게 파악할 수 있을까? 다른 에스키모인들은 더욱 이해할 수 없었을 것이다.

또 다른 사례: /Dieu/(하나님)는 도상으로 표상된다.

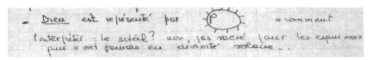

<삽화 16> 위와 같은 출처

조그만 원을 매단 왼쪽의 짧은 수직선을 포함한 빛나는 둥근 원. 이를 어떻게 해석할 것인가? 태양일까? 아니다. 에스키모인은 태양신을 숭배한 적이 없었다. 사실상 그것은 샤먼 전통의 마법적 '마스크'(에스키모어로 '아가이윤'agaiyun)이다. 또 다른 에스키모인은 이를 마스크로 해석할 수는 있었지만, '하나님'으로 해석할 수는 없었다.

이 그림들을 이용하여 묘사한 것은 사건이며, 언어가 아니다. 물론 이 사건은 어떤 개별어로 얘기되었지만, 이 옛이야기 속에는 문제의 이 언어를 알려 주는 구체적 사항이 없다. 그림으로 묘사한 것은 지시대상이지 언어기호가 아니다. 문자/글은 여기서 언어기호가 아니라 지시대상을 가리키는 기호이다. 언어의 특수성이 문제가 되지 않고 있기 때문이다. 언어와 문자/글 사이의 직접적인 대응을 찾아볼 수 없다.

나는 문자/글의 발생론을 말하려는 것이 아니다. 문자/글의 기원을 탐색하려는 것도 아니다. 단지 인간이 '회화적 표상' 문제에 어떤 해결책을 가졌는지를 알고 싶을 뿐이다. 그래서 우리가 근대뿐만 아니라 시간상으로 소급할 수 있는 가장 오랜 옛 시기에서도 인간은 담화나 사고의 대상, 즉 지시대상을 늘 회화로 표상하기 시작했다는 점을 확인했다. '자연적' 경향은 회화적 수단을 이용하여 우리가 얘기하는 사상事狀을 표상하려고 한 것이지 말하는 담화를 표상하려는 것은 아니었다. 따라서 문자/글의 현상 전체를 포괄하는 자들이 문자/글은 언어의 기호라는 것, 그리고 이 언어 자체는 '사고'의 '기호'라고 하는 것은 틀린 말이다. 문자/글이 기호의 기호라고 말할 수는 없다. 이것은 단지 발화parole를 전사한 것이 되었을 뿐이다.

1969년 2월 17일
강의 10

그러면 이 그림 표상이 문자체계가 되려면 무엇이 필요했던가? 진정한 의미의 발견이 필요했다. 다시 말해서 화자-서기관은 메시지가 언어 형태로 표현된다는 것과, 또 문자체계가 재생하는 것은 바로 언어 형태라는 점을 발견해야 했다. 여기에서 진정한 인식의 혁명이 일어난다. 즉 문자체계는 언어를 모델로 삼는다는 것이다. 그리하여 서기관은 음성을 재생하는 표기법을 찾으려고 하고, 더욱이 제한된 수의 기호를 구성하는 표기법을 찾으려는 노력을 경주해야 한다.

이 위대한 문자 발견의 혁신은 세계 여러 지역에서 서로 독자적으로 일어났지만, 그 실현 수단은 아주 달랐다.

언어와 문자/글 사이에는 필연적 관계가 없다. 에스키모인의 경우, 회화적 문자 표현은 언어에 대한 참조가 없다. 그것은 언어기호가 아니다. 그것은 말로 실현된 언어와 관련이 없기 때문에 개인적인 것으로 치부되었고, 이 회화적 표현은 다른 사람에게 전달될 수 없었다.

표기법이 가진 암기 목적은 분석적 표상이 아니라 직접적이고 전체적인 자연적 표상과 궤를 같이한다. 따라서 이 표기법은 해석은 할 수 있었지만, 자신의 언어로 재번역retroversion하거나 다른 언어로 '번역할' 수 없었다. 가능한 메시지가 지닌 무한히 다양하고 풍부한 생산성은 표기법에 한계를 짓는데, 이 한계는 금세 끝에 도달한다. 그래서 서기관은 끊임없이 새로운 그림 '상징'을 계속 창안해 내었으나 메시지를 도상적으로 표상할 수 없다는 것, 다시 말해서 엄밀한 의미로 언어 기능에 속한 것(발화문의 구성 요소들 사이의 관계, 문법적 요소들 사이의 관계 등)을 적는 데서 생겨나는 근본적인 난관은 극복할 수 없었다.

회화적 기호의 수를 감소시키는 결정적 단계는 우리가 언어적 표상을 깊이 숙고하는 순간부터 이미 끝난다. 즉 우리는 이미 기호 수를 감소시키는 일을 완수하고서 구성한 기호체계를 마주하는 것이다.

1) 중국
각 회화적 기호는 음절적이고, 각 음절은 별개의 기호이다. 수많은 기호의 시니피에가 도상적 표상을 갖는, 예외적인 계기를 가진 언어이다.

이 예외적으로 유리한 상황은 언어[중국어] 자체의 구조에서 유래한다. 다시 말해서 각 언어기호는 별개의 음절적 조음 단위와 일치한다. 각 기호는 하나의 시니피앙이다. 하나의 기호 단위와 하나의 형식적 단위로서, 기호는 더 작은 기호 단위로 분해할 수 없다.

발화문은 어려움 없이 분석되며, 중국의 고대 문자체계에는 수많은 그림문자가 있었다.

이미지로 그린 이 표상은 묘사된 사항과 직접적인 대응을 보여 준다. 예컨대 mu(木, 나무), kuo(菓, 과일), ming(皿, 그릇), 숫자 3(三)에 포개진 세 개의 선, 한 중앙 지점에서 출발하여 주요 네 지점을 연결하고, 여기서 다섯 개의 점으로 숫자 5를 나타내는 그림 등.

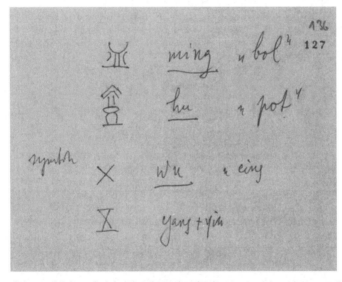

<삽화 17> 뱅베니스트가 다시 그린 고대 중국의 그림문자(PAP. OR., 상자 40, 봉투 80, 127장)

따라서 언어[중국어]의 구조는 언어의 단위를 설정함으로써 유지되었다. 동시에 의미 단위는 조음 단위(음절)이며, 문자[한자]는 의미와 형태를 동시에 묘사했다. 실제로 수많은 동음어라는 주요한 난관에 부딪혔는데, 이는 동음어를 나타내는 동일한 그림기호에서 불가피하

게 생겨나는 혼동이었다. 그리하여 기호의 수를 배가시키고, 음성과 의미적 '열쇠'를 사용하는 표기법을 채택했다.

억양을 숫자로 표시하는 법은 유일한 혁신이었다. 달리 말해서 그림 도안에도 불구하고 글자는 고정되었다. 이는 중국 한자의 고유한 특성이므로, 오늘날까지 근본적으로 바뀐 것은 없다.

2) 메소포타미아

수메르어 문자체계는 설형문자로 급격히 변했다. 그림과 그 지시대상의 연관관계는 분명했다. 예컨대 부드러운 점토에 그은 자른 갈대(못)의 선은 눈이나 손을 그린 것이다. 하지만 아카드어에서 이 그림은 다수의 요소로 분해되었다. 고대의 전체 그림은 '분석적'이 되었다.

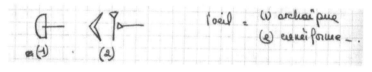

눈=(1) 고 설형문자
(2) 설형문자

<삽화 18> 뱅베니스트가 강의하면서 칠판에 그린 그림을 거의 그대로 따라 그린 수강자의 그림
(노트에 남아 있으나 거의 읽을 수 없다)

이 문제를 더욱 복잡하게 만든 것은 수메르어의 고古 설형문자를 셈어계의 아카드어로 변형한 것이다. 이 두 언어의 구조가 달랐기 때문이었다(수메르어는 단음절어만이 아니었다).

일단 '못'으로 [문자가] 분해되면, 이 문자체계는 완전히 고착화되었고, 아카드 문화가 메소포타미아와 소아시아에서 없어질 때까지 오랫동안 사용되었다.

3) 이집트

여기서도 역시 발화를 묘사한 상형문자가 있다. 서 있거나 앉아 있는 사람들, 물건이나 새를 잡고 있는 사람들, 이 소재는 잘 알려져 있다.

표상 방식은 그림 수수께끼와 같은 방법이었다. 즉 시니피앙의 그림은 다른 시니피앙의 일부 그림이거나 전체 그림이며, 전자의 부분적 동음어이거나 전체적 동음어였다.

원리: chat[ʃa](고양이)와 pot[po](항아리)를 묘사한 데생은 chapeau [ʃapo](모자)의 의미를 전달할 수도 있다. 그리하여 이미지는 그림기호들로 분해되어 기존에 알던 그림기호를 이용할 수 있도록 한다. 회화적 기호가 가진 경제성이다. 그것은 /chat/의 의미와는 완전히 분리되었고, '고양이'란 명칭의 음성만 지니고 있었다. /cha-pot/, /cha-leur/(열), /a-chat/(구매). /ch/(음성의 일부)도 마찬가지다. /ch-aud/[ʃ-o].
이처럼 분해가 필요한 이유는 이집트어가 다음절어였기 때문이다. 그래서 어떤 기호는 음성 형태와 관련해 사용되었다. 이 이집트어를 발견하고 나서, 기호목록의 수는 여전히 많지만 되풀이되는 형태 표기의 수는 점차 감소되었다. 고대 중국의 한자는 수천 개이다.

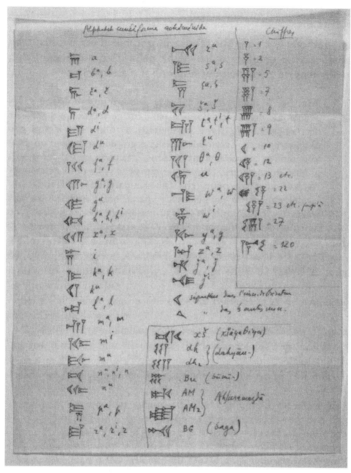

<삽화 19> 뱅베니스트가 전사한 아케메네스 왕조의 설형문자 알파벳
(콜레주 드 프랑스 문서보관소, CDF 28/18)

1969년 2월 24일
강의 11

마지막 고찰.

이 모든 문자 발명이 직선적인 발달단계를 거친 것은 아니었다. 문자 발명은 다른 문자체계와는 독자적이었고, 그 출발은 각기 절대적이었다. 각 문자체계는 고정되어 더 이상 변하지 않는다. 상형문자는 변동이 없었으며, 설형문자도 예나 마찬가지다. 중국 한자는 그 자체로 변하지 않았다. 선형문자 B[미케네 문자]도 마찬가지다.

오직 그리스 알파벳만이 진화했고, 여러 언어에 맞게 바뀌었다.

문자유형과 언어유형 사이, 문화유형(경제발달)과 문자유형 사이에는 밀접한 관계가 있다. 페니키아인과 그리스인은 동방 전역의 상인이자, 해양민족, 여행가이자 교역상이었다.

• 문자 단위가 기호 단위와 동일한 문자체계가 있다. 각 문자기호는 언어의 기호와 동일하다. 모자람도 넘치는 것도 없다. 글의 단위는 단어이다. 완벽하고 유일한 사례는 중국 한자이다.

• 문자 단위가 언어 단위보다 더 작은 문자체계도 있다. 문자 단위는 기호의 한 부분(예컨대 음절)이다. 일반적으로 이 범주에는 오늘날 관행적으로 사용되는 문자체계가 속한다. 이 문자는 주요한 한 가지 과정을 전제로 하는데, 즉 언어 단위의 분해 과정이다. 따라서 언어를 형식으로, 그것이 전달하는 내용과는 상관없는 것으로 간주할 가능성이 있다.

우선 발화문을 있는 그대로 인식해야 한다. 바로 이 점이 우리에게는 가장 이해하기 어려운 사항이자 여전히 가장 제대로 인식되지 못한 사항이다. 화자는 자신이 문장을 형성하고, 그것을 객관화하고, 그 문장이 지닌 메시지와 문장을 분리시키고, 그것이 단어를 인식하고 구분하는 것을 실행하는 데에 영향을 미친다는 것을 알아야 한다.

음절로의 분할은 세 가지의 서로 다른 언어체계에서 발견할 수 있다.

1) 수메르어
2) 아카드어(셈어)
3) 키프로스 그리스어나 고대 페르시아어(이란어)

모든 음절 문자체계는 애당초부터 혼합적 문자체계였다. 그 까닭은 다른 두 유형의 문자 표상 체계와 연관이 있기 때문이다.

• 단어 문자체계(중국 한자 체계 외에). 설형 음절 문자체계(수메르-아카드)에서 몇몇 기호 복합체는 특정 언어 단위에 대응한다. 어떤 문자 규

약은 '하나님'神과 같이 아주 빈번히 사용되는 용어를 가리키는 단어를 제공한다.

· 알파벳의 싹을 지닌 비음절 개별음성 문자체계. 예컨대 키프로스어의 음절 문자체계에서 [sa-ta-si-ku-po-ro-se] 같은 문자 단위는 분절된 구어 단위에 대응하며, 그 증거로 남아 있는 것이 고유명사인 [satasikupros]이다.

세 개의 음절 기호(세 개의 지지모음)는 분절된 형태에는 나오지 않는다.

· sa ⟶ s

· po ⟶ p

· se ⟶ s

마찬가지로 [po-to-li-ne]('도시'란 단어의 단수 대격)은 [ptolin]으로 발음된다.

음성적 지위와 문자적 지위 사이의 불일치가 언제나 드러난다. 문자법은 언어에 직접 접근하는 것을 허용하지 않는다. 그리스어를 모른다면, 음절 표기에서 모음의 분포를 확실하게 찾아낼 수 없다. 알파벳 표기와 근접하지만, 그 현상 자체는 별개의 것이다.

셈어 알파벳 문자는 결정적으로 중요한 단계이다. 모음 도식이 의미를 지니고, 모음은 문법 기능을 지닌다. 여기서도 표기법은 언어 구조를 취한다. 그리스어의 역사적 형태(기원전 15세기), 즉 미케네어 음절

법에 대해서는 아는 바가 없다. 크게 진보한 것은 그리스어 알파벳이다. 각 음성은 단지 음절뿐만 아니라 음성에서도 구별되며, 각 개별 글자로, 오직 하나의 글자로 재생된다. 예컨대 모음과 자음은 서로 구별되며, 각기 하나의 글자로 표기된다. 이 언어에서는 형태론적으로 변동하는 언어 구조가 필요했다. 그래서 단어형이 변동하고, 단어형의 길이가 가변적이고, 모음 교체로 단어가 부분적으로 변동한다.

> 셈어구조에서는 의미가 지배적으로 우세하다. 자음이 모음보다 더 우위이다. 자음도식 내에서 모음은 문법 정보를 제공하는 역할을 한다. 애초부터 모음화는 예외적인 현상이었다. 문법 관계는 복원된다. 그리스 알파벳에서, 음절 분석은 자음과 모음에 동일한 지위를 부여하게 된다.
> 문자체계는 언어의 기호학적 구성을 드러내 준다. 그래서 그리스어 유형의 언어와 페니키아어 유형의 언어의 차이가 드러난다. 그리스어에서 모음은 단위의 의미 자체를 결정하는 데 필수적이다. 모음변동에 의해 2인칭 대명사와 중성 의문사 같은 형태론적 부류가 두 가지로 구별된다. 예컨대 'tu'(고대 방언형으로서 'su'로 교체)와 'ti'가 대립한다.

음절체계로부터 어떻게 음성체계 또는 음소체계로 전이되었는가? 결정적인 여건은 1)페니키아 문자의 발명 2)페니키아 글자를 그리스어에 맞춰 변경한 것이다.

페니키아인은 이미 문자체계를 자기 언어의 기본원리에 일치시킨 상태였다. 그 원리에 따라 문법적 고려보다 어원이나 의미론적 고려가 우세한 구조로 변했고, 그래서 단어의 자음구조가 모음구조보다 더 우세한 체계로 변했다. 그리하여 이들은 단어 내에서 자음과 모음을 구별하고, 자음만을 명시적인 것으로 부각시켰다. 그리스인은 자신들의 언어에 근거를 두고 새로운 문자체계를 완성시켰다. 자음과 모음을 체계적으로 구별해 쓰지 않았고, 문법적 변동이 흔히는 어원관계를 파괴하기도 했다. 예컨대 현재 lambanō(나는 취한다), 완료 eilēpha(나는 취했다)와 같은 유형이 그것이다.

내게 발화의 음절 분할은 자연스러워 보이는데, 음성을 모음지지와 분리할 수 없기 때문이다. 따라서 발화의 분해 단위는 모음이거나 모음을 포함하는 분할체(CV, VC)이다. 발화의 자연적 분절은 문자체계의 자연적 분절로 재생된다. 게다가 언어학자에게도 음절은 나름의 독특한 단위이다.

음절 문자체계: 이 문자체계를 이해하기 위해서는 외부적으로 언어유형과의 관계뿐만 아니라 이 언어의 연장이라고 할 수 있는 문자의 움직임도 표상할 수 있어야 한다.

그러면 문자 발명가들이 자신이 이용하는 언어의 유형으로 표상한 문자유형을 문자체계에 투사했다는 것을 알 수 있다. 중국 한자에서는 각 시니피앙에 대응하는 '글자'를 구성할 수 있다. 그래서 시니피앙과 글자가 일대일로 형식(형태)적으로 대응한다. 중국어가 단음절어적인지의 여부는 완전히 외적인 고려사항이다. 중요한 것은 한자를 떠올리는 사람들은 이 문자가 이상적인 문자라고 생각한다는 것이다. 그것은 각 시니피앙, 단 하나의 시니피앙이 단 하나의 기호로 표현되기 때문이다. 반대로 각 기호, 단 하나의 기호는 단 하나의 시니피앙에 대응한다(동음어를 방지하기 위해 '음성' 글자를 도입한 이차적인 수정은 고려하지 않는다).

수메르어는 이와 다른 상황에서 동일한 관계를 따랐다. 수메르어는 수많은 단음절 기호를 가진 것으로 밝혀졌다. 이것은 수메르어 음절문자의 실용적인 기반이었다. 많은 시니피앙이 하나의 글자로 실현되기 때문이다. 그 후 메소포타미아 지방의 셈어를 분해하는 표기로 확장되었다.

발화문을 문자체계로 표상하기: 그리스어에서, 최초로 기록된 방언들로부터 발화문의 부분은 서로 밀접한 관계에 있다. 즉 음성적 특성을 지닌 발화가 있었다(연성음sandhi 현상[1]이 단어의 어말이나 어두에 영향을 미쳤다). 분절된 연속담화와, 기호의 어두와 어말 사이에서 일어나는 변동은 서로 상응해서 이루어졌다. 발화의 흐름이 일정한 방식으로 구체화된 것이다.

일차 발화parole는 단어의 흐름이며, 그것은 연속체이다. 이차 발화(문자/글) 역시 많은 경우 연속체이다(명문銘文의 텍스트는 단어가 분리되지 않고 기록된다). 이 역시 단어의 분리로 영향을 받을 수 있다. 구두점은 발화문의 끝을 나타내는, 일차적 언어의 통사적 구분과 억양을 나타내는 이차적 언어 표현이다.

---

1 [옮긴이] 이 음성 현상은 형태소나 단어 경계에서 일어나는 형태음운론적 변동이다. in-+possible →impossible, in-+legal →illegal 같은 것이나 프랑스어 연음 grand[t] homme 같은 현상이다.

문제는 두 가지다. 담화의 언어 형태로의 전환과(발화문을 그 구성 요소로 나누고, 발화문에 제한된 수의 기호들이 있음을 인정해야 한다) 형식적 체계로서의 문자체계다. 형식화라는 절차로 인해 언어[랑그]는 그 실제적 사용과 분리된다.

<삽화 20> 뱅베니스트의 수기 노트(PAP. OR., 상자 40, 봉투 80, 119장)

1969년 3월 3일
강의 12

언어의 자동 기호화auto-sémiotisation.

문자체계는 언제 어디서나 언어가 스스로 그 자체를 기호화하는 수단이었다.

이는 화자가 발화된 사상이 아니라 언어를 대한다는 것을 의미한다. 그는 언어를 고려하고, 그것을 의미 있는 것으로 생각한다. 화자는 재발 요소, 동일한 요소, 부분적 차이를 알아채고, 이 관찰을 회화적 표상으로 고정하는데, 이 회화적 표상은 언어를 객관화하고, 영상으로서의 언어에 질료성 자체를 발생시킨다.

문자체계, 특히 알파벳 문자는 언어의 자동 기호화의 수단이다. 다음 두 진술이 그 근거이다. 1)언어는 자신의 항으로써 스스로를 기술할 수 있는 유일한 의미체계이다. 메타언어적 속성은 언어만의 고유한 특징인데, 그것은 언어가 다른 기호체계의 해석체이기 때문이다.

2) 하지만 언어가 자신을 스스로 기호화하기 위해서는 자기 고유의 실체 substance를 객관화하는 절차가 필요하다. 문자체계는 점차 이러한 형식적 객관화의 수단이 되었다.

문자체계의 기본원리

일반적으로 사람들은 메시지를 전달하거나 보관하기를 원한다. 그래서 발화문을 멀리 전달하고, 기호적인 것을 회화적으로 구현하기를 원한다. 그 전형적인 사례가 헤로도토스에 있는 다리우스 왕에게 보낸 스키타이인의 메시지이다. "IV, 131, 덤불 모양으로 된 메시지: 스키타이인은 쥐, 개구리, 새, 다섯 개의 화살을 보냈다." 그 후 여기에 대한 해석들은 불일치한다. 기호학, 문법을 거치지 않고서는 언어의미론에 이를 수 없다는 것을 이보다 더 극명하게 보여 주는 사례는 없다.

따라서 문자/글은 기호학적 차원에서 최소의 개인적 기호의 흔적을 기반으로 가져야 한다. 그리고 이 개인적 최소 기호는 동음어의 혼동을 방지하기 위해 그림문자 표기에서 식별 요소들의 독특한 구성을 드러내야 한다.

언어와 문자/글의 관계에 대한 제1의 모델을 찾기 위해 연역적으로 추론해 보면, 알려진 그림문자체계의 일반적인 발달은 문자체계가 언어에 종속되는 방향으로 진행된 것을 알 수 있다. 문자체계는 원칙상 사상을 얘기하거나 멀리 전하는, 발화와 평행하는 수단이었고, 지금도 그렇다. 문자/글은 점차 언어의 더욱 형식화되는 모습에 일치하면서 글자화되었다고 말할 수 있다.

발화_parole가 형식적으로 불연속 단어로 실현되고, 전체의 부분들을 하나씩 모으는 것이라면, '글'은 우선 총체적으로 구상하고, 관념의 연결체를 종합적으로 표현하고, 이야기 전체를 나타낸다. 이런 의미에서 '글'은 담화연쇄보다는 '마음의 내부언어'와 더 흡사하다.

1. 언어는 모든 것을 기호화한다_sémiotiser

언어는──오직 언어만이──대상이나 과정에 표상하는 능력을 부여할 수 있다. 대상이 '축성祝聖'되려면, 행위가 '의식'儀式되려면, 언어는 '신화'를 표현하고, 신화가 될 자격의 근거를 제공하고, 몸짓이나 단어를 '유의미한 것'으로 만들어야 한다. 모든 사회 행동, 인간관계, 경제 관계는 언어에 의해 발화되고 정리된 '가치'를 전제로 한다. 가장 기본적인 사람들 사이_interhumaines의 기능, 개인의 존재를 뒷받침하는 기능, 생산 기능, 창출 기능은 무엇보다도 유의미한 기능이며, 명칭이 드러내는 친근관계에 기반을 둔다.

2. 언어는 자신을 스스로 기호화한다

언어는 스스로 자신의 크기를 감소시킨다.

언어의 도구적 기능으로부터 표상 기능이 생겨나고, 그 표상 수단은 문자/글이다. 그런데 문자/글은 기능을 변경한다. 현실, 즉 지시대상을 도상화하는 수단으로서의 기능을 바꾸는데, 우선 담화에서 시작해서 점차 담화 자체를 표상하고, 그 다음에는 담화의 요소를 표상하고, 그 다음에는 이 요소의 요소(음성/글자)를 표상하는 수단이 된다.

이제부터 언어를 본격적으로 논할 수 있는데, 아리스토텔레스(『명제에 관하여』*De Interpretatone*)가 한 것처럼, 단지 언어를 수단이나 도구로만 생각하는 것이 아니라 유의미한 유기체로 다룰 수 있다.

역사적 관점에서 첫째 단계는 언어로 사고한 구어 메시지를 문자/글로 고정시키는 데 이용되었다. 둘째 단계는 문자/글로써 책을 고정시키려는 욕구에서 생겨난 것으로, 문자의 창제 단계이다. 즉 더 이상 발화된 메시지가 아니라 문자화된 작문作文이다. 유럽에서는 세 가지 문자체계를 들 수 있다. 아르메니아어, 고트어, 슬라브어의 문자체계다. 이 세 문자체계는 독자적으로 만들어졌지만, 공통적으로 동일한 의도가 있었다. 즉 성서를 번역하려는 의도다. 분명 [성서 텍스트가, 그리고 이를 기록한 문자체계가] 그리스어에서 슬라브어로 넘어갔고, 그리스어에서 고트어와 아르메니아어로 건너갔을 확률이 엄청나게 크다. 적어도 부분적으로는 라틴어가 그 중간에 개입되었다. 이것이 우리가 발견할 수 있는 최초의 기록된 문자들이다.

이 문자체계를 갖지 못한 언어들의 그림문자체계 발명은 독자적이었지만, 의도가 동일했다는 특징이 있다. 즉 텍스트를 번역하려는 의도였다. 그리고 읽고 쓴(발화된 텍스트뿐만 아니라) 텍스트에 기반을 두고 새로운 개념 세계로 진입해야 했다. 이 번역 과정은 두 가지였다. 한 언어를 다른 언어로 바꾸는 것과, 그림문자체계를 다른 문자체계로 바꾸는 것이다. 왕의 칙령, 계약서, 서신의 전달은 전혀 별개의 일이었다.

La langue se sémiotise elle-même au moyen de l'écriture.

L'écriture est l'instrument de cette auto-sémiotisation qui seule a permis de parler de la langue, de le détacher de son utilisation pragmatique et finalement de la considérer comme « forme ».

La définition ci-dessus établit les rapports qui selon nous ~~sont~~ est à poser entre la langue et l'écriture. Non pas de tout celle d'une image, d'une « photographie » selon la conception banale — cautionnée malheureusement par Saussure —, mais celle d'un repérage des (grands) unités signifiantes (du discours) (au moyen du présent) d'une figuration (d'abord) iconique. C'est d'abord une tentative

<삽화 21> 뱅베니스트의 수기 노트(PAP. OR., 상자 40, 봉투 80, 136장)

1969년 3월 10일
강의 13

분석을 통해 우리는 문자유형과 언어유형, 발화 요소의 분리 방식과 이 요소의 묘사 방식 간에 밀접한 관계가 있음을 인지하게 되었다.

오늘날은 언어학의 도구를 이용하지만, 언어langue에 대한 과학이 존재하기 이전에는 이 사상들을 어떻게 표상했을까?

언어분석의 도구를 갖지 못한 사람들은 그림문자와 음성 간의 관계를 어떻게 제시했을까? 되풀이해서 읽고 재해석한 증거들이 있다.

플라톤의 유명한 『크라튈로스』가 아닌 『필레보스』*Philebos*[1]에서 언어와 문자/글의 관계에 대한 성찰의 예가 등장한다. 플라톤의 성찰에 대한 중요성을 철저히 살펴보려면, 이것이 불러일으킨 발달 과정과 쾌락의 정의라는 초기의 진술을 고려해야 한다.

---

1 [옮긴이] 기원전 4세기에 플라톤이 지은 소크라테스 대화록.

<삽화 22> 뱅베니스트의 수기 노트(PAP. OR., 상자 40, 봉투 80, 150장)

플라톤은 쾌락의 성질과 쾌락을 주는 엄청나게 다양한 감각에 대한 논의로부터 출발한다. 원리상 쾌락은 하나이지만, 모든 사람이 이 쾌락을 체험한다. 하나와 무한의 개념. 어떤 종류의 통일성이 필요한지 알아야한다. 무한히 다양한 것 가운데서 단위를 설정하고, 이를 재발견해야하기 때문이다. 이 단일성을 어떻게 재발견할 수 있는가? 신적神的 방법을 통해서다. 신과 더욱 가까이 살던 고대인들은 이 전통(phēmē), 즉 존재하는 모든 것은 하나eis와 다수polla로 구성되어 있다는 것을 전승했다.

담화는 한계$_{peras}$와 무한계$_{apeiria}$를 가진다. 통일성과 다양성, 이 두 모습은 경계와 무경계가 동시에 존재한다는 사실로 조건화된다. 사정이 이렇다면, 모든 경우에 이 독특한 형태가 존재하는지 찾은 다음 두 개, 세 개 또는 그 이상의 형태가 있는지 확인해야 한다. 우리는 수를 세기$_{arithmos}$ 시작한다. 이는 형이상학적 단위가 아니다. 하나 뒤에 둘, 셋, 그 이상. 단위는 전체 내에서 구분된다. '하나'[일자]$_{ta\ en}$[2] 내에서 각각의 하나는 동일하게 분리되는데, 이 원초적 '하나'[일자]에서 알게 되는 것은 결국 하나가 많은 요소를 포함한다는 것, 얼마나 많은 요소를 포함하는지를 안다는 것이다. 그 방법은 단위를 위계 순서대로 취하는 것이다. 분석의 각 층위에서 단위의 수를 산정해야 한다. 수를 헤아릴 수 있는 것을 다양한 요소로 귀착시켜야 한다.

소크라테스는 글자$_{ta\ grammata}$를 예로 든다. 각 개인에게나 모두에게 우리가 내뱉는 음성$_{phōnē}$은 하나이면서 동시에 무한하다. 이 요소의 성질과 수를 안다는 것은 곧 우리가 '문법가', '유식자'가 된다는 것이다. 음성과 글자 사이에는 관계가 있고, 음성 연구는 글자 연구를 요구한다. 그런 다음 소크라테스는 음악으로 넘어간다. 문법가$_{grammatikos}$, 다음에는 음악가$_{mousikos}$이다. 이 음악예술에서도 음성은 하나이다. 세 가지를 구별해야 한다. 저음, 고음 그리고 중간음이다. 스스로를 음악가라고 말하려면 다음 요건을 분석하고 인지할 줄 알아야 한다.

---

2 [옮긴이] 예컨대 플로티노스(Plotinus)는 지고의 초월자인 일자(the One)가 있는데, 이것은 구분이나 구별, 다수가 없는 것이라고 했다. 존재나 비존재의 철학적 원리로서 제시된 개념이다.

1) 편차, 간격diastemata.

2) 결합sustemata.

간격diastème(간격이 얼마나 되며, 이 간격의 경계는 무엇인가?) 다음에는 체계 système(음성의 결합)가 온다.

소크라테스는 글자의 사례를 들어 얘기한다. 이집트 신 토트가 처음으로 이 무한대 가운데서 모음은 '하나'가 아니라 '다수'라는 것을 인정하였다. '목소리'phōnē는 없지만, 목소리와 다른 음성phtoggos을 가진 다른 모음도 있다. 이것 역시 세는 것이 가능하다. 세 번째의 조음은 일련의 '무음성'aphōnos으로 구성된다. 이 무음無音은 다른 두 음성들처럼 신神이 분류하여 그 숫자를 헤아릴 수 있을 때까지 나누었다. 신은 이 각 모음에 '요소'stoicheion라는 명칭을 부여했다.

이들 요소 전체를 보면, 첫 요소는 단위를 형성한다. 이를 다루는 것이 바로 '문법 과학'grammatikē technē이다.

따라서 (언어의 기원만이 아니라) 언어분석은 신적神的 과제로 주어진다. 글을 배운 사람은 '문법가'grammatikos로서 언어의 구조를 정통하게 아는 자, 즉 언어의 기본 구조를 아는 자로서, 의미작용의 층위 아래에 있는 변별 요소의 구조를 잘 아는 유식자이다.

그렇다면 언어분석의 방법은 무엇인가?

1) 많은 사물을 처리하여 상수항을 인지해야 한다.

2) 분석을 통해 여러 단계의 단위를 분리해 내고 확인한다. 언제나 다수多數를 찾아야 한다(한계를 찾아야 한다). 이 수는 한계의 부재apeiria와는

대비된다. 이 무한은 곧 '자연' 상태이다.

이 한계의 개념이 중요하다. 이는 형식적인 관점에서 언어를 분석하는 것이며, 엄밀한 의미에서 최초의 문자체계의 발명 방식을 규정짓는다.

3) 언어분석은 음악의 음정 분석과 같은 차원이다. 음악은 한참 나중에 도래한 '문법학'grammatique보다 더욱 중요하고도 훨씬 더 일반적인 사건이었다.

4) 하나와 다수의 관계는 지식épistémé과 감각 경험, 이 두 가지에 동시적으로 발견되는 관계와 같다. 따라서 이 구별은 사물과 인간의 사물에 대한 반응을 포괄하는 어떤 철학적 성찰에든지 반드시 도입돼야 한다.

1969년 3월 17일
강의 14

우리는 지금까지 현상으로서, 언어의 관점에서 글/문자체계의 기능작용을 분석하기 위해 고찰했다. 오늘 나는 작동$_{opération}$으로서 문자/글, 그리고 그 명칭$_{dénomination}$의 시각에서 문자/글을 고찰하고자 한다. 이 작동은 명명되는 까닭에 존재하게 된다. 따라서 여기에 언어 과정이 개입된다. 한 개별어가 어떻게 이 언어에 문자 표현을 부여하는 활동을 명명하는가? 사용된 항이 지시하는 것이 아니라 의미하는 것을 우리는 이미 알고 있다. 지칭$_{désignation}$과 의미작용$_{signification}$을 구별하면, 그리고 이들을 구별하는 용어를 분석하면 매우 유익하다.

경험과 교육을 통해 반드시 제기되는 순서가 있다. 우선 글을 읽고, 그다음으로 글을 쓰는 것이다. 하지만 이는 발명의 순서는 아니다.

글쓰기$_{écrire}$는 기본적인 활동이다. 이 활동은 문명의 전체 모습을 변모시켰으며, 불의 발명 이후로 인류가 알고 있는 가장 심오한 혁명의 도구였다.

언어의 세계와 문명의 세계, 이 둘 사이에 공통적인 분기선이 있음을
즉각 알 수 있다. 북쪽에서 남쪽(메소포타미아, 이집트), 그리고 동서를
잇는 선. 동양에서는 언어적 지칭이 있는 현실에서(또한 다른 현상에서
도) 글로 적은 기록물이 지적으로나 사회적으로 우위를 점한 기록 문명
을 볼 수 있다. 문자/글은 사회를 조직하는 원리였다. 이 사회는 서기관
이 지배하는 문명이었다. 세상의 서쪽, 인도유럽 세계는 이와 정반대였
다. 이곳의 세계는 문자/글 없이 건설되었고, 심지어는 문자/글을 무시
하는 문명이 지배했다.

이집트, 수메르에는 서기관의 중요성을 입증하는 기념비나 조각상들
이 있다. 문자/글은 신의 선물이었다. 인도유럽 신화에서는 그런 것이
전혀 없다. 인류의 위대한 업적 속에 이 글 쓰는 행위는 중요시되지 않
았다. 문자/글을 관장하는 그리스의 신은 없었다.

문학이 한창 꽃필 무렵인 기원전 5세기에 아이스킬로스는 『쇠사슬에
묶인 프로메테우스』*Prométhée enchainé*에서 자기가 발견한 목록을 끝마치며
문자/글, '글자의 결합물'grammatōn sunthesis을 프로메테우스에게 전한다. 다
른 어떤 곳에서도 그러한 전통은 찾아볼 수 없다. 반면에 중요한 것은
불, 숫자, 별 들이다.

수메르 세계에는 주요한 용어가 있는데, 'dup'이다. 이는 '자판'字板, 글
을 의미하고, 'dup-sa'는 '서기관'을 의미한다.

아카드어에는 'tuppu'가 있는데, 이는 문자/글, 재료, 서기관의 사회적
지위, 서고 등과 관련되는 모든 것을 의미한다. 이 모든 것은 수메르의

유산이다.

오직 고대 페르시아어에서만 (아카드 문명에 장기간 종속된 아케메네스 문명) 'dipi-'(명문)란 용어가 사용되었다. 이 용어의 합성과 파생을 통해 많은 단어가 생산되었다('글을 쓰는 자', '아카이브' 등). 이 고대 페르시아어와 근대 페르시아어 dīvān(시인의 시집) 사이에 수 세기란 시간이 흘렀다. dipi-와 dīvān의 연관성은 분명하다. 괴테는 이 용어로 시작詩作 전체를 가리켰고, 이로써 그는 동양과 서양의 전통을 융합시켰다. 서양에는 'divan'의 역사가 있다. 터키에서 그것은 정부가 중요한 국사國事를 논의하는 공식적인 회의실이다. 이 사무실에는 'divan'이 설치되었고, 여기에서 서양의 divan이란 용어가 유래한다.

최초의 구별은 남아 있지 않지만, 동방에서는 이 의미가 그대로 남아 있다. dipi- 는 산스크리트어 어휘에 들어갔다(페르시아 행정은 인도 북서부의 여러 주에 미쳤다). 여기에서 lipi-가 생겨났고, 이는 산스크리트어에서 '명문', '문자, 글'을 의미한다.

인도유럽 서부에는 '글을 쓰는 행위'를 가리키는 공통된 단어가 없다. 각 언어는 각기 나름의 용어를 만들어 냈다. 'graphō'(글을 쓰다)의 의미는 호메로스 그리스어에는 나오지 않는다. 알다시피 그리스에서는 기원전 2000년 중반에 음절문자가 사용된 흔적이 없다. 크레타-미케네 문자(선형문자 A, 선형문자 B)는 당대인들의 의식에서 사라졌다. 페니키아인이 창제한 문자에서 가져온 새로운 문자 전통이 생겨났기 때문이었다.

<삽화 23> 뱅베니스트의 수기 노트(PAP. OR., 상자 40, 봉투 80, 157장)

호메로스 작품에서 graphō는 단지 '긁다', '긁어 홈을 내다', '살을 베다'를 의미한다(예컨대 『일리아스』, XVII, 599). 그 후에는 '돌에 흔적을 새기다'를 의미했다. 호메로스의 어떤 구절에 글자의 존재를 막연히 암시하는 부분이 있다(『일리아스』, VI, 169, 178). 그는 이곳에서 영웅 벨레로폰의 역사를 추적한다. 아르고스의 왕은 '봉인된 함'의 점토판에 위험한 메시지sēma kakon를 담고 있는 불길한 기호sēmata lugra를 새겨graphein 소아시아의 민족인 리키아인에게 보냈다. 리키아의 왕은 벨레로폰을 죽여야 하는 일을 떠맡았다.

그리스 세계의 일부 지역에 문자가 알려져 있었으나 아카이아인과 트로이인은 글을 읽거나 쓸 줄 몰랐다는 것은 주지의 사실이다.

• 라틴어에서도 마찬가지다. scribō는 '긁다', '긁어서 홈을 내다'를 의미한다.

• 근대 독일어는 schreiben이지만, 고트어는 meljan(독일어 mahlen, '그림을 그리다' 참조)이며, 이것은 '검게 하다, 더럽히다'를 뜻한다. 그리스어에서는 melas, '색채로 칠하다'이다. 따라서 이것들은 색채로 칠한 그림의 흔적이다. 이제 이는 새기는 것이 아니라 그림(회화)을 가리킨다.

• 고대 노르웨이어의 rita, 고대 영어의 writan은 '자르다, 깎다'를 의미한다.

• 슬라브어는 이란어 pisati를 차용했는데, '글을 쓰다'를 의미한다.

• 고대 페르시아어 dipi-는 '새긴 글'inscription을 가리키는 용어이다. '글을 쓰다'를 가리키는 용어는 완전히 독자적인 별개 용어다. 이것은 동사접두사préverbe ni-와 어간 pis-로 구성된 단어이다. ni-는 '하강' 과정, 즉

'새기다'inscrire를 가리키고, pis-는 '그리다', '찌르다'를 가리키는 과정이다(문신文身 기술을 참조). 이 어간 pis-가 슬라브어에 차용되었고, 그 동사는 어원적으로 라틴어 pingō, '데생하다', '그리다'와 연관이 있다.

또한 문자/글의 요소인 글자도 조사해 봐야 할 것이다.

• 그리스어 gramma는 graphō에서 파생되었지만, litera는 아직 그 기원을 모른다.
• gramma의 경쟁어는 biblos이며, 글로 적은 모든 기록물은 biblion이다. biblos, bublos는 기록하는 소재인 파피루스의 명칭이며, Bublos는 파피루스 수출의 중심지인 대도시의 이름이다. 그러나 이들 용어 중 어느 것도 글을 쓰는 행위와는 관련이 없다.
• 게르만어에는 이들 용어의 변역어가 있다. 고트어 boka, '글자'와 bokos, '책'이다. 독일어 Buch는 너도밤나무의 명칭이다(Buchenwald, '너도밤나무숲'). 이는 라틴어 fagus, 그리스어 phagos와 관련이 있고 지방에 따라 '너도밤나무'나 '떡갈나무'를 뜻한다. 여기서도 일차적 의미작용으로는 나무껍질로 된 목판을 가리킨다. 즉 새기는 소재가 기록 대상의 이름이 된 것이다.

고트어 boka는 매우 중요한 용어이다. 이는 여러 개념이 서로 상충되는 복잡한 어휘적 상황을 보여 주기 때문이다. 즉 옛 문자와 새 문자(룬 문자와 로마자)의 충돌, 기록 문명의 출현(서면 계좌, 혼인/이혼 서약서, 서간), 성서의 서書 개념, 성 바울의 글자와 영혼의 대립 등이 그것이다.

이 모든 것이 bokos, '기록판'(그리고 bokareis, '서기관')으로 번역되었다.

고대 아일랜드어에서 기록된 글자는 bok-stafr라고 하는데, 독일어 Buchstabe(글자)처럼 '작은 막대기', '기호'를 가리킨다. runa-stafr는 '룬 문자의 선線, 획', 마법(runa는 '비밀'을 의미한다)을 의미한다. Bok-stafr는 글과 관련되고, 성서의 글(글자)과 관계가 있다.

기록된 글과 관련된 새로운 개념 —— 글자/영靈의 대립 —— 과 더불어 어떤 의미에서 '속세' 문명이 출현했다.

그리스 세계에서 이 용어들의 연관관계는 전혀 다르다. 플라톤은 『파이드로스』 275c~276b에서 문자/글을 격하시키고, 발화(말)를 격상한다. /문자, 글자/(/graphē/)가 가진 곤란한 점은 그것이 그림(데생)과 흡사하다는 것이다(graphō는 '글을 쓰다'와 '그림을 그리다'를 동시에 의미한다). 그림에서 유래하는 모든 것은 우리에게는 생명체('zōgraphia')처럼 나타난다. 이 생명체를 들여다 보면 위엄 있게 침묵을 지키고 있다. 기록된 발화(parole écrite, 'logoi')도 마찬가지이다. 한 구절 한 구절 발화가 진행되면서 그것은 스스로를 항변한다. 그것은 의미하는 것('sēmainein')으로 충분하며, 생생한 관계의 세계로부터 벗어난다.

문자/글과 언어의 분리할 수 없는 밀접한 연계, 우리에게는 아주 주요한 이 연계를 즉각 알 수는 없다.

1969년 3월 24일
강의 15

최종 강의의 시작.

우리의 의도는 언어langue를 연구하고, 문자/글과의 관계를 연구하여 이들이 어떻게 의미를 나타내는가(일정한 표상 구별 체계를 이용하여 의미작용을 행하는가?)를 보는 것이었다.

이제 우리는 다음의 발견에 직면해 있다. 언어와 문자/글은 정확히 같은 것을 의미한다.

'언어'와 '문자/글'의 비교를 통해 한편으로는 '말하다', '듣다'와, 다른 한편으로 '쓰다', '읽다'의 동형관계를 설정할 수 있다. 달리 말해서 '말하다'와 '듣다'의 관계는 '쓰다'와 '읽다'의 관계와 같다.

'읽다'의 개념: 이 읽는 활동을 의미하는 데는 두 가지 방식이 있다. 아카드어 amāru는 '보다', '관찰하다', '어떤 것을 확신하다', '읽다'를 의미한다(목적어로서 '판'板을 요구한다). šesu는 '누구의 이름을 부르다', '외치다', '부르다', '읽다'를 의미한다.

중국어에도 역시 두 가지 용어가 있다. tou(讀), '눈으로 읽다'와 nien (朗), '소리내어 읽다, 낭송하다'이다.

그리스어에 '읽다'라는 특정 행위를 가리키는 단어는 없다. 호메로스의 그리스어에서 동사 ana-gignōskō는 단지 '인지하다'(문자체계 내에서 문자기호를 유의미한 것으로 인지하다)를 의미할 뿐이다. 이와 대칭적으로 '쓰다'와 '읽다'를 지칭하는 용어는 없다. 호메로스 이후에 그것은 법정이나 정치 집회에서 큰 목소리로 읽는 행위를 가리킨다. 이와 대칭적인 행위는 '듣다'라는 행위이다.

라틴어 legere는 이와 전혀 다르다. (이들 용어에는 공통의 기저 단어가 없다. 인도유럽의 모든 언어에서 의미가 재조정되었다.) 엄밀한 의미로 legere는 '흩어진 요소들을 모으다'를 의미한다(ossa legere, '뼈다귀를 주워모으다'). 독서 행위에는 적힌 기호들을 눈으로 모으는 행위가 있다.

복음서를 번역한 고트어에서 anagignōskō나 legere는 두 가지의 다른 방식으로 번역된다.

• 노래(찬양, saggws boko, '복음서를 찬미하다')와 관련해서는 us-siggwan이다. 이 용어에서 us-는 '추출하다, 뽑다'를 의미하고, siggwan은 독일어 singen처럼 '노래하다'를 의미한다. 이는 '낭송, 낭독'(anagnōsis)을 의미하는데, '신성한 장소에서 관례에 맞추어 대중 앞에서 또박또박 글을 읽는 행위, 강독講讀'을 가리킨다.

• 또는 물리적인 선을 따라서 훑어가는 눈(눈길)과 함께 사용되어: anagignōskō를 직역한 단어는 anakunnan인데, 여기서 kunnan은 독일어 kennen, '알다'와 비교해야 한다. 성 바울의 『고린도후서』 1장 13절에

서 anakunnan은 anagignōskō를 번역한 것이다. "우리는 너희가 읽는 것 (anaginōskete)이나 아는 것 외에 다른 것을 너희에게 쓰지 아니하노니."

독일어 lesen은 고트어의 어떤 단어와도 상응하지 않는다. 고트어 lisan 은 단지 '결합하다'를 의미할 뿐이다. 라틴어의 모방으로부터 의미의 전이가 일어나서 단지 이차적으로 '읽다'를 의미한다.

영어 to read는 고립된 단어이다. '읽다'로 의미가 전문화된 것은 근세의 일이다. 거기에 대응하는 중세의 단어는 raedan인데, 이 단어는 의미가 아주 풍부하다. '조언하다', '결심하다', '해석하다', '설명하다', 글로 적 힌 기록과 관련해서는 '읽다'를 의미한다. 읽기는 '해설', '해명'으로 간 주되었다. 독일어 Rat, '조언', '조언하다'와 관계가 있다.

고대 노르웨이어에서 '읽다'lire를 의미하는 용법은 두 가지가 있지만, 이는 동일한 글에 적용되지 않는다.

a) 룬 문자 기록물에는 raða이다. 독서는 오직 다른 사람에게 주어진 '운 명'을 명백히 설명할 수 있는 자에게만 가능하다.
b) '기호들을 모으다'라는 의미로 라틴문자로 기록된 새로운 기록물에 적용되었고, 그 이후로 모든 사람들이 이해할 수 있는 의미가 되었다.

슬라브어 čitati는 '읽다'를 뜻하는데, 어원적으로는 '아주 민감하게 주 의를 기울이는'을 의미한다. 지성의 활동으로서 '읽다'는 '계산하다', '헤아리다'를 의미한다.

고대 페르시아어 pati-pṛs는 어원적으로는 '질문하다, 심문하다'를 뜻한다. 글로 적힌 텍스트에 의심을 품는 것을 가리킨다(텍스트는 말이 없다고 하는 것을 『필레보스』에서 읽을 수 있다).

셈어에서 qr'는 '발표하다'를 의미한다('발표하다'는 큰 목소리로 읽는 것이다). 이와 대립해서 ktb는 '쓰다'('찌르다', '문신하다')를 의미한다.

그래서 상당히 일찍부터 다른 방식의 '읽기'가 공존했는데, 공공연하게 발화행위(읽는 자＝소리를 외치는 자)를 하거나 마음의 내부언어(문자로 적힌 기호를 모으고, 해석하다)를 통해서 실시하는 것이었다. 요컨대 대중 앞에서 낭독(화자는 개입된 사람으로 표현되고, 말하는 사람의 목소리인 phōnē를 되찾는다)하거나 음성 요소로 전달되지 않는 마음의 내부언어를 소리내는 것이 읽기였다.

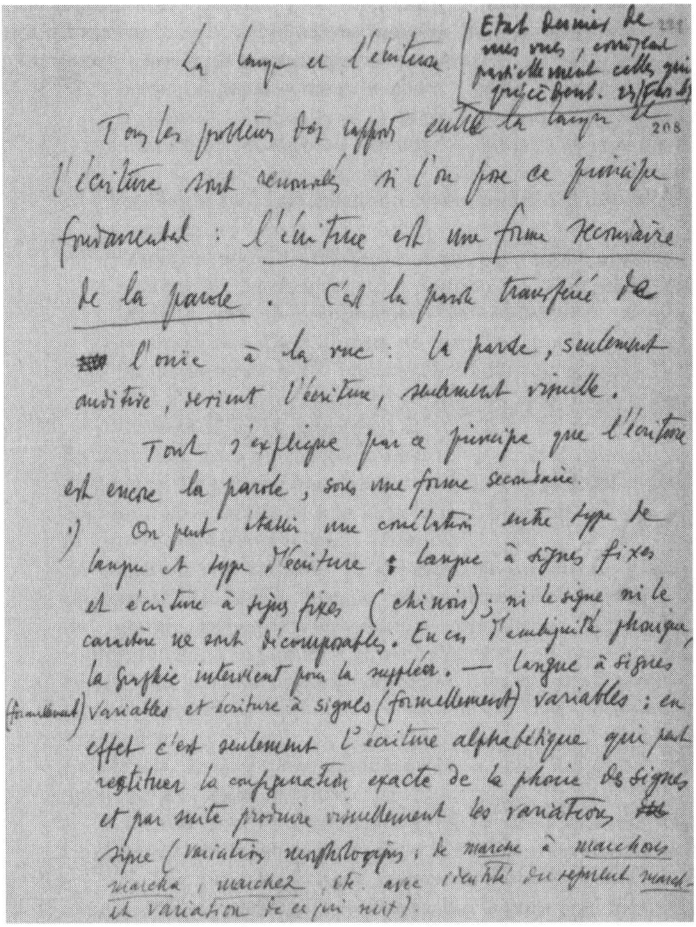

La langue et l'écriture | État dernier de mes vues, corrigeant partiellement celles qui précèdent. 23 févr. 69

208

Tous les problèmes des rapports entre la langue et l'écriture sont renouvelés si l'on pose ce principe fondamental : l'écriture est une forme secondaire de la parole. C'est la parole transférée de l'ouïe à la vue : la parole, seulement auditive, devient l'écriture, seulement visuelle.

Tout s'explique par ce principe que l'écriture est encore la parole, sous une forme secondaire.

1) On peut établir une corrélation entre type de langue et type d'écriture : langue à signes fixes et écriture à signes fixes (chinois) ; ni le signe ni le caractère ne sont décomposables. En cas d'ambiguïté phonique, la graphie intervient pour la suppléer. — langue à signes (formellement) variables et écriture à signes (formellement) variables : en effet c'est seulement l'écriture alphabétique qui peut restituer la configuration exacte de la phonie des signes et par suite produire visuellement les variations du signe (variations morphologiques : le marche à marchons, marcha, marchez, etc. avec identité du segment march- et variation de ce qui suit).

<삽화 24> 뱅베니스트의 수기 노트(PAP. OR., 상자 40, 봉투 80, 208장)

최후의 견해로서 앞의 견해를 일부 수정한다.

언어(말)와 문자/글

"언어는 문자와는 독립된 것이다"(『일반언어학 강의』, p.45)라는 말에 대하여.

언어와 문자/글의 관계에 대한 모든 문제는 이와 같은 근본원리를 제기하면 새로운 양상을 띤다. 즉 "문자/글은 발화의 이차적 형태이다". 글은 청각으로부터 시각으로 전이된 발화이다. 단지 청각적인 발화가 오직 시각적인 글로 바뀐 것이다.

모든 문제가 이 원리, 즉 글은 여전히 이차적 형식의 발화라는 원리로 해명된다.

1) 언어유형과 글/문자유형의 상관관계를 설정할 수 있다.

• 고정 기호언어와 고정 기호문자(중국어). 기호나 철자는 분해할 수 없다. 음성적 모호성이 있는 경우, 그림문자가 이를 대체하기 위해 사용된다.

• 가변 기호언어와 (형식적으로) 가변 기호문자: 기호의 정확한 음상을 복원할 수 있는 것은 알파벳 문자이며, 따라서 시각적으로 기호가 변동하는 문자이다(형태론적 변이: marche에서 marchons, marcha, marchez 등으로의 변동이 있고, 동일한 분할체 /march-/와 그 뒷부분에 변동이 있다).

2) 글/문자는 담화나 담화만의 특성이며, 다른 기호체계와 대조했을 때 언어 표현의 특성인 기호의 속성과 의미의 속성 두 가지를 포함한다는 의미에서 발화의 이차적 형태로 출현한다.

분명한 것은 문자/글은 발화를 무시하고 뛰어넘을 수 없다(즉 발화와는 비동질적이고, 전적으로 별개의 수단을 이용하여 표현한다). 문자/글은 발화를 '뒤따라야만' 하는데, 당연히 그렇다. 왜냐하면 그것은 발화_parole 의 한 가지 형태에 지나지 않기 때문이다.

언어는 관련 체계들을 관계 짓는 해석체로 사용된다. 언어와 문자/글은 각각 의미하는 기호체계로서 제시되는데, 이들의 관계는 무엇인가? 모든 것이 소쉬르의 책에 입지를 두고 있다. "언어와 문자는 별개의 두 기호체계이다. 후자인 문자의 유일한 존재 이유는 전자인 언어를 표상하는 것이다."(『일반언어학 강의』, p. 45)

하나[언어]는 '기호'의 개념에 근거를 두고, 다른 하나[문자]는 '표상'의 개념에 근거를 두는 이 두 정의에 어떤 의미를 부여해야 할까? 우리가 쓰는 이들 용어의 표현력에 주의해야 한다.

1) '언어기호'의 개념에는 반드시 '언어체계'의 개념이 들어 있다. '언어기호'에 대해 말할 때의 의미로(시니피앙+시니피에) '문자기호'를 말할 수 있을까?

문자를 어떻게 분석할까? 예컨대 선線의 '시니피앙'을 포착할 수 있다(수직선과 그 뒤의 원, 이들의 결합). 그러면 '시니피에'는? 문자는 음성과 관련된다. 문자+음성이 있다고 하자. 그것이 전부이다. 우리는 시니피앙의 체계가 아니라 단지 문자-음성의 상응만을 다룬다. '기호'는 일반적 의미로 사용될 뿐 전문적 의미는 없기에 관심 대상이 아니다.

2) '표상'을 어떤 의미로 이해해야 하는가? 문자/글은 발화의 이차적 형태이고, 발화는 일차적인 것이므로 이는 전이된 발화이다. 표상은 언어가 스스로 기호화되는 것을 허용한다.

이 '시각언어'인 문자/글을 이용할 수 없었더라면, 발화된 언어의 분석은 생각할 수도 없었을 것이다. 이처럼 담화의 이차적 형태의 실현을 통해서 담화의 형식적 구성 요소를 인식하고, 그 모든 면을 분석할 수 있다. 따라서 문자/글은 발화의 중개자이며, 기호의 이차 체계에 고정된 발화 자체에 속한다. 그러나 이차 체계이더라도, 이 체계는 발화 자체의 체계이며, 언제나 발화를 즉각적으로 요구한다.

문자/글은 손을 이용해 말하는 기호로 바꾼 발화에 속한 것이다. 손과 발화는 문자의 발명에 참가한다. 손은 발화의 연장이다.

목소리(입)의 기호체계는 눈이다. 귀는 이차 체계인 손(기록)에 의해 중개된다. 손은 글자를 그리는 발신자 역할을 하고, 눈은 글자로 적힌 선을 모으면서 수신자 역할을 한다.[1]

입과 귀 사이의 연결은 입에서 발화되고 귀에 들린 소리이며, 손(기록)과 눈 사이의 연결은 글자로 그리고 읽는tracé-lue 문자이다.

---

1 [옮긴이] 얼굴/발화와 손/문자의 관계를 생각해 보면, 지각 대상과 세계의 표현으로서 신체의 움직임은 의식과 사고/마음의 내부언어와 상관이 있다. 이러한 관점에서 수화(手話)는 몸짓과는 또 다른 신체기호학에 속한다. 문자발명의 기술(technology)은 복잡한 인식론적·문화문명적 함의를 지닌다.

'읽기'와 '쓰기': 우선 '그림문자 표기법'pictographie과 '문자/글' 사이의 경계는 어디를 지나가는가?

우리는 그 경계를 확실히 그을 수 있다. 그림문자는 이해는 되지만, 읽을 수는 없다. 반면 문자/글은 그것을 읽을 수 있을 때에만 이해할 수 있다. 이것이 전부다. 읽기는 문자/글의 기준이다. 인간에게 '읽기'와 '쓰기'는 동일한 과정이다. 어느 하나가 다른 것 없이는 진전될 수 없다. 이는 상호 보완적 활동이며 밀접하고도 필연적으로 연합되어서, 어느 한 가지 활동은 다른 활동의 이면이다. '읽는 것'은 '듣는 것'이다. '쓰는 것'은 곧 '말로 표현하는 것'이다.

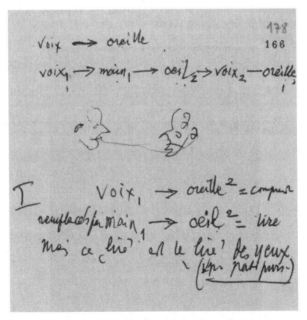

<삽화 25> 뱅베니스트의 도식(PAP. OR., 상자 40, 봉투 80, 166장)

<삽화 26> 뱅베니스트의 수기 노트(PAP. OR., 상자 40, 봉투 80, 215장)

요컨대 일차 체계(발화)와 이차 체계(문자/글)의 관계는 무엇인가? 문자/글을 발화의 연장선상에, 언제나 발화의 한 형태로 둔다면, 문자/글은 기호가 아니라 발화의 중개이다. 수신된 기호 전체를 다시 취해 재송신하는 장치이다.

언어는 두 가지 다른 방식으로 의미를 산출하는 유일한 기호체계이다.

1) 기호 전체로서. 언어의 모든 단위는 기호가 된다. 이들은 이 언어를 공유하는 모든 자들에 의해 인지될 수 있다. 이 단위들은 전이되는 순

간 문자/글에 의해 즉각 인지된다. 이 언어 단위에 대한 인지 활동은 모든 용법을 벗어나서도 수행된다. 예컨대 vin, vingt, vint, vain, vainc 등은 동일한 음성 [vɛ̃]의 철자들이다.

문자/글은 구어 발화가 혼동하는 언어의 기호를 구별하는데, 기호들이 무엇에 의해 차별화되는지를 보여 준다.

2) 의미작용을 지닌 기호 집합으로서. 기호를 이용하여 유의미한 발화문을 구성할 수 있도록 하는 복합적인 요건 —— 이것이 만족되는 경우에 —— 이 있다. '이해하다'라는 것은 이 두 번째의 집합 활동을 가리키는 특징적 용어이다. '인지하다'와 '이해하다'는 완전히 다른 두 생리적 중추와 관련이 있다.

이러한 고찰은 논의할 여지가 있고, 새로이 검토할 소지가 있다. 그렇게 되면 우리는 언어로 귀환하게 된다. 이는 기호론의 성질 자체를 변경시킨다. 우리는 수많은 개념(언어와 관련되는 모든 개념)을 재해석하는 초입에 와 있다. '언어'의 개념 자체도 더욱 확장해야 한다. 이 언어에 부과되는 더 많은 개념들을 포괄해야 한다.

3장

마지막 강의, 마지막 노트

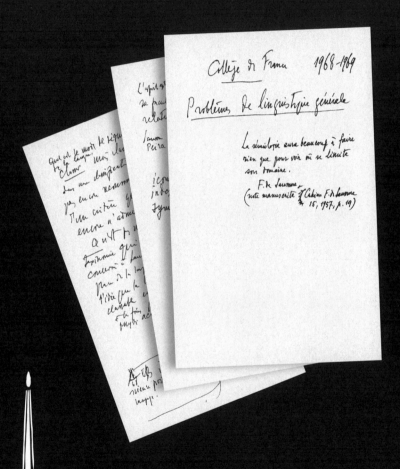

1969년 12월 1일
제1차 강의: 새로운 강의

올해는 지난해에 착수한 언어의 의미 문제를 계속 강의하려고 한다. 특히 기호체계 가운데 우리가 오랫동안 몰두한 문자체계의 연구이다.

이 의미 문제를 계속 탐구할 필요가 있는 것은 그것이 처한 객관적인 상황이 과거보다 오늘날 연구하기에 훨씬 더 양호하기 때문이다.

오랫동안 몇몇 언어학파는 의미 문제의 타당성을 거부하거나 심지어 관심조차 보이지 않았다. 도처에 행동주의적 관념이 우위를 점하고 있어서 의미는 그저 우연한 것이거나 반작용으로 여겨졌다. 에릭 햄프의 『언어학 전문용어집』[1]에 나오는 레오나르 블룸필드의 견해[2]를 그대로 참조할 수 있다. 문제는 의미 연구를 제외할 것이 아니라 이를 연구할 아무 방도가 없음을 솔직히 인정하는 것인데, 이는 결국은 같

---

1 [옮긴이] Eric P. Hamp, *A Glossary of American Technical Linguistic Usage 1925-1950*, Utrecht and Antwerp: Spectrum, 1957.

2 [옮긴이] Leonard Bloomfield, "A set of postulates for the science of language", *Language*, vol.2, Indianapolis: Bobbs-Merrill, 1926, pp.153~164.

은 말이다. 그 후에 의미는 곧 분포distribution라는 개념의 시기를 거쳤고, 이제 의미 문제는 여러 면에서 비판을 받고 있다. 최근의 다양한 연구를 참조해 보자.

언어의 의미작용과 관련되는 모든 것을 제외하든 축소하든 여러 가지 방식으로 이를 배제하려는 입장은 오래전부터 있었다.

• 제외: 의미작용은 언어학 이외의 다른 학문에 속한다는 이러한 확신이 과학적 진리로 간주되었다(특히 미국 학파, 하지만 이 학파만이 아니다). 우리가 의미를 분석할 수 없는 것은 이 의미와 관련되는 모든 관계를 추출해 내는 언어분석 체계를 발견하지 못했기 때문이다. 우리는 언어 분석 과정에서 점차 축소되는 하위 집합을 더 작은 요소로 분해하는 과정을 거친다. 이 분해 절차는 엄밀하다. 이와 병행해서 우리는 더 작은 의미 요소로 분해하는 과정으로서 의미를 분석하는 체계를 발견해야 할 것이다. 이런 방식으로 의미를 연구하려는 생각도 최근에 생겨난 것이다. 따라서 우리가 의미를 분석할 수 없다는 점을 인정하고, 이 문제를 제외시키고 싶은 유혹에 빠진다.

• 축소: 의미 문제를 기존의 타당한 해석체계 내에 편입시킬 방도를 가진 특정 국면으로 축소하는 것이다. 블룸필드의 경우가 이에 해당한다. 방금 말한 바처럼, 의미를 완전히 무시하지는 않지만, 그에게 있어 의미를 파악하는 유일한 방법은 행동 분석(행동주의)에 이를 편입시키는 것이다. 그러면 의미는 자극에 대한 형식적 반응이 된다. "[형태에 대응하는] 자극-반응의 특질이 곧 의미이다." 그래서 블룸필드는 어떤 형태

의 의미는 곧 이 형태가 사용되는 모든 상황에 공통된 자질이라고 본다 (그런데 이 상황은 각자 달리 해석된다). "어떤 발화문이라도 어휘적, 문법적 형태로 완벽하게 기술될 수 있다. 우리가 기억해야 할 점은 의미는 우리의 언어학으로는 규정될 수 없다는 것이다."(햄프의 『언어학 전문용어집』)

축소를 통한 의미 연구에는 어떠한 진전도 없었다. 행동주의의 기저에 있는 심리학적 개념조차, 역사적으로는 중요했지만 오늘날에는 폐기되었다.

의미 문제는 다음과 같은 것이다.

• 언어의 여러 요소들이 어떻게 의미를 나타내는가?
• 단어의 '의미'는 문장(명제)의 '의미'인가?
• 문장(명제)의 '의미'는 한 절, 한 장의 '의미'인가?
분명히 구별해야 할 사항들이 있다.
문법범주의 '의미', 격이나 동사법의 '의미'는 무엇인가?

의미작용을 어떻게 포착하고, 어디에서부터 이를 연구해야 하는가? 언어의 총체적 구성 요소로서 의미작용은 언어의 각 단위에 분포하며, 각 단위에 결부되어 유의미한 단위, 즉 기호가 된다.

이 의미를 계속 탐구해야 하는 또 다른 이유는 적어도 새로운 문제들이 제기되기 때문이다.

우리는 언어 전체가 의미작용을 통해 내용이 주어지고, 분절된다는 점을 확인하면서 출발했다. 언어는 이와 다르게는 기능할 수 없는데, 이것이 그 존재 이유이기 때문이다. 결국 의미작용이 없다면, 사고도 없고, 또 한편 사회도 없으며, 따라서 존재도 없다. 누구나 이를 확인할 수 있다. 이 견해는 무無의 섬광을 견딜 수 없다. 내가 말하고 싶은 것은, 우리는 그러한 경우를 상상할 수 없다는 것이다. 언어를 모르고서는 존재의 자리를 제대로 가진 인간을 상상할 수 없다.

언어 전체는 모든 층위에서 의미작용의 정보를 지니고 분절된다. 특별히 음성학을 다루지 않더라도 언어의 어휘부를 연구할 수 있다. 반대로 문법형태를 다루지 않더라도 음성을 분석하는 것이 가능하다. 의미를 이러한 전문 분야들 가운데 한 분야로 생각한다면 언어분석의 원리를 오해하는 것이다. 언어를 떠나서는 의미를 연구할 수 없고, 의미를 떠나서는 언어를 연구할 수 없다.

실제로 의미작용이 없다면, 언어는 아무것도 아니고, 일련의 소리 연쇄도 되지 못한다. 의미를 지닌 소리를 내려고 하지 않고서야, 왜 깊은 목구멍의 후음을 사용하겠는가?

둘째로, 이들 기호는 서로 배열되어 체계를 형성한다.

따라서 언어는 기호체계이다. 이는 소쉬르의 견해이다.

소쉬르는 또한 언어란 기호체계이지만, 기호체계는 다수이며, 이 기호 연구는 새로운 학문인 기호학에 위탁해야 한다는 점을 깨달았다.

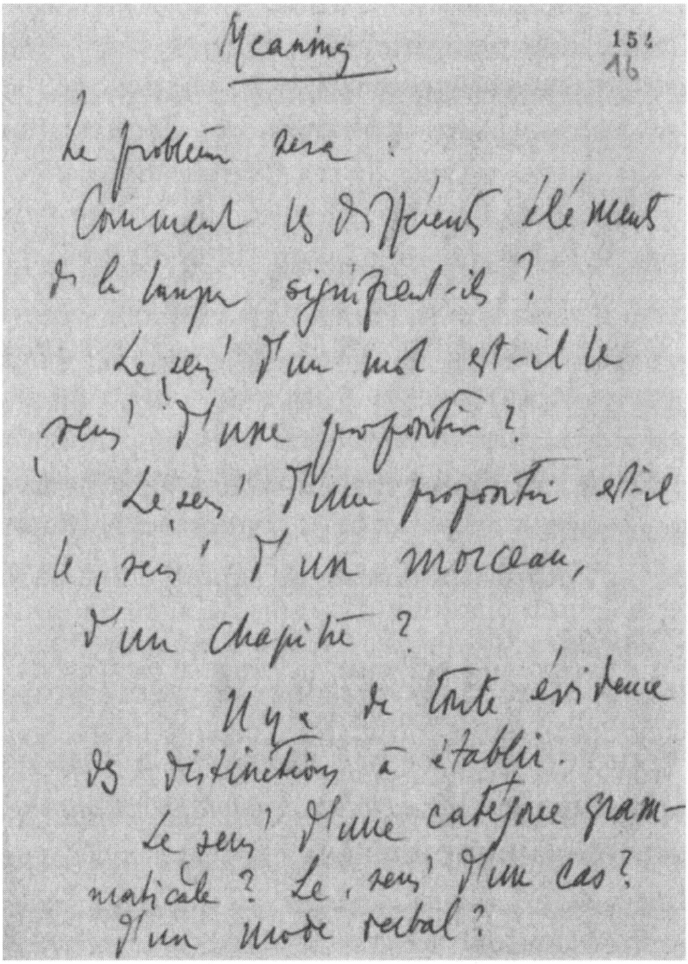
Meaning 154
16

Le problème sera :
Comment les différents éléments
de la langue signifient-ils ?
Le sens d'un mot est-il le
sens d'une proposition ?
Le sens d'une proposition est-il
le sens d'un morceau,
d'un chapitre ?
Il y a de toute évidence
des distinctions à établir.
Le sens d'une catégorie gram-
maticale ? Le sens d'un cas ?
d'un mode verbal ?

<삽화 27> 뱅베니스트의 수기 노트(PAP. OR., 상자 58, 봉투 249, 154장)

루돌프 엥글러의 『소쉬르 어휘집』[3]에 등장하는 기호학과 기호를 보면, 다음과 같다.

연구를 더욱 진척시키려면 여기서 출발해야 한다.

기호체계로서 언어는 더 광범위한 기호체계 전체에 속한다. 이는 언어 분석의 새로운 계기인데, 언어에 기호 개념을 설정하는 방식을 통해 언어를 [기호학에] 통합하는 계기가 되었다. 근대 사상사에서 이는 기본적 연구 방식이 되었다.

하지만 '기호'에서 '문장'으로 이전하기란 불가능하다. 소쉬르의 '언어'langue와 '발화'parole를 구별하고, 이 구별을 문장과 일치시키기란 불가능하다. 그 이유는 기호는 불연속체이고, 문장은 연속체이기 때문이다. 발화행위는 기호의 축적물이 아니다. 문장은 의미를 지닌 다른 차원에 속한다. 기호 단위로는 아무것도 구성할 수 없다. 이 기호를 연쇄로 엮어 문장이란 연속체를 구성할 수 없다.

목표는 문장과 문법 요소에 적용할 수 있는 분석 층위와 분석의 유형을 결정하는 것이다. 기호의 개념은 기호학적 고찰과 연대해 있다. 소쉬르 자신이 말했듯이, 기호는 실제로 예절 표시와 같은 층위이다. 이 견해로부터 중대한 결과를 끌어내야 한다. 요컨대 언어기호가 다른 기호체계에 속한 유의미하지 않은 기호와 같은 평면에 배치된다. 이로부터 상대적이고 대립적인 실체에 대한 소쉬르의 개념이 유래한다. 이는

---

3 [옮긴이] Rudolf Engler, *Lexique de la terminologie saussurienne*, Utrecht: Spectrum, 1968.

나의 견해, 즉 기호가 언어에 속하는 것으로 인지되어도 충분하다는 견해도 바탕하는데, 이는 마치 몸짓(제스처)도 인식되기에 충분하다는 것과 같다.

기호체계 개념은 과학적 성격을 지닌 실체이다. 그래서 기호체계들 간의 기호학적 관계 문제가 제기된다. 이 관계를 어떻게 조직할 것인가?

1) 생성관계: 별개의 기호체계지만 동시적인 기호체계들 간의 관계에 유효하다. 이 특징이 중요하다. 그것은 생성하는 체계와 생성되는 체계가 있다는 것을 의미한다(정상적인 알파벳이 점자의 특수한 알파벳 체계를 만들어 낸다).

2) 동형관계: 전혀 다른 두 기호체계 간에 항 대 항의 상관관계가 있다. 보들레르는 시 「상응」Correspondances에서 이 동형관계에 대한 직관을 사용했다.[4] 마찬가지로 에르빈 파노프스키도 고딕 건축양식과 스콜라 사상의 범주의 상관관계를 탐구했다.[5] 또 다른 동형관계로서 중국의 문자와 의례 행위의 등가관계가 있다.

3) '해석'관계(연구를 더 깊이 천착하기 위해 새로운 개념을 만들어야 한다): 이는 해석 기호체계와 피해석 기호체계 사이에 확립되는 관계이다. 언어의 관점에서 이 기호체계들의 관계는 위의 다른 두 관계보다 더욱 근본적이다. 언어는 해석을 명백히 밝히는 것으로써 그 입지를 다진다.

---

4 [옮긴이] 보들레르의 시집 『악의 꽃』(*Les fleurs du mal*)에 나오는 시로서 "향기, 색깔, 소리가 서로 상응한다"(Les parfums, les couleurs et les sons se répondent)에서 공감각적 상응을 잘 표현한다.

5 [옮긴이] Erwin Panofsky. 유태계 독일 예술사학자로서 도상 이론의 현대 해석자로 유명하다. Erwin Panofsky, *Gothic Architecture and Scholasticism*, Latrobe: Archabbey Press, 1951.

이 언어의 입장은 독특하다. 다른 어떤 기호체계도 자신의 고유한 해석을 구성하는 '언어'를 사용하지 못한다. 반면 언어는 자신을 포함하여 모든 것을 해석할 수 있다.

여기서 두 가지 개념을 구별할 수 있다. 지금까지 기호학을 말할 때면, 단지 한 가지만 얘기해 왔다.

1) '기호'와 '기호체계' 개념이 만드는 기호학적 형식 구조의 개념.

2) 언어에 대한 소쉬르의 견해에는 없는 기호학적 기능작용의 개념. 언어가 일반해석체가 될 수 있는 것은 그것이 기호체계를 조작하는 체계이기 때문만은 아니다. 그것은 문장을 만들어 낼 수 있는 유일한 기호체계이기 때문이다.

폐쇄된 전체 내에서 대립하는 모든 체계는 기호학적이다. 분류, 분석체계, 신호 등.

언어를 기호체계 내에 위치시키고, 언어를 기호와 연동시킴으로써 소쉬르는 언어를 유의미하지 않은 체계에 속하는 기호들과 분류했다. 이 무의미 기호체계의 요소들(음성, 색깔, 신호)은 그 자체로는 아무것도 의미하지 않고, 오직 대립구조 내에서만 존재하는 대립적 실체이다. 음소의 경우도 이에 해당하는데, 음소는 본질적으로는 무의미한 요소이다.

이 기호체계와 관련해 언어에는 다른 기호체계(이는 진정한 의미의 기호체계인가?)가 대립하는데, 이는 의도의 기호체계로서 문장의 산출과 발화행위와 연관된 체계인 의미론이다.

On aperçoit donc une distinction
entre deux mondes et deux linguistiques :

le monde des formes, d'opposition et de distinction,
le sémiotique, qui s'applique à ls inventaire clos,
et s'appuie sur ls critères de distinctivité, plus ou
moins élaborés.

De ce monde relève aussi la distinction qui
apparaît en plusieurs langues amérindiennes entre deux
séries consonantiques pour catégories du diminutif et de
l'augmentatif (Karok, Wiyot, Wishram), alter-
nances consonantiques morphophonologiques. De même pour
l'intensif en tarahumara. La distinction est dans
les choses même.

L'autre monde est celui du sens produit
par l'énonciation = sémantique.

La doctrine saussurienne ne couvre, sous ls
espèces de la langue, que la partie sémiotisable
de la langue, son inventaire matériel. Elle ne
s'applique pas à la langue comme production

<삽화 28> 뱅베니스트의 수기 노트(PAP. OR., 상자 58, 봉투 249, 149장)

따라서 두 가지 세계와 두 가지 언어학을 인지할 수 있다.

• 대립과 구별의 형태세계. 이는 기호학으로서 폐쇄적인 목록에 적용되며, 다소 정교한 변별성의 기준에 의거한다. 이 세계에는 또한 형태론적 자음 교체로 축소사와 확장사의 범주를 나타내는 두 자음계열의 차이도 속하는데, 이는 다수의 미국 인디언어(카로크어$_{\text{karok}}$, 위요트어$_{\text{wiyot}}$, 위슈람어)에서 출현한다. 타라후마라어의 강도를 나타내는 요소도 마찬가지이다. 그 구별은 언어 사실 그 자체에 속한다.

• 또 다른 세계는 발화행위에 의해 산출된 의미세계로서의 의미론이다.

소쉬르의 언어 원리는 언어라는 이름으로서 언어의 기호화되는 부분, 질료적인 목록만을 포함하는 것이다. 그 원리는 산출로서의 언어에는 적용되지 않는다.

표현의 필수 요소, 발화행위와 산출로서 언어의 필요한 수단이나 도구라고 할 수 있는 형식 범주는 어떻게 되는가? 격, 시제, 법은 어떻게 되는가? 이들도 물론 변별적이고 대립적인 범주이지만, 언어가 발화행위를 구현하려면 반드시 이들 구별 사항의 틀에 맞춰야 한다.

이들에 특별한 지위를 부여해야 할까? 모든 굴절의 장치가 문제시된다. 여기에 큰 관심을 두어야 한다.

이제 발화문은 오직 그것이 참조하는 일정한 상황에서만 의미를 갖는다고 말해야겠다. 발화문은 상황과 관련해서만 의미를 갖지만, 동

<삽화 29> 뱅베니스트의 수기 노트(PAP. OR., 상자 58, 봉투 249, 151장)

시에 이 상황의 윤곽도 구성한다. 그러므로 발화문의 각 요소들을 서로 구별해야 한다.

실제로 의미의 문제는 언어 자체의 문제이며, 내 생각에 언어는 움직이는 풍경으로 출현하고(언어는 변형의 장소이다), 또 서로 다른 요소들(동사, 명사 등)로 구성되기 때문에, 의미는 문제의 이 요소들 각각에 고유한 의미화 방식을 찾는 것으로 귀착된다.

이 모든 것에 대한 연구는 기호학이 될 것이다.

부록

베른 대학 교수, 제네바 대학 학장이었던 조르주 르다르는 이란어와 아프가니스탄어 전문가이자 에밀의 절친한 친구로, 1979년 카르멜리아의 죽음으로 뱅베니스트의 공동 유증 수혜자가 되었다. 르다르는 이 스승의 전기적 참고서지를 출간할 의도가 있었고, 원래의 원고는 수기 문서뿐만 아니라 출간 준비에 사용된 인쇄 문서와 함께 콜레주 드 프랑스의 문서보관소에 있다(cote CDF 28/15). 르다르는 그 첫 페이지에 '1977년 텍스트, 미검토. 이 형태로는 이용 불가'라고 적었다.*

조르주 르다르는 2005년 1월 24일에 사망했다. 2009년 3월 25일자 서신에 따라 이 문서의 출간을 허락해 준 르다르 부인에게 심심한 사의를 표한다.

다음으로 등장하는 텍스트 단편은 타자기로 작업한 문서이며, 르다르 자신이 손수 교정한 것으로 추정된다.

텍스트의 내용은 전혀 손대지 않았지만 가독성을 위해 그 형태는 다소 자유로이 변경했는데, 특히 구두점, 줄 바꾸기, 페이지 하단의 노트에서 이 책의 기획에 비해 지나치게 엄밀한 것들, 내용이 너무 긴 것들은 조정했다.

이 텍스트 제목은 「에밀 뱅베니스트(1902~1976)」라고만 되어 있었다. 이것이 그가 펴내려고 한 책의 제목인지 아니면 그 책의 제1부의 제목인지 우리로서는 알 방도가 없다. 마찬가지로 이 문서가 몇 해에 걸쳐 작성되었는지도 알 수 없다.

– 장 클로드 코케와 이렌 페뇰리오

---

* 조르주 르다르의 이 전기적 참고서지는 프랑수아즈 바데의 논문, 「에밀 뱅베니스트의 문학 이력」(François Bader, "Une anamnèse littéraire d'É. Benveniste", *Incontri Linguisdici*, n.22, Pisa: Istituti Editoriali e Poligrafici Internazionali, 1999, p.53, "[…] 나는 아직 출간하지 않은 에밀 뱅베니스트의 전기 저자인 조르주 르다르를 만날 수 있었다")에 언급되어 있다.

부록 1 에밀 뱅베니스트[1]의 학문 여정

조르주 르다르

"뱅베니스트는 1969~1970년도에는 몸이 불편해 강의를 할 수 없었다." 파리 고등연구원의 1969~1970년 연보 하단에 기록된 이 추신[2]은 1956년 12월 9일에 발생한 비극적인 드라마의 에필로그를 은폐하고 있다.

　그날 아침 서재에서 에밀 뱅베니스트는 아주 격렬한 발작을 일으

---

1 [옮긴이] 에밀 뱅베니스트의 서거 직후(1978)에 미셸 르죈(Michel Lejeune), 프랑수아즈 바데(Françoise Bader), 질베르 라자르(Gilbert Lazard)가 파리 고등연구원의『고등연구원 역사 및 문헌과학 연보 제4섹션, 1977~1978년』(École pratique des hautes études. 4e section, Sciences historiques et philologiques. Annuaire 1977-1978), pp.50~77에 게재한 추모의 글, Émile Benveniste(1902-1976)를 또한 참조하길 바란다.
　『마지막 강의』의 르다르의 글이 주로 뱅베니스트 사후 개인사적 문제에 초점을 맞추어 연구 이력을 서술한 글이라면, 여기 연보에 실린 글 중 바데는 주로 뱅베니스트의 인도유럽어학 연구를 중심으로 서술했고, 라자르는 인도유럽 중 뱅베니스트의 주된 연구 영역이었던 이란어 연구를 자세하게 소개하고 있다. 이들이 상호보완적이라 생각되어 원저서에 없는 이 논문을 번역해 게재하려고 했으나 원저작권사와의 사정이 여의치 않아 여기서 지적만 해 둔다.
2 제4섹션, Paris, 1971, p.651. 사실 에밀은 11월에 강의를 시작했다. 그의 마지막 강의의 청강자 중 한 사람인 호헤나우어(Fr. Hohenauer)는 당시 뱅베니스트가 앉아서 강의했다고 말했다. 그가 엄청나게 지쳐 있었음을 보여 주는 예외적인 사건이다.

켰다. 이윽고 쉬렌의 포슈 외과수술센터에 실려 와 심각한 심근경색으로 진단받았다. 그는 워낙 건장했던 덕에 곧 퇴원은 했지만 강제로 휴식을 취해야만 했다. 그로서는 가장 견디기 힘든 희생이었다. "갑작스러운 병마로 모든 연구 활동이 중단되었다… 가장 고통스러운 것은 연구 작업이 금지된 것이었다. 장기간에 걸친 과로에 대한 대가치고는 너무나도 비싼 희생이었다."(1956. 12. 13)[3] 그는 병마로부터 서서히 회복했다. "매일 두세 시간밖에 작업할 수 없었지만, 희망을 갖기에는 꽤 괜찮은 수확이었다."(1957. 5. 1) "조금씩 작업을 하지만 정말 너무나 보잘것없는 연구였다." 이 첫 연구 여행[4]으로 내가 할 수 있는 것, 할 수 없는 것이 무엇인지를 판가름할 것이다. 삶의 규율 전체를 바꿔야 한다."(1957. 7. 25) "나는 조금씩 잘해 나가고 있다 […]."(1957. 12. 2) "연구 역량은 서서히 회복되고 있다. […] 강의로 인해 심신이 여전히 매우 지쳤고, 연구 여행은 아직도 금지되어 있는 것도 사실이다."(1959. 1. 13)[5]

"생활을 다시 바꾸고 조정할 수밖에 없었지만"[6] 그의 명성은 꺾이지 않았다. 도처에서 그를 찾는 목소리가 높았다. "언어학은 보편적인

---

3 날짜가 딸린 인용은 25년간 에밀에게서 받은 서신에서 발췌한 것이다. 그가 1947년에 아프가니스탄에서 걸린 병의 후유증이 과로에 영향을 끼쳤을 것이다. "나는 말라리아에 시달렸다. 병이 장기간 지속된 것인 만큼 더 지독하게 아팠던 것 같고, 이로 인해 심한 빈혈에 걸렸다."(1948. 11. 23).

4 뱅베니스트는 기차와 배(비행기는 탑승이 금지되었다)를 이용하여 제8차 세계언어학자대회(오슬로, 1957. 8. 5~9)에 갈 예정이었다.

5 "이제 꼼짝달싹도 못 하는 여행객이 되었구나"라고 1965년 1월 17일에 썼다.

6 "자기 삶을 재조정하지 않으면 안 되는 시기는 언제나 다가온다. 내 경험에서 하는 말이다."(1967. 1. 6)

것이었지만, 그 가여운 언어학자는 우주에 산산히 흩어졌다."(1954. 10. 17) "그가 벗어날 수 없는 과업이 있었다."[7] 심리적 압박은 더욱더 강력해졌다. 그의 연구 작업은 미완성이었고, 잔무에 대한 책임이 때로는 그를 압박하여 절망으로 몰고 갔다. 그는 자신의 모습을 찍은 사진을 받아 보고 "과로로 지친 이 사람이 내가 느끼는 바의 새로운 삶을 살기 원하는 그 사람과 같은 인물이라고는 전혀 생각할 수 없다"(1954. 10. 17)고 말했다. 그는 본인의 회갑일이 "내가 희망하던 바를 거의 실현하지 못했다는 것을 고독하게 명상하는 기회"(1962. 5. 27)가 되었다고 술회했다.

연구 성과에 대해서는 환상이 없었다. 그는 연구에 매진했고 비극적 종말을 맞이하는 경주에 시간을 다투어 참가했다.

1969년 12월 6일 토요일, 에밀 뱅베니스트는 파시Passy의 투르가에 있는 주치의 가스통 엘리에의 병원에 독감 예방주사를 맞으러 갔다. 그 후 점심을 먹고 식당을 나서는 순간 갑작스러운 뇌졸중으로 쓰러졌다. 그는 앰뷸런스로 불로뉴 시르 센느의 앙브루아즈 파레 병원으로 이송되었고, 거기서 최초로 진단을 받았지만, 나을 가망은 거의 없었다. 오른쪽 두뇌가 마비되었고, 반신불수가 번갈아 일어나 말을 할 수 없었다. 혼수상태로 최악의 경우가 염려되었으나 때로는 깨어났고, 이러한 희미한 서광이 회복의 희망을 불러일으켰다. 가장 먼저 그를 문안한 사람들 중 누군가는 그 알 수 없는 원인을 지레짐작하고, 뱅베니스트를 이미 이 세상 사람이 아닌 것으로 여기고서는 더 찾아오지 않

---

7 "그때그때 써야 하는 글들이 내 모든 시간을 빼앗아 간다."(1956. 4. 4)

았다. 진실한 몇몇 지인들은 그의 의식이 점차 되살아나는 것을 깨달았다.

친구이자 동료인 장 드 므나세 신부는 뱅베니스트와 비슷하게 7월에 뇌졸중을 재차 겪은 바 있는데, 12월 24일에 문안을 와서 그가 내린 결론은 "모든 말을 이해는 하지만, 말은 할 수 없다"[8]는 것이다. 콜레주 드 프랑스와 명문문예아카데미 동료인 버나드 하편 교수는 "그가 지능 일부를 회복할 수 있을지 의심스럽다"고 말한 바 있지만, 후에 "하지만 명석한 두뇌는 그대로 지니고 있음"을 확신한다고 했다. 프랑수아 레르미트 교수는 아주 단호히 말했다. "지능과 감정이 전혀 손상되지 않았기 때문에 예외적으로 지능이 현존한다고 말하는 것이 옳습니다."[9]

이런 사정을 보여 주는 증거는 풍부하며, 여기서 그중 가장 확실한 몇 가지를 제시하면 유익할 것이다. 1973년 12월, 우리는 미나르 부부와 함께 그의 머리맡에서 『일반언어학의 여러 문제 2』를 보여 주었다. 그는 첫 페이지를 보고는 인쇄상의 활자 오류를 손가락으로 가리켰다.[10] 출간 후 이 책을 배포할 즈음에 신간 증정 명부에 쥘리아 크리스테바의 이름을 추가했다. 그는 누이에게 바칼로레아 논술 시험에 나

---

8 언어학자 페르낭 모세 부인의 편지(1969. 12. 26). 여기서 그는 "어쨌든 이 두 번의 무언의 만남은 무척이나 고통스러웠다"라고 말을 맺었다.

9 1974년 2월 4일자. 그렇지만 『르 몽드』의 연표(520호, 1975.4.21, p.15)에서 자크 셀라르는 "신체적으로나 정신적으로나 냉혹한 질병"이라고 언급했다. 두 차례에 걸친 정정 요구에는 아무 대답이 없었다. 여동생 카르멜리아의 정확한 관찰을 읽기 위해서는 1975년 6월 8, 9, 10일자 호를 기다려야 했다. "이 병 때문에 신체적으로 심한 고초를 겪었으나, 오빠는 친구들과 옛 동료의 일에, 가깝게나 멀리서 마음과 정신이 가는, 자기와 관련된 모든 일에 관심을 가지고 임했다."

10 오랫동안 눈이 매우 아팠다. "양쪽 눈의 초점이 잘 조정되지 않아서 오른쪽 페이지가 왼쪽 페이지에 뒤섞였고 글을 읽을 때 한줄한줄을 제대로 읽지 못했다."

온 철학 주제를 다룬 짤막한 『르 몽드』 기사를 보여 주었는데, 세 번째 주제의 모두冒頭는 『일반언어학의 여러 문제 1』의 첫 문장이었다. 1976년 3월 31일, 그는 여전히 꼿꼿한 자세로 『르 몽드』 기사에 관심을 보였다. 그것은 로마 대학 고고학 발굴단의 이본 르베롤이 알레포의 남부에서 약 50킬로미터 떨어진 텔 마르디카의 고고학 발굴지에서 수천 개의 설형문자 점토판을 발견했다는 기사였다. 1976년 2월에도 우리들은 확신을 가지고, 재인쇄해야 할 그의 저서 세 권의 제목과 배열에 대해 자문을 구했다.[11] 그는 고개를 끄떡이거나 더 큰 몸짓으로 아니라고 하면서 주의 깊게 경청했고, 우리가 알려 준 새로운 소식에 얼굴이 상기되거나 어두워지거나 했다. 편지가 올 때마다 기뻐했고, 농담에 미소를 짓거나 심지어 허허 하며 쾌활하게 웃기도 했다. 그는 모든 것을 말하는 그 파란 눈으로 질문을 하기도 했고, 말을 알아듣지 못했을 때는 실망에 빠지기도 했다.

이때부터 재활치료가 가능하지 않았을까? 소용없는 일이지만 그래도 이런 질문을 하는 이들이 있었다. 로만 야콥슨이 문안을 다녀간 뒤 그의 증상은 표현 실어증이며, 따라서 지각 능력은 전혀 손상을 입지 않았다고 했다. 글을 쓰는 것은 처음에는 성과가 조금 있었으나[12] 그는 곧 포기하고, 극히 예외적인 경우에만 펜을 잡았다.[13] 물리치료는 다

---

11 그런 방식으로 질문을 던진 후 긍정이든 부정이든 단지 한 번의 대답만 가능했다.

12 특히 사제 므나세의 권고와 미나르와 모세 부인의 인내심 덕택이다.

13 소아시아에서 쓴 답장으로 그에게서 받은 마지막 카드(1972.10.10). "페르가몬, 이즈미르, 매우 아름다운 추억. 다시 봐." 대문자로 이렇게 쓰여 있다. "ÉMILE BENVENISTE."

소 성공적이었지만[14] 너무 늦게 시작했고,[15] 그나마 이것도 그 후로는 거의 중단되었다.[16] 므나세 신부의 말이 이번에도 옳았다. 1970년 4월 23일의 마지막 방문 후 그는 모세 부인에게 서신을 띄웠다. 에밀 뱅베니스트가 글을 쓰기를 꺼리는 이유는 무엇인가? 이는 극히 정상적인 일이다. "처음부터 다시 배워야 하는 사소한 일들에 서툴기 짝이 없었다. 이런 훈련이 끝나지 않는다는 걸 알기에, 무슨 일이든 단념하려는 유혹이 아주 강한 이 나이에 이 모든 걸 다시 시작하려는 욕구는 전혀 솟아나지 않는다." 뱅베니스트는 이를 충분히 이해하고 있었음이 확실하다. "(전시 중에 있었던 스위스를 제외하고) 스스로 은폐된 채 감정을 숨기고 다른 사람에게 폐를 끼치는 것을 싫어하는 여느 때의 그 뱅베니스트일 뿐이었다. [⋯] 예컨대 잘못 놓인 쿠션이나 열기 등 즉각적인 조치를 요하는 정말 별일 아닌 것들에 대해 다른 사람을 이해시킬 수 없는 경우 지성인이 어느 정도까지 낙담하고 무력함을 느낄지, 건강한 사람이라면 상상할 수 없다. 외향적이고 화를 잘 내는 사람인 나는 그로 인해 믿지 못할 정도로 짜증이 났다. [⋯] 그는 더욱더 마음의 문을

---

14 살페트리에에서 에밀 뱅베니스트는 간호원의 도움으로 매일 복도를 몇 걸음씩 걷고, 계단도 내려왔다.

15 모세 부인에게 보낸 므나세 신부의 1970년 1월 14일자 편지. "참 이상한 것은 마비된 사지를 움직이는 것조차 시작하지 않았다는 점입니다. 내 경우 10년 전에 반신불수가 되었을 때, 내 의지로 움직이기 전까지 두 달 이상 기다려야 했지만, 재활치료는 일주일 내로 시작되었습니다. 저는 사실 가장 가까운 병원인 루체른 주립병원으로 호송되었는데, 그곳에서 놀랄 정도로 치료를 잘 받았습니다."

16 자격을 갖춘 인력이 없어서? 공공복지부 부장인 가브리에 팔레스의 말에 의하면, 크레테유의 알베르 슈느비에 병원에 운동치료사 자격증을 갖춘 인력은 19명이었다고 한다. 이곳은 총 823개의 병상을 갖추고 10여 곳의 독립 지병원으로 분산되어 있는 곳이다. 그중 클로비스 뱅상 지병원은 에밀 뱅베니스트가 2년 이상 입원해 있던 곳이었다(*Le Monde*, 1974.7.7, p.10).

닫았고, 이 무반응이 과거에 그를 알지 못했던 생면부지의 의사들로서는 도무지 이해가 되지 않았다."[17]

뱅베니스트는 우리가 가늠할 수 없는 고통 속에서 의연하게 견디며 7년간 투병 생활을 했다. 그의 '만성적인' 병은 오랫동안 간호받을 수 없었기 때문에 그는 '예민한' 환자들 가운데서 지긋지긋하게 방황할 수밖에 없었다. 그는 아홉 번이나 이 병원 저 병원으로 이송되었고, 인간적인 모멸감을 느끼는 이 병동들, 대부분은 낙후되고 소란스러워 견딜 수 없는 병실과 히에로니무스 보스의 그림에서 막 튀어나온 듯한 환자들이 있는 병원들에서 고통을 겪었다.

내일에 대한 끊임없는 고뇌 속에서 여동생이 날마다 그를 간호했고 감사와 존경을 받을 만한 희생을 감내했다.[18] 1976년 초에 그는 베르사유에 요양원이 있음을 알았다. 포르트 드 뷕 12번가에 있는 클레르드뫼르 요양원으로서, 뢰이 여집사관이었다. 원장 다니엘 수녀는 2월 4일에 그를 맞았다. 그녀는 빈방이 생기는 대로 에밀 뱅베니스트를 무조건 받아들이기로 했다. 그는 5월 10일에 마침내 합당한 처우를 받을 수 있는 요양원에 입실했다. 하지만 그는 단지 삶의 항구에 입항한 것뿐이었다. 10월 3일 오전 2시 45분, 그는 전혀 예측할 수 없는 뇌색전으로 쓰러졌고,[19] 죽음이 오랜 병마로부터 그를 데리고 갔다. 6일 아침,

---

17 1970년 4월 24일자 편지.
18 "그러한 열악한 조건에서 매일 뱅베니스트를 만나러 가는 카르멜리아 양에게 부과된, 거의 초인적인 노력을 자주 생각하곤 했다."(하편 교수의 서신, 1976. 2. 12)
19 뱅베니스트 양과 누구보다도 헌신적인 위문객인 자파르 모앵파르는 그 전날 흡족해하며 즐거운 기분으로 떠났다.

10여 명의 동료와 친우들이 그에게 마지막 조의를 표하러 왔다. 콜레주 드 프랑스의 전임 행정처장인 마르셀 바타이용이 아주 간결하고 폐부를 찌르는 고별사를 했다.

에밀 뱅베니스트는 클레르 드뫼르 건너편, 그가 창으로 늘 바라보던 고나르 묘지에 영면했다.

* * *

에밀 뱅베니스트는 1902년 5월 27일 알레포(시리아)에서 태어났고, 보클랭가 9번지의 랍비학교에 등록할 예정이었다. 그에게는 기회였고, 우리에게도 행운이었다.

제1차 세계대전 동안에 실뱅 레비는 징집당한 뱅베니스트의 자리를 대신해서 무보수로 일했다. "소명을 각성시키는 학자로서" 그는 일찌감치 이 젊은 유대인 학생의 재능을 발견했다. 그래서 뱅베니스트를 소르본 대학으로 인도했다. 에밀 뱅베니스트는 17세의 나이에 벌써 배워야 할 언어 목록(12가지!)을 만들고, 라틴어 작문에 낑낑거릴 나이에 비교문법에 심취했다. 예컨대 메이예의 『비교문법 입문』(제4판, 1915)에 자기 이름과 함께 1918년이라고 날짜를 적었다.

문과대학에서 그가 선호하는 선생은 조제프 방드리에스[20]였고, 방드리에스는 그에게 주로 켈트어를 가르쳐 주었다.[21] 고전어 고급 연

---

20 "그가 소중히 생각했던 이 선생님은" 그에게 산책의 취미를 불어넣었다. "그분은 학생들과 퐁텐블로 숲으로 멀리 소풍을 떠나셨다."
21 「게일어 텍스트 해설」 강의노트(1919~1920)는 BNF에 보관되어 있다.

구 과정 수료[22]를 위해 그는 고전 라틴어의 시그마 미래와 접속법에 대한 논고를 1919~1920년에 방드리에스의 지도하에 준비했다. 이 연구는 그가 출간한 첫 저서가 되었다. 동시에 그는 콜레주 드 프랑스[23]와 고등연구원에서 앙투안 메이예의 강의를 수강했고, 비교문법과 인디언어 연구를 위해 쥘 블로흐, 루이 피노, 실뱅 레비의 강의를 들었고, 1919~1929년에는 라틴어 고문자 연구를 위해 에밀 샤틀랭의 강의를 들었다. 1920년부터 루이 르누와 함께 문법 교수 자격시험을 준비하고, 1922년에 9번째로 통과했다.

제1차 세계대전이 종전될 때까지 메이예의 청강생은 에밀 뱅베니스트, 폴 드미에빌을 포함하여 아주 소수였으며(이들은 이따금 그들의 스승을 댁까지 배웅해 주었다), 알프 좀머펠트, "그리고 아주 재능 있는 제자로서 중국어를 연구하던 러시아인 이바노프"[24]가 있었다. 다시 평화가 찾아오자 공부 모임은 확대되었다. 르누, 샹트렌 외에도 르네 포알, 예지 쿠리우오비치J. Kurylowicz, 특히 핵심 인물인 마리 루이즈 쇼에스테트M. L. Sjoestedt는 "연구와 여가 때의 동반자로서 [⋯] 경쾌한 활기로 우리 모임에 생기를 불어넣어 주었다". "어떤 연구진에도 그러한 소장 학자들이 없었고, 확신하건대 이들은 머지 않아 곧 모두 선생이 될 예정이었다. 이들의 호기심은 끝이 없었고, 비판도 날카로웠고, 현실에

---

22 이 수료증에는 1920년 6월 21일이라는 날짜가 적혀 있다. 특히 학장인 페르디낭 브뤼노의 서명이 찍혀 있다.
23 BNF에 보관된 두 권의 노트, 「그리스어 문장의 인도유럽어 기원」(1919~1920)과 「호메로스 그리스어」(1920~1921).
24 드미에빌의 서신(1976. 11. 26). 그는 1919년 말에 아시아로 출발했고, "1920년 북경에서 이바노프를 다시 만났는데, 그 후 그는 소련 당국으로부터 소환되어 처형당했다".

대한 취향도 있었다"[25]고 메이예는 썼다. 메이예는 단번에 뱅베니스트
가 '언어학의 귀중한 재원'임을 알아챘다. 그는 40세에 요절한 로베르
고티오의 죽음을 회상하면서 "누구도 재개할 수 없는 이 연구 작업이
여전히 미완성인 채로 중단되었다"고 단언했다. 그리고 이 젊은 제자
에게 1913년에 제1부만 끝내고 중단된 고티오의 『소그드어 문법 서설』
*Essai de grammaire sogdienne*을 완성하는 임무를 맡겼다.[26] 에밀 뱅베니스트는 이
책의 작업을 1924년에 종료하고, 이 연구를 고등연구원의 학위연구서
로 제출했다.[27] '동양어학교'Langues O'[28]의 학생으로서 그는 벌써 가장 어
려운 문헌학 분야의 대가가 되었다. 그는 "선두주자로서 연구 경력에
두각을 나타낼 준비를 갖췄다".[29] 하지만 그는 '자기' 학문 분야에만 협
소하게 몰입한 전문가가 아니었고, 그 후로도 그러지 않았다. 그의 지
적 호기심은 재능에 비례했다. 1923년에 베르나르 가이거의 『불멸의
성자』*Amesa Spanta*의 서평을 썼던 그 뱅베니스트는 놀랍게도 『브리게의 노
트』*Cahiers de Malte Laurids Brigge*를 논한 학자이기도 했고, 루이 아라공, 앙토냉
아르토, 피에르 브라쇠르, 앙드레 브르통, 폴 엘뤼아르, 막스 에른스트,

---

25 『친구들이 에밀 뱅베니스트에게 선사한 생일 선물 증정집』(Émile Benveniste, *Étrennes de linguistique offertes par quelques amis à É. Benveniste*, Paris: Geuthner, 1928. p.V~VI).

26 음성학을 연구한 이 책은 1923년에야 출간되었다. 「알림말」의 후기에서(1922.12.28, p.vi) 메이예는 "젊은 이란학 학자 에밀 뱅베니스트는 형태론을 쓰려고 노력하고 있다"고 예고했다.

27 『고등연구원 연보 제4섹션, 1923~1924년』, p.77. "에밀 뱅베니스트가 이란어 주제를 가지고 박사논문에 착수했다"고 알린다(1935년의 박사학위 부논문이 아닐까?). 이 저작은 1929년에 가서야 출간되는데, "주로 프린터의 반복적인 고장 때문이고, 부분적으로는 저자의 장기간의 부재 때문이다".

28 뱅베니스트는 1922~1923년과 1923~1924년에 동양어국립학교에 등록했다.

29 뱅베니스트가 페르디낭 드 소쉬르에 대해 썼던 것처럼.

앙리 장송, 레몽 크노 외 여러 사람들과 함께 초현실주의 성명서인 「혁명이여, 영원히!」La révolution d'abord et toujours!에 서명한 학자이기도 했다.[30]

그 후 뱅베니스트는 약 18개월 동안 봄베이 남동부의 마라타 제국의 옛 수도인 푸나에서 지냈는데, 여기서 파시교의 유명한 기업 가문인 타타Tata가의 자녀들의 가정 교사가 되었다. 실뱅 레비가 이들에게 그를 추천한 것인가?[31] 당시 뱅베니스트가 『방드리에스 논집』Mélanges Vendryes에 기고할 글을 작성하고, 추후 '대종교의 가장 하잘것없는 부분'을 자세히 연구한 것을 제외하고는 이 체류 기간에 대해 알려진 바가 전혀 없다.

그는 1926년 5월 1일부터 1927년 11월 10일까지 군 복무를 했다. 모로코에 파견되어 1927년 2월 25일까지 근무했고, 곧 마자그란[32]의 하급장교 부대에 편입되었던바, 이 부대는 임시로 편성되었으나 그는 미셸 비외상주와 교분을 맺었다. 미셸은 리오 데 오로Rio de Oro 탐험 여행을 다녀온 후 1930년, 아가디르에서 이질로 사망했다.

에밀 뱅베니스트는 제대 직전이었음에도, 1927년 11월 1일부터 고등연구원의 비교문법과 이란어 연구주임에 임명되었다. 브레알이 페르디낭 드 소쉬르에게 넘겨주었고, 소쉬르가 루이 뒤보와 메이예에

---

30 『초현실주의 혁명』(La Révolution surréaliste, n.5, 1925). "우리의 눈을 아시아로 향하게 하는 이 현상들의 조롱 섞인 구속을 끊어 버리는 것이 일체의 적법한 법의 거부, 역사를 뒤엎는 은밀한 젊은 세력에 대한 희망이다. […] 우리 자리에 이제 몽고인들이 자리 잡을 차례이다." 동양에 대한 매력만이 문제가 아니었다. 서명자들은 '비천한 푸른색 평행선이 쳐진 외투'를 입고 대모로코 전쟁에 반대하는 행동위원회를 지지했다. 『초현실주의 역사』(Maurice Nadeau, Histoire du surréalisme, t.I/II, Paris: Seuil, 1946/1948, pp.287~300/37~41) 참조.

31 레비는 1897년과 1921년 11월에 인도에 갔다.

32 카사블랑카주(오늘날의 알자디다)에 있는 포르투갈 기원의 항구.

게 넘겨준 이 연구직 자리는 1891년 이후부터 메이예가 맡고 있었는데 (그 역시 25세였다!), "이 자리를 새로운 사람에게 물려줄 때가 되었다"고 생각하던 참이었다. 위에서 언급한 연구진의 막내 — 이미 '그들의 모범'이 되었다 — 가 없을 때를 틈타 이들은 뱅베니스트도 모르게 소논문집[33]을 준비하고, 1928년 4월 5일에 르누의 아파트에서 연회를 열어 증정했다. 연회의 아주 섬세한 메뉴[34]와 감동적인 사진은 아직도 남아 있다.

뱅베니스트는 1936년 2월 27일에 박사학위 논문(「기원」Origines과 「아베스타어 부정법」Les infinitifs avestique, 1935년)을 취득하고 문학박사가 되자마자 콜레주 드 프랑스에 봉직했다. 1934년에서 1936년까지 메이예를 대리한 후 그 후임으로 1937년 7월 26일에 비교문법 직책에 발탁되었고, 제2차 세계대전으로 어쩔 수 없이 잠시 중단했다가 1969년 뇌졸중으로 쓰러지기 전까지 봉직했다.[35]

---

33 『친구들이 에밀 뱅베니스트에게 선사한 생일 선물 증정집』, 앞의 책, 메이예의 서문.
34 샹트렌 부인이 우리에게 기꺼이 이를 주었다. '서문: 러시아식 전채, 파이, 연어빛 송어, 아일랜드식 안심, 도리아산 아스파라거스, 어휘 모양 얼음, 치즈, 쿠키, 과일'과 '1919년산 샤블리, 1922년산 샤또 레오빌, 뵈브 클리코 까르뜨 도르, 1911년산 앙리 굴레'. 친구 마송을 통해 나는 셈어학자 모리스 즈니세(Maurice Sznycer)가 가진 책 한 권을 알게 되었는데, 그 간지에 "나에게, 1928년 4월 5일, 에밀 뱅베니스트"라고 적혀 있었고, 그 뒤에 '의리 있는 진짜 친구' J. 그리고 L. 르누, 쿠리로비치, 포알의 서명과, 맨끝에 피에르 샹트렌("네 자신에게"라는 말 앞에 그의 이름을 써 넣었다)의 서명이 있었다. 고서점에서 산 그 책은 전시의 뱅베니스트의 아파트 약탈 때 도난 당했다.
35 공식적으로 1972년 5월 27일까지. 이해 11월 22일의 장례식에서 그를 대리한 것은 카르멜리아 뱅베니스트 양이었다. 이해에 콜레주의 행정관인 에티엔 볼프는 찬사에서 "가장 위대한 전문가들의 견해에 따르면 그는 이들 중 가장 위대한 학자였습니다. 그의 이름은 만인의 존경을 받을 것입니다"라고 했다.

그는 전쟁 초부터 징집된 것이 분명하지만,[36] 이 '흉악한 전쟁' 기간에 어디에 있었는지, 프랑스 전선이 솜Somme에서 엔Aisne까지(1940년 6월 5~9일) 깊이 침투한 때에 어디에 있었는지도 알 수 없다. 독일과의 전쟁은 6월 22일에 끝났다. 에밀 뱅베니스트는 20일부터 아르덴의 '프론츠탈라크Frontstalag 190 수용소'에 포로로 있었다.

그는 1941년 11월 21일에 수용소를 탈출하여 리옹에 도착하였고, 여기서 피에르 에마뉘엘을 '발견했고', 미나르 부부의 초대를 자주 받았다. 그러나 나치 독일군Wehrmacht은 1942년 11월 11일, 소위 비점령 남부지대를 휩쓸었고, 이탈리아군은 니스와 코르시카에 주둔했다. 그는 다시 도주해야만 했다. 그는 '소그드어'로 비밀리에 서신을 주고받던 사제 장 드 므나세의 도움[37]으로 제네바 인근의 스위스 국경을 넘는 데 극적으로 성공했다. 처음에는 짧은 기간 동안 수용소에 감금되었다가 프리부르로 피난을 갔고, 거기서 므나세 사제 외에도 프랑수아 에세바F. Esseiva가 몰레종가 8번지의 집에서 그를 맞이했다. 그는 에세바가 책임을 맡아 운영하던 프리부르 주립대학 도서관에 취업했다. 뱅베니스트의 업무는 언어학의 소재별로 카탈로그를 작성하는 것이었는데, 넓은 지식의 폭과 뛰어난 업무 적응력으로 주위 사람들을 놀라게 했다.

---

36 고등연구원의 1940~1941년, 1941~1942년 연보(Melun, 1943)와 1942~1943년, 1943~1944년 연보(앞의 책, 1945)에서 선생은 '강의를 하지 않는' 부서장들의 이름 가운데 등장한다.

37 장 드 므나세는 1902년 12월 24일에 알렉산드리아에서 태어났고, 1973년 11월 23일에 파리에서 죽었다. 그는 1937년부터 1939년 부활절까지 고등연구원의 뱅베니스트 곁에서 중기 페르시아어(pehlevi)를 연구했다. 그 후 프라이부르크 대학에서 종교사와 선교학 교수에 임명되었고, 1948년 말엽에 파리로 되돌아와 고등연구원의 연구부장이 되었다. 그는 그가 편집한 9세기 조로아스터교 경전인 *Skand-Gumanik Vicar*(Fribourg: Librairie de l'Université, 1945) 편집본을 '선생이자 친우인' 뱅베니스트에게 헌증했다.

1938년의 오스트리아 합병Anschluss 이후 그는 프리부르 인근의 포지외 프루아드빌에 건립된 인류학 연구소를 자주 드나들었고, 설립자인 빌헬름 슈미트 사제의 집에도 드나들었다. 이 사제는 1939년부터 프리부르 대학에서 강의했다. 특히 장 스타로뱅스키는 에세바의 집에서 뱅베니스트를 만났다. "뱅베니스트와 나눈 대화는 나를 매료시켰다. 이때 나는 해부학적 구조를 암기하지 못한 것을 못내 아쉬워했던 것으로 기억한다."[38] 뱅베니스트는 여느 때보다 훨씬 상냥했지만, 소문 없이 틀어박혀 살았다. 스위스에서의 다소 공개적인 행보로는 마누 로이만의 1943~1944년도 겨울학기에 있었던 취리히의 강연에 두 번 참석한 것이 유일했다.

해방이 되고 1944년 가을에 파리 강의를 재개할 무렵, 그는 망명 후유증에 시달렸다. 매생가에 있는 아파트는 약탈을 당한 후 적군에 점유되었다. 르누와 로베르가 대부분의 서적들을 안전한 곳에 간신히 보관했지만, 언어 조사 자료와 자필 원고들이 몽땅 사라졌다.[39] 물질적인 면에서 사정은 다소 나아졌다. 그는 포르트 드 오를레앙 바로 근처 몽티셀리가 1번지에 널찍한 거처를 구했고, 단지 치료차 병원에만 다녔다. 나머지 시간 동안 그는 역경에 맞서 싸웠고, 연구를 재개하였다.

---

38 1942년의 편지에서, 스타로뱅스키는 공부를 끝내고 문학 연구에 몰두하는 한편, 의학 공부를 시작했다. 1950년의 대화에서 뱅베니스트가, 카프카가 작품에서 언어를 통해 자신을 구원할 수 없음을 보여 주었다고 칭찬하는 것을 들었다. 그리고 『스탕달』(Stendhal, Fribourg: librairie de l'Université, 1943)에서 "개인은 독특해지면서, 자신의 독특함을 방어함으로써만 스스로를 구원할 수 있을 뿐이다"고 썼다.

39 『인도유럽어의 행위자 명사와 행위명사』(Nom d'agent et nom d'action en indo-européen, Paris: Adrien-Maisonneuve, 1948)의 서문에서 그는 습관대로 신중하게, 이 저서의 소실과 "전체 문서를 복원해야 할 의무"를 지적했다.

다음 구절은 1890년 5월 8일자 앙드레 지드의 『일기』*Journal*를 회상시킨다. "악착같이 작업을 해야 한다. 어떤 것에도 마음이 흐트러지지 않고서." 나아가 에밀 뱅베니스트가 소쉬르에 대해 쓴 글처럼 매우 귀중하게 생각했던 바를 상기시킨다. "모든 창조자에게는 숨겨진 항구적이고 필연적 요구가 있다. 이것이 그를 지지하고, 그를 삼키며, 그의 생각을 인도하고, 과제를 알려 주고, 의욕을 북돋아 주고, 일을 피하고 싶을 때 그만두지 못하게 한다."[40]

그에게는 휴가란 것이 거의 없었다. 사부아 지방의 비아리츠, 생라파엘(르야트 호텔)에 체류 흔적이 다소 남아 있다. 에밀 뱅베니스트는 젊은 시절에 배낭을 메고 마리 루이즈의 동생 이본 쇼에스테트, 동료들과 함께 브르타뉴 지방을 여행했다. 1939년에 그는 의사 장 비외샹주와 함께 (스키를 배우러) 주로 아로자에 갔고, 1951년에는 크루아 발메르(켄싱턴 호텔)에 갔다. 그는 대개의 경우 휴가를 포기해야 했다. "사실상 내겐 휴가가 없었다. 말하자면 이 주간에 옛 스승인 방드리에스와 함께 케임브리지에서 며칠을 보냈다. 그분은 연세가 거의 80세 가까이 되어 연구 활동도 쉬고 있다."(1954. 10. 17) "휴식이 필요하기는 하지만 파리를 떠날 수 없었다."(1956. 4. 4) "나보다 더 잘 아시겠지만, 필요하면 휴식을 취하십시오"(1962. 4. 25)… 그가 연구 책상에서 멀리 떨어진 때라곤 학자들과의 모임과 현지 언어 조사 때문이었다.

뱅베니스트는 1931년부터 1967년까지 국제언어학자대회에 참가했다(종전 선언 전날인 1939년 9월 2일에 브뤼셀에서 개최된 제5차 대회에는

---

40 [옮긴이] 「소쉬르 사후 반세기」("Saussure après un demi-siècle", *PLG I*, pp. 32~45, p. 33).

불참했다). 마찬가지로 1947년에서 1958년까지 국제동양학자대회에도 불참했는데, 가장 다양하고 매우 흥미 있는 주제를 다룬 강연을 들을 수 있는 드문 기회였다. 예컨대 1951년 9월 16일, 이스탄불의 파크 호텔에서 그는 자신이 '사회를 맡은' 연회에서 동방의 소왕자가 가게 진열대에서 과일을 무탈하게 훔칠 수도 있으나, 일찌감치 성인의 의무를 해야 한다고 얘기했고, 로스엔젤레스 대학의 최근 추문—대학위원회가 모든 대학 성원에게 의무적으로 미국 민주주의 원리에 충성을 맹세할 것을 강권했다—을 얘기하면서 다소 악의적 미소를 띠고 이런 일이 예외는 아니라고 지적했다. "미국 시민들은 아무 이유 없이 유럽행 여권 발급을 거부당할 것이다. 이 처사는 한때 오스트레일리아에서, 이민자들이 필요한 조건을 모두 충족했음에도 불구하고 이들을 불법이민자로 판단해 추방하려고 적용한 최후의 기준을 떠오르게 한다. 즉 당국이 이민자들에게 전혀 다른 외국어 문서, 예컨대 그리스인에게 아일랜드어나 헝가리어로 된 텍스트를 주면서 번역하라고 했던 것이다. '번역할 수 없습니다. 죄송합니다…' 유치하고 위험한 처사이다."

그 외에도 해외에서 열린 모임 가운데서 에밀 뱅베니스트가 적극적으로 참석한 학회로는, 1928년에 피렌체에서 열린 에트루리아학회, 린체이아카데미가 조직한 두 번의 집담회, 「문화에서의 동방기독교」L'Oriente Cristiano nella storia della civilta(1963년 3월 31일~4월 4일, 로마와 피렌체)와 「페르시아와 그리스-로마 세계」La Persia et il mondo Greco-Romano(1965년 4월 11~14일, 로마), 미국언어학회의 12차 하계특별학회(1950년 7월 28~29일, 미시간 앤아버. 이 학회에서 그는 진정한 의미의 '강의'를 할 참이었다)[41], 텍사스 주립대 언어학과가 개최한 역사언어학 심포지엄(1966년 4월 29~30일), 바르샤바에서 열린 제1차 국제기호학회(1968년 8월 25~30일. 여기서 「기호학과 의미론의 구별」이란 제목으로 개회 강연을 했다), 올리베티 국제컨벤션(1968년 10월 14~17일, 밀라노. 주제는 사회와 기술에서의 언어Linguaggi nella societa e nella tecnica였다), 마지막으로 그의 최후의 연구 여행[42]은 로마에서 로마 국제인문학센터와 철학연구소가 주최한 집담회(1969년 1월 5~11일)였다.

에밀 뱅베니스트의 현지 언어 조사는 우선 이란과 아프가니스탄, 그 후 알래스카에서 이루어졌다. 문화관계청이 의뢰한 언어 조사의 책임을 맡은 그는 1947년에 페르시아로 떠났다. 시라즈 북서지방 시반드 지역의 방언 전체를 연구하면서 먼저 파르스에서 조사를 했고, 그 다음에는 카스피해 연안의 마잔다란, 그리고 게오르그 모르겐스티에른과 함께 테헤란 동부 셈난의 촌락(셈난과 수르세이surxei 방언)에서 방언 조사를 실시했다. 5월 중순경에는 카불로 갔다. 파라치어 연구를 위해 6월 14~24일에 모하메드 나비 코흐자드를 데리고 쇼톨과 파차간 계곡으로 1차 여행을 떠났다. 그는 7월 5일에 북부 극지역으로 떠나 12일에는 바다흐샨의 주도인 파이자바드에 도착했다(자동차 고장으로 화물차와 말을 타고 여행을 계속했다). 그 다음날 이 조사자들은 바하라크 방향으로 떠났고, 23일에는 이슈카심이라는 작은 마을에 도착했고, 26일

---

41 그는 6월 중순에서 8월 말까지 대학에서 강의했다. "이 몇 주간의 강의는 내게는 특히 미국에서 한 연구 작업을 보다 자세히 살펴보고, 특수한 연구를 개시하도록 하는 방편이 되었다."
42 그는 그곳에서 지쳐서 돌아왔다. "나 역시 아주 힘든 시기는 끝나고, 또 다른 한 해가 새로운 희망 같다는 생각이 드네요."(1969. 6. 8)

에는 와한의 주변지인 지바크로 갔고, 30일에 다시 파이자바드로 길을 떠나 8월 1일 새벽 여명에 돌아왔다. 이들은 하나바드를 통해 돌아왔고 8월 6일에 떠나 8월 7일 아침 일찍 카불에 도착했다. 어려운 여건 가운데서도 몇 날 며칠을 작업한 끝에 조사, 수집한 결과물은 생각보다 훨씬 인상적이었다. 그것은 파미르 지방의 5개 언어였는데, 수이니어 suyni, 이스카스미어iskasmi, 상글에치어sangleci, 왁시어waxi, 문지어munji였다. 전체적으로 볼 때, 그 조사는 카드 노트에 기초해 거의 인쇄본에 가까운 형태로 200쪽이나 되는 분량이었다.[43]

하지만 에밀 뱅베니스트는 인도유럽어로부터 '벗어나기'를 더욱 원했고, 우리 서양인에게 익숙한 언어 범주가 완전히 부재하는 언어, 그리고 언어 구조로 볼 때 전통적인 분류가 완전히 무시되어 언어학적 개념을 완전히 새로 만들어야 하는 언어를 일차적으로 연구하기를 원했다. 그는 완전하게 알려지지 않은 일부 언어 영역과, 다른 언어에서는 거의 알려지지 않은 구조의 언어 영역을 선택했다. 그래서 북아메리카 서쪽의 퀸샬럿제도에서 알래스카 내륙까지 흩어져 있는 인디언어 영역을 선택했다.

이 연구 사업[44]은 두 시기에 걸쳐 이루어졌다. 일차로 1952년에, 물

---

43 에밀 뱅베니스트는 이를 재정리했는데, 자기 눈에 부족한 부분을 명확한 형태로 작성할 만한 시간을 얻기를 바랐다. 이들은 『이란 방언 연구』(Recherches de dialectologie iranienne, Wiesbaden: Leon Reichert)에 언급만 되어 있다. 여기에 자세한 여정과 조사 질문지가 나온다.

44 [옮긴이] 북아메리카 현지 언어 조사에 대한 자세한 보고는 조르주 르다르의 「뱅베니스트의 북아메리카 인디언어 현지 조사」, 『오늘날의 뱅베니스트』(Jean Taillardat, Gilbert Lazard and Guy Serbat eds., E. Benveniste aujourd'hui: actes du Colloque international du C.N.R.S., Paris-Louvain: Peeters, 1984, pp.263~281)에 나온다.

질적 여건이 충분한 상태에서 애서배스카 어족에 속하는 두 언어,[45] 즉 하이다어와 틀링깃어를 연구했다. 이들은 주로 퀸샬럿제도와 알래스카 남부지역에서 사용되지만 소멸 중인 언어였다. 뱅베니스트는 7월 초에 조사 작업에 착수하여 남부에서 북부로 이동하면서 스키드게이트와 마세트[46]의 촌락들, 그 후 레비야히헤도 섬 남부의 어항漁港인 케치칸 마을에 차례로 체류했고, 이 마을에서 (8월 22일에서 9월 6일 사이에) 스키드게이트 방언의 변종으로 생각되는 카산 방언을 채집했다. 9월 7일에 그는 시애틀과 밴쿠버행 비행기를 탔고, 여기서 캐나다 태평양 철도를 타고 이틀(9월 16~17일) 만에 매니토바 주도州都이자 대규모 밀wheat 시장인 위니펙에 도착했다. 그는 10월 중순경에 파리로 돌아왔고 12월에 이 힘들고 어려운 일차 언어 조사 여행에 대해 무척 즐겁게 애기했다. 그 여행은 7월 11일 스키드게이트에서 피에르 샹트렌에게 보낸 편지에서 여실히 드러난다.

일주일 전부터 브리티시컬럼비아주 연안의 퀸샬럿제도에 있는, 오직 하이다 인디언만이 거주하는 마을에 머물고 있습니다. 울창한 숲을 뒤로하고 넓은 바다를 향해 확 트인 해변에 사는 이 어민들 사이에서 생활하는 것이 참으로 이상합니다. 그때까지 음울하고 비가 오던 하늘이 지중해안의 햇빛으로 밝게 빛나고, 풍경은 환상적으로 변했습니다. 어

---

45 『세계의 언어』 신판(Les langues du monde, Paris, 1952, t.II, p.1026~1033과 지도 XVII A) 참조.

46 그는 두꺼운 채록용 노트 다섯 권을 가져왔다. 두 권은 "마세트의 카리스코트 호텔에서 재복사했고", 다른 한 권은 "돌아오는 길에 밴쿠버와 위니펙 사이의 캐나다 태평양 철도 기차에서 정서했다".

려움이 없는 것은 아니지만, 제가 여기 머문 이후 처음 맞는 쾌청한 날씨입니다. 하지만 원시적인 사람들이라고 상상하지는 마십시오. 같은 여건에 사는 백인의 생활이나 문화와 크게 다를 바가 없는 어부들입니다. 작은 목조 가옥에 살며, 모터 선박으로 고기를 잡고, 영어밖에 할 줄 모르며, 젊은이들도 그렇습니다. 매일 몇몇 연로한 주민들과 현지어를 조금씩 녹음해 가며 이 낯선 언어를 이해하려고 노력하는 중입니다. 음성을 듣는 것으로부터 작업을 시작하지만, 벌써 연구가 상당히 진척되었습니다. 며칠 후면 이 섬의 북부에 있는 마을로 떠납니다(7월 17일에 마셋으로 출발). 고립된 채 생활하는 백인으로서 실질적 생활에 매순간 많은 문젯거리가 있습니다. 그래서 제 작업에도 큰 곤란을 가져다줍니다. 이러한 계절에 만일 가장 저렴한 호텔이라도 있다면 체류하는 것이 정말 즐겁겠지요. 해안을 따라서 모든 사정이 거의 이와 같습니다. 하지만 볼 것도 많고 할 일도 많습니다.

1953년에 그는, 이번에는 록펠러 재단의 후원으로 교환 방문 프로그램의 일환으로서 다시 이차 연구 여행을 떠났다. 6월 16일에 뉴욕에 도착하여 밴쿠버로 가, 곧 지난해의 언어 조사를 계속했고, 과거에 하던 바대로 북쪽으로 가면서 조사를 실시했다. 가장 좋은 사례는 그가 보고서의 핵심 내용을 타이핑해 몇 가지 메모와 함께 1954년 2월 5일자로 록펠러 재단의 부소장인 에드워드 담스(인문학 부서)에게 보낸 서신을 살펴보는 것이다.

우선 6월 중순과 7월 말 사이에 틀링깃 인디언어를 주노에서 일차로 연구하고, 그 다음에는 북부의 헤인즈와 클루콴 지역에서 연구했습니다. 틀링깃족은 알래스카의 인디언족 가운데서도 현지 조사에 가장 비협조적인 것으로 유명함을 지적해 두는 것이 좋겠습니다. 이들은 자신의 언어와 전통에 대해 완벽한 정보를 제공하는 것을 끈질기게 거부함으로써 많은 민족지학자들을 실망시켰습니다(이에 대한 최근의 사례도 있습니다). 이들은 클루콴 주위에서 가장 거세게 반발했는데, 고대의 관습을 고수하는 수구주의자들이었기 때문입니다. 그런데 저는 바로 이 지역의 언어 제보자들과 늘 함께 연구했습니다. 그들은 조사와 관련된 질문을 받았고, 저는 이들에게서 관심 주제에 대한 귀중한 정보를 얻는 기회를 가졌습니다. 클루콴에서 몇몇 부족의 행사관을 방문할 수도 있었고, 외래인에게 보여 주지 않는 가면과 의례 물품을 보는 행운도 누렸습니다. 하루의 주요한 일과는 무엇보다도 언어 조사였습니다. 채집한 언어 자료는 여러 각도에서 관심을 불러일으켰습니다.

많은 어휘 자료, 특히 문화의 주요 면모를 보여 주는 어휘 자료를 수집했습니다. 다수 계열의 명칭 사이에 일련의 불일치가 있음을 확인할 수 있었습니다. 일상생활의 단어들도 있고, 행사 이외에는 사용해서는 안 되는 단어들도 있었습니다. 민족지학자들이 수없이 얘기한 포틀래치 같은 기본 제도를 있는 그대로 채집한 것도 또 다른 유익한 체험이었습니다. 제도를 지칭하는 어휘들을 분석하고, 이것을 언어 제보자들에게 설명하도록 하는 작업을 통해 이들 현상이 오늘날 가진 개념보다 더욱 합리적이고 덜 '이국적인' 개념을 구축할 수도 있었습니다.

이 틀링깃 인디언어의 특징 중 하나는 우리 문법의 몇몇 문법 범주가 어휘적 수단으로 표현된다는 것입니다. 예컨대 틀링깃어에서는 단수와 복수의 구별이 서로 다른 단어로 실현됩니다. '가다'나 '자다'란 동사는 각기 다른 두 동사로 사용되는데, 하나는 한 사람이 '가다', '자다', 다른 동사는 여러 사람이 '가다', '자다'로 표현됩니다. 또 동물 한 마리를 '죽이다'와 동물 여러 마리를 '죽이다'가 각기 다른 두 동사로 사용됩니다. 이 특징은 문법적으로 중요한 결과를 초래하며 일반성이 있습니다. 동사 형태의 구조와 관련해서 흥미로운 사실도 기록되었습니다. 이들의 형태는 복잡한데, 각 형태소가 일정한 역할을 지니는 다수의 형태소로 구성되기 때문입니다. 우리에게 간단한 것으로 보이는 개념의 의미 구조를 분석하는 작업도 까다롭습니다. 예컨대 '무게를 달다', '자르다', '고통을 받다'는 형태소를 결합시켜 만드는데, 그 어근의 의미는 아주 모호한 형태소입니다. 다양한 단어 자료는 형태론의 가장 중요하고 가장 난해한 부분인 동사 형태의 구성 요소들 간의 형태적·의미적 관계를 보다 더 정확히 정의해 줍니다.

틀링깃족과 해안·내륙의 다른 인디언 종족들과의 관계와 접촉, 이들의 분포에 대한 유용한 증거도 기록할 수 있었습니다. 몇몇 종교 용어나 다수의 동물 명칭은 다른 언어에서 차용한 것들인데, 이들은 오래된 교류관계를 보여 줍니다.

8월 초 [2일, 일요일] 헤인즈-클루콴에서 스캐그웨이로 갔고, 그 다음에는 화이트호스(캐나다령 유콘)[47]로 갔습니다. 애서배스카 인디언족의 영역에 들어갔는데, 그곳의 생활 방식이나 문화는 틀링깃족과의 접촉으로 약간의 유사점이 있긴 했지만 이들과는 전혀 달랐습니다. 이 인디

---

47 스캐그웨이 철도의 종점인 화이트호스는 유콘주의 주도이다.

언들은 작은 무리나 집단으로 구성되어 있고, 거의가 사냥꾼이나 어부들이었으며, 강이나 호수 곁에 정착 생활을 하면서 사냥을 하고 있었습니다. 그들의 언어는 미국의 알래스카와 캐나다의 유콘주에 걸친 광활한 지대에 넓게 분포해 있어 엄청나게 다양하고 아직도 거의 알려져 있지 않습니다.

알래스카 고속도로 근처의 유콘주 어느 마을(클루에인)에서 이들의 언어를 연구했습니다. 그러고 나서 페어뱅크스로 갔다가 거의 곧장 포트 유콘으로 이동했으며, 이곳에서 9월 초까지 연구 작업을 했습니다.

포트유콘은 북극권 너머에 위치하고 있으며, 알래스카 북부에서 가장 남쪽에 위치하면서도 가장 큰 인디언 집단 거주지였습니다(약 500명). 과거에 언어학자 그 누구도 방문한 적이 없는 지역이었습니다. 여기서도 저는 요행스레 진지하고 자격에 맞는 언어 제보자를 만났고, 그와 열심히 언어 채록 작업을 했습니다. 이 채록 경험은 전혀 새롭고 매우 어려웠습니다. 언어 구조가 아주 복잡한 인디언족 언어뿐만아니라 역사 전통에 대한 자료도 가능하면 많이 채집하려고 노력했습니다. 이 인디언들은 아주 오래전에 유콘강 줄기를 따라 거슬러 올라가면서 해안 지대에서 동부로 이주한 추억을 간직하고 있습니다. 다른 부족과 이들의 분포를 알려 주는 흥미로운 명칭도 있었습니다. 게다가 이들의 생활 방식 덕택에 그들의 언어에는 동물 명칭이 많았습니다. 동물 생태를 가리키는 풍부한 어휘를 수집했고, 곧 출간할 예정입니다.[48] 특히나 제 관

---

48 [옮긴이]「유콘 고지대 인디언의 동물 생태 어휘」(É. Benveniste, "Le vocabulaire de la vie animale chez les Indiens du Haut Yukon(Alaska)", *BSLP*, t.49, Paris: Librairie C. Klincksieck, 1953, pp.79~106).

심을 끈 것은 이들의 언어 구조였습니다. 포트유콘의 언어는 애서배스카 대어족과 친근관계가 있는데, 이 인디언어족은 나바호어의 형태로 미국 남부까지 분산, 확장되어 있습니다. 녹음한 새로운 언어 자료는 알래스카와 아리조나주 사이에 빽빽이 분산된 다양한 인디언어군의 정확한 관계를 밝히는 데 기여할 것입니다. 문제는 이 어족의 언어 구조를 어느 정도까지 재구성할 수 있느냐 하는 것인데, 그래야만 이 포트유콘의 언어와 틀링깃어·하이다어와의 친근관계를 조사 및 분석할 수 있기 때문입니다.

9월의 첫 며칠은 얼마 전에 방문했던 곳과 이 지역의 생태와 문화가 얼마나 다른지를 알기 위해 베링해의 코츠뷰와 놈 지역에 있는 에스키모인의 집에 머물렀습니다. 불과 며칠간의 방문이었지만 독창성을 지닌 이 부족의 놀라운 역량에 생생한 감동을 받았습니다. 그리고 이들의 영향을 받은 유콘강 하류의 인디언들과의 접촉에 대한 정보도 얻었고, 여기서 몇 가지의 언어 특성을 수집했습니다.

이 여름 내내 하루도 빠짐없이 언어 제보자들과 언어 채록 작업을 했습니다. 거의 알려지지 않은 미지의 지방에서 연구 조사를 계속할 수 있는 기회를 최대한 이용해야만 했고, 가능한 한 많이 녹음을 해야 했기 때문입니다. 지금 준비 중인 출간 작업을 위한 많은 자료들을 이제 와서야 연구하고, 정리할 수 있었습니다. […] 페어뱅크스와 시애틀에서 나눈 대화와 밴쿠버의 친구들과 주고받은 서신들에서도 태평양안의 미국과 캐나다 대학들(알래스카, 워싱턴, 브리티시컬럼비아)의 풀Pool이 조사를 맡은 아메리카 북서 지역 전체에 대한 광범위한 탐사 계획을 제안하려고 했습니다. 북아메리카에 있는 가장 원시적인 인디언 문화의 언어들이 사라지기 전에 이들을 심층적으로 조사하기 위해서였습니다. 제안은 수용되었지만, 이 프로젝트를 실시하는 최초의 계획은 미국에서 착수해야 했습니다.

어쨌든 이 현지 언어 조사 경험은 지금이 이 조사를 수행하기에 아주 적기였다는 것을 보여 주었습니다. 알래스카의 인구 급증과 내륙 교통의 발달, 인디언들의 학력 증가와 문화 적응으로 인해 몇 해 지나지 않아 모든 사정이 완전히 바뀔 것이기 때문입니다.

9월 11일, 에밀 뱅베니스트는 주노를 떠나 시애틀로 향했고, 다시 뉴욕으로 갔다. 그는 10월 3일에 여기서 유나이티드 스테이트호에 올랐다. 그는 12월부터 콜레주 드 프랑스에서 한 강의 중 한 번을 알래스카 인디언어에 할애했고, 그것이 프랑스에서는 최초로 개설된 인디언어 강의였다. 많은 의무들과 또 다른 프로젝트로 인해 그가 수집한 언어 조사 자료들 ── 틀링깃어를 연구한 8권의 큰 노트와 유콘주 인디언어를 연구한 3권의 노트 ── 은 안타깝게도 출간되지 못했다. 이 세 권의 노트 중 한 권에는 1953년 8월 6일에 유콘주 샴페인에서의 채록이 담겨 있는데, 이는 "주노발 시애틀행 기내에서 5시간을 보낸 추억과 알래스카 여행에 대한 소중한 기억을 떠올리면서, 9월 11일에 작은 갈색 공책에서 다시 베껴 적은 것이었다". 이 감동적인 연구 노트를 스캐그웨이와 화이트호스에 체류할 때 공책 이곳저곳에 적은 이야기들로 더 보충해 보자.

1953년 8월 15일 수요일. 8월 2일 일요일 아침, 헤인즈와 칠쿠트 소재의 아주 친절한 헬싱글란드 호텔에서 마지못해 출발. 15분 후 스캐그웨이에 도착. 이 죽은 도시, 일요일이라서 더욱 죽어 보이는 이 도시에서 하루 종일 우울한 기분에 젖어 있었다. 바람은 더 거세졌다 잦아들었다 하며 끊임없이 불었다. 우중충한 회색빛 날씨, 1900년 풍의 이 거리에서 메말라 버린 이미지들이 나부끼는 과거의 아득한 마력, 퓰런 호텔의 낡고 큰 건물에 스며들어 있는 골드러시의 분위기, 황량한 길거리의 나무들과 정원의 매력적인 꽃들, 버드나무의 부드러운 녹음, 철로 건너편 옛 묘지에서의 느릿한 산보, 시끄러운 폭포 발치에 있는 개척자들의 무덤 가운데서 홀로 거닐며 마치 알래스카와 바다에 진정 작별 인사를 하는 것 같았다. 이러한 추억의 영상은 오랫동안 고이 간직될 것이다.

다음날 아침 월요일에 화이트호스행의 작은 기차에 올랐다. 안개로 뒤덮인 언덕 경사지를 천천히 오르자 햇빛으로 반짝이며 빛나는 하늘로 접어들었고 태양이 쏟아졌다. 오랫동안 잊고 있었던 이 열기에 도취해 행복감을 느꼈다. 화이트호스에 늦게 도착해 리자이나 호텔의 자그만 방에 여장을 풀었다. 화이트호스의 첫인상은 눈을 멀게 할 정도로 찬란한 태양이 빛나는 거대한 창공, 아주 넓게 여기저기 심긴 허름한 목조 주택들, 오솔길이라고 부르는 게 나을 것 같은 길거리를 흔들거리며 지나는 화물차들이 일으키는 숨막힐 듯이 짙은 먼지 회오리, 고원의 열기, 진갈색 피부의 인디언들… 이런 것이 마치 찌는 듯이 무덥고 맑은 어느 날 페르시아의 어딘가에 있는 듯한 착각을 주었다. 건조하고 더운 바람이 피부를 메마르게 했다. 유콘주의 이 '거대도시'에는 백인들이 아직도 캠핑을 하는 이 소도시의 절망적 면모와 거친 투박함이 널려 있었다. 허름한 석조 건물은 다섯 채가 못 되었다. 아주 넓고 크게 다져진 길가에는 아직도 초라한 작은 집들, 무너져 가는 남루한 집들이 드문드문 있었고, 곳곳에서 먼지기둥이 치솟아 올랐다. 마구 세워진 창고들, 벌레 먹은 나무로 지은 누옥들, 목재로 지은 허름한 가게들이 길거리 양쪽에 줄 지어 서 있는 100여 미터 남짓한 주 도로, 화이트호스 여관과 석조로 지은 단독 은행 건물… 이런 것이 이 유명한 화이트호스다. [⋯] 화요일 아침, 이 황량한 곳을 좀 일찍 떠나는 교통편을 알아보았다. 도손행 증기 선박이 10여 일 이전에는 출발하지 않을 것임을 알았고, 아무도 출발 날짜가 언제인지 모르고 있었다. 또한 도손은 주 2회 항공편으로만 연결된다는 것을 알았다. 알래스카 하이웨이 버스는 아침 7시에 이미 떠났으며, 목요일 이전에는 차편이 없다는 것도 알았다. 화가 치밀어 이틀간 할 일 없이 무료하게 지내야 한다는 사실조차 잊었다. 그래서 목요일, 자동차편으로 버와시행 표를 끊었다.

무엇을 할지 몰라 인디언 사무국으로 찾아갔다. 거의 아무것도 모르는 친절한 부인이 사무실장 쉬크가 인류학 하계강좌를 들으러 호손과 함께 밴쿠버에 가 있다는 사실을 알려 주었다. 또 한 번 겪는 불운이었다. [⋯] 오후가 끝나갈 무렵 유콘강가에 갔었다. 백악질의 둑이 있는 강물의 강렬한 시적 감정이 힘차고 생동감 넘치는 움직임으로 경사진 잎사귀들 사이를 흘러 가슴을 꿰뚫고 들어와, 나를 엄습하던 침울한 기분을 서서히 씻어 버렸다. 사라져 버린 이틀을 못내 아쉬워하는 것이 유치한 듯이 보였다. 하지만 내겐 이 몇 주간이 내가 바라는 것 이상으로 소중했다. 연구 작업은 아침부터 밤 늦게까지 고단했지만, 새로운 일에 몰입한 채 단어 형태나 문장을 채집하며 헤인즈에서 보냈던 한 주만큼이나 모두가 중요했다. [⋯] 이 고원(고도계는 680미터를 기록했다), 건조하고 뜨거운 공기, 하루가 다르게 자라는 식물로 가득 뒤덮힌 백악질의 토양, 먼 시선에 잡히는 맑고 타는 듯한 하늘… 왜 문득 중앙아시아의 아무다리야강가(옥수스), 아프가니스탄 북부의 어느 외진 곳에 있는 것 같은 생각이 드는지 그 이유를 알 수 없었다. 이러한 산책들에 대한 추억이 지금의 인상과 서로 뒤얽히면서 뇌리를 파고들었다. […] 그러나 도손을 보지 못해 막연한 후회가 남았다. 버와시, 타나크로스에 대한 조사에 착수한 후에도 여전히 살아 있을지 알아봐야겠다. 포트유콘에 가까스로 도착하게 되면, 그 추억이 사라질지도 모르겠다.

* * *

에밀 뱅베니스트는 법석대는 언론의 소란을 싫어하고 가식적인 태도에 호의적이지 않았으며, 쉽사리 얻을 수 있는 영광도 스스로 거부했다. 하지만 그에게 수없이 수여된 눈부신 명예는 그의 연구 업적을 인정하는 공인된 징표였다.

『생일 선물 증정집』 이후 47년 만에 그에게 헌정한 두 권의 책이 있다. 한 권은 『언어학 논집』[49]으로 1975년 6월 6일 오후, 크레테유에서 열린 '아주 소박하고 감동적이고 인상적인 기념식 행사에서'[50] 언어학회 회원들이 바친 기념집이다. 다른 한 권은 『언어, 담화, 사회』[51]로서

---

49 『에밀 뱅베니스트 헌증 논문집』(*Mélanges linguistiques offerts à Émile Benveniste*, coll. ˝Linguistique˝, Société de Linguistique de Paris, vol. LXX, Paris: Peeters, 1975).

50 행정업무자 소바조의 말에 의거(*Bulletin de la sociétéde linguistique*, 71/1, 1976, XX).

51 『언어, 담화, 사회: 뱅베니스트를 위하여』(*Langue, discours, société: pour Émile Benveniste*, eds. J.

그 목차를 보면, 언어학자들 외에 인류학자, 신화학자, 정신분석자, 문학이론가도 있다. 이는 그가 미친 영향력이 얼마나 큰지 잘 보여 준다.

1958년 3월 14일, 명문문예아카데미는 그의 저작 전체[52]에 대한 공로로 알프레드 두텐스 상을 수여하기로 결정했다. 이것은 해프닝의 서두에 불과했다. 그가 이 학회에 회원 가입하면 안 되는 것인가 하는 문제 때문이었다. 그는 분명 기존의 아카데미 회원 선발의 전통에 반발하기는 했지만, 루이 로베르가 새로운 직선제를 항변했고 에밀 뱅베니스트가 이 직선제의 첫 번째 수혜자가 될 예정이었다.[53] 그는 1960년 5월 27일에, 1월 30일에 사망한 조제프 방드리에스가 비워 둔 자리에 선출되었고,[54] 7월 8일에 회장 마르셀 바타이용이 와 주기를 적극 요청하면서 "동료들의 연구에 동참해 줄 것을 주문했다". 그는 이 모임에 빠짐없이 참석했고, 드미에빌의 좌석 옆 그의 자리는 거의 빈 적이 없었다. 이 학회는 1962년 10월 12일자의 발표자로 그를 지정했고, 그는 11월 23일, 연례 공식 석상에서 구두로 발표했다. 그는 볼네 상prix Volney 의 다학제위원회 위원으로 선임되었고, 프랑스 학자 명부 작성 책임

Kristeva, Jean-Claude Milner and N. Ruwet, Paris: Seuil, 1975).

52 11월 21일, 연례 공식회의를 주재하면서 르누는 이처럼 찬사를 했다. "이 대언어학자에 대해 말한다는 게 조심스럽습니다. 그 누가 아주 난삽한 문헌학, 고대이란어 문헌학에 더하여 일반언어학, 비교문법에 최고 수준의 천재성을 발휘하였던가요?"

53 에밀 뱅베니스트는 이런 방식으로 선발되었음을 영광스레 생각했고, 이 영광은 그에게 단지 시간적 순서에 따라 성공하는 것보다 더 큰 의미가 있었다는 것을 보여 주는 다수의 증거들이 있다.

54 『르 피가로』지(1960. 5. 28, 29)는 이 선거를 논평하면서 "이 신임 학자는 출간물이 그리 많지는 않지만 이란어, 문법, 의미론, 문헌학 [원문대로] …의 분야에서 독창적인 연구를 지속적으로 수행했다"고 말했다. 그 당시 에밀 뱅베니스트는 저서 13권, 200여 편 이상의 논문, 거의 250건에 이르는 서평을 기록했다.

위원으로도 선임되어 프랑스 극동학교의 과학 자문직을 제안받았다. 1965년 12월 17일, 부회장 선출 때 그는 스스로 선임에 대한 사의를 표명했는데, 이는 물론 행정 업무 때문에 많은 시간 낭비가 예상됐기 때문이다. 자연스럽게 호감을 가졌던 두 학회, 즉 파리언어학회와 아시아학회의 관심사와 업무에 그가 얼마나 큰 애정을 가졌는지 살펴보자.

1920년 1월 17일, 1차 학회 모임 때 메이예와 방드리에스가 뱅베니스트를 소개했고, 그는 2월 18일에 가입했다.[55] 이날부터 1969년 3월 15일까지[56] 그는 모범적인 열성분자였다. 1929년 12월 7일에 재무위원이 되었고, 제2차 세계대전 때까지 재임했다. 1936년 12월 19일에 출판위원회에 들어갔고 1945년 2월 3일에 부총무가 되었지만, 사실상의 총무 일을 도맡아 『파리언어학회지』*Bulletin de la société linguistique de Paris, BSLP*를 편집했으며,[57] 1958년 12월 20일에 정식으로 편집 책임을 부여받았고 1970년 12월 19일에 교체되었다.[58] 그는 1936년부터 『연구 논집』*Mémoires*과 『언어학회지』에 65편의 논문을 게재했으며, 몇몇 예외를 제외하고

---

55 그가 참석한 마지막 회의였다. 그 후 세 번의 회의(4월 26일, 6월 28일, 11월 22일)에는 불참했다. 극심한 피로감의 증거다.

56 이 기간에 학회 회의는 498회 열렸고, 이 중 그는 363회 참석했다. 그의 불참은 거의 모두 외부 행사 때문인 것으로 설명된다. 푸나 체류(19회), 군 복무(14회), 동방(10회)과 알래스카(4회) 연구 출장, 1956년 12월 9일의 심근경색 발작 후의 강제 휴가(12회).

57 방드리에스는 1936년에 브레알(1866~1915)과 메이예(1915~1936)의 뒤를 이어 이사가 되었고, 파리언어학회는 1945년에 활동을 재개했다. 그는 은퇴할 나이가 되어 "직책만 수용했고, 실제 모든 업무는 부이사가 수행했다. 매년 이처럼 업무가 갱신, 조정되었고, 1958년까지 지속되었다". 과중한 업무가 때때로 그를 괴롭혔다. "두꺼운 1954년 학회지를 빠른 시간 내에 배포하길 희망한다. 이 책은 발간이 늦어졌고, 나는 밤샘을 하며 교정을 했다."(1955. 3. 4)

58 당시 그는 명예이사로 임명되어 『파리언어학회지』를 부이사 페로의 도움을 받은 르죈에게 넘겨주었다.

는 서평도 실었다. 언어학회의 일지를 읽어 보면, 그가 발언한 횟수와 중요도도 확인할 수 있다. 구두 발표는 언급할 필요도 없다. 학자들은 예측하기 어려운 그의 학적 판단과 지적[59]을 기다렸고, 그것은 언제나 핵심을 찔렀다. 발표회는 그의 예리한 사고로 빛을 발했다.

　뱅베니스트는 아시아학회에도 마찬가지로 크게 기여했다. 그는 1921년 5월 13일에 메이예와 블로크의 소개로 가입했고, 1928년 6월 14일에 이미 루이 피노에 이어 총무가 되었고, 1947년 6월까지 그 자리를 역임했다. 1921~1922년의 연차학회 때는 참석하지 못했다. 이는 분명 교수 자격 시험 준비로 너무 바빠서였을 것이다. 1923년부터는 정기적으로 참석했고, 방금 지적한 개인 사정으로 1923년에는 파리로부터 멀리 떨어진 곳에 있었기에 불참했다. 1932~1949년까지 9회의 구두 발표를 했고, 1953년부터는 시간 부족과 또 다른 요청 때문에, 그는 센가의 이 학회 모임에 가는 것을 포기했다. 1954~1955년[60]에 그는 이 학회를 주재하여 그리스어 연구에 대한 열기를 불러일으켰다. 그는 1961년 6월 15일, 총회에 마지막으로 참석했다. 그렇지만 『아시아 저널』*Journal asiatique*에 계속 협력했고, 논문 30편과 서평 29편을 게재했다.

　그의 저작은 놀랄 만큼 다양하고 폭이 넓어서 단 몇 페이지로 요약하기란 무모해 보인다. '질이 낮고 불완전하다고 두 배로 비난받는

59　그는 때로 알아챌 수 없을 정도로 고개를 끄떡이며 동의하거나, 때로는 입술을 삐죽거리며 반대하거나 볼펜을 무의식적으로 딱딱거리며 짜증스러워했다.

60　피에르 구루와 레비스트로스와 함께 그는 1961년부터 발행된 프랑스 인류학 잡지 『인간』 (*L'Homme*)을 주관했다. 1964년부터 베르베리앙과 함께 『아르메니아 연구지』(*Revue d'études arméniennes*)를 주관했다(제1권의 서문 발제).

것'을 감수해야 한다.[61]

첫눈에 세 분야의 연구 활동을 분별할 수 있다. 인도유럽어, 이란어와 일반언어학이다. 이 세 영역은 확실히 특혜를 받은 연구 분야이지만, 그의 업적을 이 세 분야에만 국한시킬 수 없다. 연구에 활력을 불어넣고 그 내용을 구성하는 원리를 파악하려면 무미건조하더라도 다소 거리를 두고, 우선 이 주요한 주제들을 중심으로 중요 저작의 목록을 작성해야 한다.

에밀 뱅베니스트는 분명히 인도유럽어의 모든 분야를 포괄할 수 있는 최후의 비교언어학자 가운데 한 사람이다. 그는 교향악의 화음 전체를 익히 잘 알고 있으면서도 또한 이 어족의 주요 언어들 하나하나를 탐구했다. 이런 일은 지금에 와서도 매우 드문 일이다. 그는 1922년의 학위 논문에서 벌써 인도유럽어 연구에 상존하는 언어비교만이 당면 문제에 대한 해결책이 아니라는 점과, 한 언어 내에서도 설명 요소들을 찾아내어야 함을 증명해 보였다.

그는 일찌감치 히타이트어에 관심을 가졌다. 이 언어는 메이예조차 거의 간과했던 언어이다. 그는 "이제부터 회의와 과도한 비판의 시간은 지나갔고", 이 히타이트어가 당시까지 끌어내었던 결과보다 훨씬 많은 성과를 가져다줄 것으로 생각했다. 30여 년간(1932~1962)에 걸쳐 발표한 수많은 논문은 그가 이 히타이트어를 끊임없이 연구했다는 것을 보여 준다. 이 연구들은 새로운 문헌학적 발견이나 미편집 자료는 아니었지만, 확실하게 정리된 사실에 기반하여 음성학, 형태론, 어휘

---

61 조제프 방드리에스, 메이예에 대한 논문 서두에서(*BSLP*, vol.38, no.1, 1937, p.1).

론, 통사론의 여러 문제를 해결하는 데 빛을 비춰 주었다. 이러한 미편집 자료의 수정, 증보에 기초하여 재검토한 다수의 작업과 연구의 결과물이 1962년에 발표한 『히타이트어와 인도유럽어』*Hittite et indo-européen*이다. 이 연구에서 그는 원시 인도유럽어의 고대 상태 재구성에 히타이트어가 크게 기여한 바가 무엇인지를 탐구하고, 이 히타이트어가 남긴 유산의 중요한 면모가 무엇인지도 밝혔다. […]

에밀 뱅베니스트는 학위 논문에서 증거자료로 사용한 토카라어에 대해 엄밀한 의미에서 단 한 편의 논문만 썼지만, 그것은 획기적인 것이었다. 그는 이 논문에서 이 언어의 방언학상의 지위를 규정하려고 했다. "(히타이트어도 귀속될 수 있는) 선사어군의 고대어로서, 한편으로는 발트어와 슬라브어에 속하고, 다른 한편으로는 그리스어, 아르메니아어, 트라키아-프리기아어Thraco-Phrygian가 포함되는 어군이다." 이 결론은 훨씬 진전되고 앞선 연구였는데, 이 연구 결과로 인도유럽어의 지리적 분포는 러시아 남동부로부터 우랄산맥에 이르는 광범한 스텝(초원) 지역, 즉 인도유럽 사회의 전 영토를 가리켰기 때문이다.

에밀 뱅베니스트의 산스크리트어에 대한 지식은 완벽했다.[62] 비교언어학자로서나 이란어 전문가로서는 산스크리트어 지식이 필수적이었기에 당연한 일이었다. 하지만 그는 이 언어를 언제나 인도이란어의 틀 내에서 고려했다. […]

---

62 쥘 블로흐의 『인도아리아인』(*L'indo-aryen du Veda aux temps modernes*, Paris: Maisonneuve, 1934)과 만프레트 마이어호퍼의 『간편 고대 산스크리트어 어원사전』(*Kurzgefasstes etymologisches Wörterbuch des Altindischen*, vols. 2, Heidelberg: Carl Winter, 1953~1954)을 서평하면서 그가 얼마나 놀랄 만큼 확실하게 세부적인 불일치 사항들을 지적하는지를 살펴보는 것으로 충분하다.

뱅베니스트는 메이예의 가르침을 충실하게 따라 인도유럽어 연구에서 아르메니아어가 차지하는 지위를 중요시했다. 자음변이를 차례로 거듭 연구하고, 동사완료 구문에서 자동과 타동을 연구했다. […] 특히 휩슈만, 메이예, 고티오가 착수했던 이란 차용어의 목록을 크게 늘렸다. 이 차용어는 대부분 파르티아의 아르사케스 왕조 시기에 속하며, 각 차용 어휘의 방언 출처를 하나하나 모두 정확하게 밝혔다. […] 다른 연구 분야에서처럼 에밀 뱅베니스트는 특수한 조어법이든 격변을 겪고 복잡한 문제를 야기하는 차용 과정 자체든 합성어(복합어)에 관심을 기울였다. 예컨대 성서 그리스어의 합성어 번역 같은 것인데, 이 분석을 통해 그리스어 언어 구조 내에서 합성어가 차지하는 지위와 그 지위에 상응하는 기능을 규정했다.

그리스어 연구에서는 단연코 어휘 연구가 가장 중요한 자리를 차지한다. […] 시그마형 미래와 접속법 연구에서 대담하게 접근을 시도한 라틴어 형태론은 적어도 다른 주요한 두 연구의 주제였다. […] 라틴어도 그리스어처럼 어휘 연구에 노력을 각별히 기울였다. 에밀 뱅베니스트의 '라틴어' 어휘에 대한 연구는 자연히 프랑스어 연구로 확장되었다. international, sténographie 같은 영어 차용어나 presqu'il, convoler, normal, larve, scientifique 등의 어휘가 가진 라틴어법도 연구했다. 그의 어휘 탐구는 풍부한 자료 이용이나 개별 어휘 사실을 일관된 전$_全$ 체계에 통합시키는 탁월한 능력으로 눈이 부실 지경이다. 이러한 특출한 연구 자질은 '문명사' 연구나 amenuiser/menuisier의 관계를 풀어내는 방식에서 잘 드러난다. […] 프랑스어를 기점으로 사용하여 성찰하고, 이를 넘어서는 정의를 끌어내고, 그리하여 특정한 개별어의 조사에서 출발하여 일반언어학적인 문제를 유도하는 것을 확인할 수 있다. 바로 이것이 뱅베니스트의 연구에 필수적인 방식이다.

켈트어는 매번 언어비교에서 증거로서의 중요성이 제기될 때마다 논의되지만, 단지 어휘에 대한 간략한 노트만이 두 권 남아 있다.

게르만어 연구도 수가 매우 적고, 거의 모두가 이곳저곳의 산발적 논의에서 다룬 보다 광범위한 문제와 관련된다. […]

세 편의 논문은 발트어 연구와 관계가 있고, 『기원』에서 다룬 시기 (1932~1935)와 관련된다. […]

마지막으로 슬라브어와 관련해서 뱅베니스트는 수차례 그 어휘가 동질적이지 않다고 지적했다. 직접 차용한 단어들 […], 의미적 모사어[…]와 몇몇 귀중한 사례가 남아 있는 슬라브어 공통 어휘의 유산을 조심스레 구별했다.

그러나 말했듯이 에밀 뱅베니스트의 수없이 열거된 이 어휘 연구에서 '압도적인' 비중을 차지하는 연구는 이란어 연구이다.

부록 2 에밀 뱅베니스트의 문서

에밀리 브뤼네

『동양학자 문서 자료』*Papiers d'orientalistes*, 에밀 뱅베니스트(1902년 5월 27일, 알레포에서 출생~1976년 10월 3일, 베르사유에서 사망), 1927년부터 고등연구원 제4섹션과 1937년부터 콜레주 드 프랑스에서 강의한 저명한 이란어 학자이며, 고대 이란어와 특히 고대 페르시아어와 중기 페르시아어, 아베스타어를 포괄하는 지식이 박학다식하다.

이 문서는 아주 중요한 것으로서 1976년 12월 30일, 국립도서관 수고 자료부에 유증되어 보관되었고, 다음 논문에서 더욱 자세히 분석될 것이다.[1]

뱅베니스트가 떠나고 몇 개월 후에 발표된 이 글은 프랑스국립도서관BNF의 전집 가운데 이 언어학자의 학술문서 자료가 입수되었음을 알려주며, 현재 본서의 출처가 되는 수기 원고가 '매우 귀중한' 것임을

---

1 *Bulletin de la Bibliothéque nationale*, n.1, 2e année, mars 1977, pp.12~13.

명확히 확인해 준다. 이들 문서를 좀 더 자세히 분석하여 발표하겠다고 약속한 논문은 작성되지 않았다. 이런 페놀리오의 말에 따르면, 뱅베니스트의 지적 자산은 1981년 장 랄로의 기증으로 일부 깨어나기는 했지만 여전히 잠든 채로 묻혀 있다. 『인도유럽사회의 제도·문화 어휘 연구』의 일부 수기 원고는 랄로의 손으로 주해되었다.[2]

2000년대가 되면서 소수의 연구자들이 파리 리슐리외가에 있는 BNF의 수고 자료부의 정겨운 동양학 강독실에 있는 뱅베니스트의 수기 원고를 참조하기 시작했다. 이러한 관심사로 인해 BNF는 뱅베니스트의 이 지적 자산에 대한 연구자들의 접근을 용이하도록 하기 위해 이를 목록화하고 정리하기에 이르렀다. 기술적인 작업이 완성되기에는 아직 멀었지만, 이 지적 자산의 내력을 제시할 수 있다. 우리는 이미 진정한 의미의 자료 조사를 통해 밝혀진 수기 원고를 추적할 수 있기 때문이다. 특히 뱅베니스트가 유증하기로 이미 결정한 BNF 이외의 장소에도 문서 자료가 보관되어 있음을 또한 드러내 준다.

뱅베니스트와 여동생의 희망

뱅베니스트는 1976년 10월 3일, 베르사유에서 사망했다. 1973년에 작

---

2 *Revue de la Bibliothèque nationale*, no.3, 2e année, mars 1982, p.49 참조. 현재 그리스어 명예교수인 장 랄로(ENS Paris et Sevres)는 1969년에 출간된 『인도유럽사회의 제도·문화 어휘 연구』의 목차, 표, 색인을 작성했다.

성된 유언장[3]은 수기 원고를 '파리국립도서관'[4]에 넘기려 한 의도를 확인해 준다. 국립도서관은 이 수고들을 정리하는 일을 떠맡았다. 유언장에서 이 언어학자는 여동생 카르멜리아 뱅베니스트를 유일한 상속자로 지정했고, 여동생이 먼저 죽을 경우에 대비해서 조르주 르다르[5]를 또한 상속자로 지정했다.

에밀 뱅베니스트는 또한 상속자는 서적들을 통째로 단 한 사람의 구입자에게 양도하는 일도 떠맡아야 한다는 것을 명시했다. 그는 학술 기관, 대학, 연구소를 선호했으나 기관의 명칭은 지정하지 않았다. 하지만 기관이 선택되면 수입된 학술서적의 안이나 겉에 '에밀 뱅베니스트 장서', '이 책은 에밀 뱅베니스트의 것임'이라는 표식을 하도록 적시했다. 그의 또 다른 바람은 '매매 대금은 이란학 연구의 발전을 위해 사용해야 한다'는 것이었다(도서 구입, 젊은 연구자에게 장학금 수여, '에밀 뱅베니스트' 기금 적립 등).

1975년, 카르멜리아 뱅베니스트와 스위스 베른 주의회 사이에 맺어진 매매계약서 초안이 콜레주 드 프랑스의 문서보관소에 보관되어

---

3 이 유언장의 사본이 BNF에 보관된 에밀 뱅베니스트 유증(1973~1978) 자료문서 E160/47에 추가되었고, 허가를 받아 열람할 수 있다. 이 유언장은 1973년 8월 6일, 공증인 아데르와 두 명의 증인, 연구소 교수와 직원, 피에르 샹트렌, 루이 로베르의 임석하에 작성되었다. 뱅베니스트는 이 유언장에서 '신체적 질병과 건강한 정신'이라고 선언한다. 또한 그는 BNF가 수증을 거부하는 경우 이 문서 자료를 콜레주 드 프랑스에 맡길 것을 미리 염두에 두었음을 지적한다.

4 BNF를 가리키기 위해 이 명칭이 공식적으로 사용된 적은 없다. 그 이전에는 왕의 도서관, 왕립도서관, 국립도서관으로 불렸으나 현재 이 명칭은 프랑스국립도서관(Bibliothèque nationale de France, BNF)이다.

5 뱅베니스트의 절친한 지인으로 스위스 베른 대학 교수인 조르주 르다르는 이란방언학 전문가이며, 일반언어학과 인도유럽문헌학을 강의했다.

있다. 이를 통해 조르주 르다르가 강의하던 베른 대학 언어학연구소에 뱅베니스트의 서적을 매도하려고 했던 흔적을 알 수 있다. 언어학연구소의 현 소장인 이바르 베를렌 교수는 뱅베니스트의 서적이 매매되었다는 것과, 그 후 대부분의 서적, 책자, 별쇄본이 이 연구소 서고에 통합되었다는 사실을 알려 주었다.

카르멜리아 뱅베니스트는 1982년에 조르주 르다르를 통해 저작권을 명문문예아카데미에 넘겼고, 1984년 이후 아카데미가 저작권을 소유하고 있다(만일 아카데미가 이를 거절했더라면, 파리 제3대학——소르본 누벨——의 이란학 연구소로 넘어갔을 것이다). 명문문예아카데미의 상근 이사인 장 르클랑은 2011년 9월에 유명을 달리했는데, 그는 우리에게 에밀 뱅베니스트 재단의 존재를 알려 주었다. 뱅베니스트는 자신이 몸담았던 연구 분야(인도유럽 비교문법, 이란언어학, 일반언어학 등)와 관련 있는 저술 연구자에게 연구비를 수여하겠다는 사명감을 가지고 있었다.

프랑스국립도서관의 문서 자료

뱅베니스트의 희망에 따라 대부분의 문서들은 BNF에 보관되었다. 1976년 12월, 조르주 르다르가 전해 준 이 지적 자산은 수고 자료부의 '동양학 문서 자료' 총서에 보관된 제본도서 7권과 문서보관함 상자 28개이다(PAP. OR. 29~63 구획). 이 유증 자산은 1981년에 장 랄로가 『인도유럽사회의 제도·문화 어휘 연구』의 일부 주해를 기증함으로써 종결되었다(PAP. OR. 73 구획).

조르주 르다르는 2004년에 보관하고 있던 뱅베니스트 소유의 문서 자료들을 다시 기증했다. 그리하여 제라드 푸스만[6]의 조수인 이자벨 젤라고프스키를 통해서 '시어'詩語에 대한 490장의 원자료가 수고 자료부의 총서에 합체되었다. 시어 자료는 클로에 라플랑틴의 박사 학위 논문 주제가 되었다. 이 문서 자료는 검인을 받아 분류되었고, 목록이 작성되었으나 아직 제대로 정리되지는 않았다. 기증 번호는 d. 04-29이다.

뱅베니스트의 최초 자료 유증에 이어 최후의 보충 자료는 2006년 4월에 입수되었다. 조르주 르다르의 미망인이 남편의 문서 자료를 선별하는 일을 맡았던 제라드 푸스만을 통해 뱅베니스트의 학술 논문 전체를 새로이 전달했다. 그 이전의 자료 기증처럼 조르주 르다르가 문서 자료를 아직 다 정리하지 못했지만, 목록은 작성되었다(d. 06-15). 문서 자료가 입수된 직후 이렌 페놀리오와 클로에 라플랑틴이 그것을 함께 기술했다. 당시 BNF의 수고 자료부 부장이었던 모니크 코엥은 자료사무실에서 이 수고 자료를 검토할 수 있도록 허락해 주었다. 이 가운데에는 미편집 그리스어 어휘 연구도 포함되었고, 두루마리로 된 음화陰畵 두 벌과 일련의 여행 사진도 들어 있었다.[7]

제라드 푸스만은 기증 업무를 맡은 모니크 코엥에게 쓴 편지에,

---

6 Gérard Fussman. 조르주 르다르의 제자이자 친구이며, 콜레주 드 프랑스의 인디언어계의 책임 명예교수.

7 2007년에 우리는 BNF의 총서에 이 문서 자료가 접수되었음을 『도서관보』(Revue de la BNF, n.27, p.92)에 공지했다.

조르주 르다르의 문서 자료에서 이미 선별 작업을 했다는 것과 BNF에 보낼 기증분과 함께 몇몇 개인적인 자료는 콜레주 드 프랑스에 기증했음을 밝혔다(이 중에는 신상명세서 같은 문서도 있다). 코엥은 그에게 뱅베니스트를 연구할 연구자들의 편의를 위해 콜레주에 보낸 문서 목록을 작성해 달라고 부탁했다. 그러나 이는 작성되지 않았다. 그리하여 우리는 이미 이 문서 자료를 조사하여 연구한 이렌 페놀리오의 자료 추적에 기반해 콜레주 드 프랑스의 문서들을 이용하게 되었다.

콜레주 드 프랑스의 또 다른 문서

뱅베니스트는 1943년부터 1969년에 변고를 당할 때까지 여기서 강의했기 때문에 — 그는 당시 앙투안 메이예의 후임으로 들어왔다 — 콜레주 드 프랑스의 문서보관소에는 61편의 다양한 문서를 포함해 개인적인 문서 자료(행정문서, 참고문헌, 서신, 보고서, 강의 계획서, 병가 서류, 은퇴 서류, 신문 기사 등)들이 보관되어 있다. 제라드 푸스만을 통해 기증한 르다르 부인의 제공 자료는 2005년에 기존의 이 문서 자료를 보충했으며, 그 양은 여섯 상자나 되었다. 여러 손을 거쳐 전달된 이 문서 자료는 또한 종류가 매우 다양하다. 뱅베니스트의 이 문서 자료는 조르주 르다르가 주해했으며, 르다르의 자료와 뒤섞이기도 했다는 것이 드러났다.[8] 이러한 연고로 르다르가 착수한 뱅베니스트의 미완성 학문

---

8 이로 인해, 아직 확인하지는 못했지만, 뱅베니스트의 문서 자료들이 현재 베른의 스위스 문헌

적 전기도 발견되었던 것이다. 프랑수아즈 바데[9]가 이 전기를 주해했
는데, 그녀 역시 제라드 푸스만이 이 자료를 문서보관소에 넘기기 전
에 조사했으며, 뱅베니스트의 전기를 작성하려고 했다. 이 개인적인 서
류들 외에도 아주 중요한 학술문서와 함께 상당히 많은 별쇄 리스트가
그중에 포함되어 있고(논문과 서평), 특히 뱅베니스트가 1947년에 이란
과 아프가니스탄의 연구 여행 때에 작성한 현지 연구 조사를 보여 주
는 카드 노트들도 있다.

콜레주 드 프랑스에 보관되어 있는 이들 문서는 오직 프랑스 문서
지침의 특례 조건에서만 접근과 열람이 허용된다는 점을 첨언한다. 이
들은 문서코드 CDF 28번으로 표시되어 있다.

현대 출간 기록문헌 보존 연구소(IMEC)에는 아직 없는 자료

IMEC의 목록은 캉 근처의 생 제르맹 라 블랑슈의 아르덴 수도원에 뱅
베니스트의 강의노트가 보관되어 있음을 알려 준다. 이는 사실상 뱅
베니스트가 했던 세 번의 강의를 조르주 르다르가 받아 적은 노트이
다. '일반통사론의 문제'(1949~1950), '격의 통사론', '인도유럽어의 굴
절'(1954~1955), '대명사'(1955~1956)가 그것이다.

자료보관소에 보관되어 있는 조르주 르다르의 문서 자료 가운데 남아 있을 가능성이 있다고
생각한다.
9 인도유럽어 비교문법 전문가인 바데는 고등연구원(역사문헌학 섹션)의 명예연구소장이다.

알래스카(미국) 페어뱅크스 대학의 일지

페어뱅크스 대학의 엘머 라스머슨 도서관은 뱅베니스트의 27편의 언어 조사지와 북아메리카 인디언어(하이다어, 틀링깃어, 에스키모어 등)에 대한 수기 노트를 보관하고 있다.[10] BNF에 보관된 2006년 기증 문서들 중에는 일체의 관련 문서 자료가 있는데(서신, 증여 확인서, 명세서), 이는 조르주 르다르가 여러 번에 걸쳐 이 자료들을 기증했음을 증언한다. 1991년 9월(목록번호 91-180), 1992년 4월(92-058), 1992년 11월(92-223). 2005년에 알래스카에 갔던 클로에 라플랑틴의 개인 목록에는 1506장의 자료가 제시되어 있다.

조르주 르다르가 전문연구자를 만날 기회가 가장 큰 곳에 이들 문서를 보내면서 이 언어들의 연구를 진척시키고, 뱅베니스트의 연구 작업 확산에 기여할 생각을 하고 있었다는 점을 쉽사리 상정할 수 있지만, 유감스럽게도 유증자료들을 분산시킴으로써 이용을 어렵게 하지 않았나 싶다.

---

10 [옮긴이] 이 책의 204쪽, 각주 44의 조르주 르다르의 연구 참조.

후기 어느 천재 언어학자의 운명

츠베탕 토도로프

1963년 봄, 나는 고국인 불가리아를 떠나 파리에 도착하자마자 나로서는 겨우 이해되는 복잡한 대학 교육 프로그램들 중에서 언어의 일반 속성을 알려 주는 강의를 찾기 시작했다. 나는 언어학자가 아니었고 주된 관심사는 문학이었지만, 문학 연구에 천착하기 위해서는 문학작품의 소재가 되는 언어 재원을 보다 깊이 이해해야 한다는 사실을 깨달았다. 다소 시행착오를 겪은 후에 에밀 뱅베니스트라는 언어학자가 콜레주 드 프랑스에서 일반언어학 강의를 한다는 사실을 알았고, 그해 가을에 그의 강의를 들으러 그곳으로 갔다. 강의에 참석하는 데는 별반 어려움이 없었고, 등록도 필요 없었다.

콜레주 드 프랑스의 자그마한 강의실에 청강자는 거의 없었다. 강단 한쪽의 강의실 옆문이 열려 있었고, 꽤 여윈 한 남자가 두꺼운 안경을 끼고 손에 종이 한 뭉치를 든 채 우리 앞에 서 있었다. 그는 우리를 한 번도 쳐다보지 않았고, 한 시간이 다 되자 종이 뭉치를 주섬주섬 주워 모아 들어왔던 강의실 옆문으로 아주 조심스레 빠져나갔다. 목소리는 허약한 몸처럼 힘이 없었으나 또렷이 잘 들렸다. 그의 어조는 꽤 느릿느릿했고, 단어를 축약해서 쓰지 않더라도 말한 내용은 모두 적을 수 있었다. 그렇지만 그렇게 줄여 쓰고 싶은 생각도 언뜻 들었다. 논의 대상인 언어에 새로운 빛을 비추어 주는 시사적인 내용이었고 설명은 아주 명석했다.

다른 참석자들처럼 나는 이 청강 경험에 아주 매료되었고, 수년간 콜레주의 어두컴컴한 강의실로 꼬박꼬박 향했다. 이 강의의 정확한 주제를 지금은 잊어 버렸고, 상기하려고 애쓸 필요는 없다. 내 개인적 문학 관심사와는 아무 관계가 없었던 것으로 알고 있다. 하지만 잔뜩 호기심을 가지고 그의 강의에 끌렸던 것만은 아주 선명하게 남아 있다. 나는 단호하면서도 신중한 학문적 방법을 비범하게 전개하는 것을 목격하는 중이고, 동시에 사려깊고 소박하며 심지어 수줍어하기까지 하는 그가 학자 그 자체의 원형이라는 인상을 받았다. 그의 번뜩이는 정신은 대담하게 펼쳐져 전개되었다. 우렁차거나 허세를 부리거나 현기증을 일으키는 어조의 강의는 아니었지만, 언어 사실에 대한 정확한 지식, 명료성에 대한 관심, 현상 너머 본질을 꿰뚫는 통찰력, 특수한 것을 넘어 일반적인 것을 밝혀내는 능력이 있었다.

1966년에 논문집 『일반언어학의 여러 문제 1』가 출간되자 뱅베니스트의 이름은 아주 광범위한 독자들에게 알려져 유명세를 탔고, 강의실은 청강자들로 꽉 차 숨이 막힐 지경이어서 더 넓은 강의실로 변경해야만 했다. 이 시기에 나는 그 얼마 전에 만났던 로만 야콥슨을 통해 뱅베니스트와의 교분이 생겼지만, 절친한 관계는 결코 맺지 못했다. 그의 연구를 마주하면서 나는 내내 경이로움을 느꼈고, 그해에 『비평』

*Critique*지에 「언어학, 인간과학」La linguistique, science de l'homme이라는 제목으로 그의 상기 저서에 대한 서평을 발표했다. 이 저서에서 내 주의를 각별히 끈 것은 의미 문제에 대한 관심사와 또한 그가 '발화행위'로 부른 현상이었으며, 이는 분명 문학 연구에도 유효한 것처럼 보였다. 이러한 맥락에서 『언어』지에 「발화행위」L'énonciation라는 특집호를 같이 꾸리자고 그에게 제의했다. 「발화행위의 형식적 장치」L'appareil formel de l'énonciation[1] 라는 논문은 그가 마지막으로 쓴 논문 중 하나였다.

그런데 1969년 12월에 좋지 않은 소식이 들려왔다. 그가 뇌경색을 일으켜 병원에 입원했으며, 실어증에 걸렸다는 것이다. 나는 몇 차례 병원으로 문안을 갔다. 다행히 그의 지적 능력은 손상을 입지 않았음을 알았지만, 이 실어증이 더욱 고통스럽게 느껴졌다. 그는 사람들이 하는 말을 모두 이해했고, 말은 못 했으나 거기에 반응은 보이곤 했다. 이 표현의 부재가 소위 실어증이었다. 내 기억으로는 그에게 1971년에서 1972년 사이에 내가 연구하던 완곡어법 현상을 얘기했었다. 그는 다소 활기에 차서 옆에 놓여 있던 본인의 저서(논문집)를 가리켰다. 그 책을 손에 쥐어 주자 「고대와 근대의 완곡어법」Euphémismes anciens et modernes[2]이라는 논문의 시작 페이지를 폈다. 그는 이따금 인쇄체 대문자로 글을 적어 보려고 애를 썼지만, 매우 고통스러워 보였다.

그는 건강 상태가 호전되지 않아 퇴원해야 했다. 가장 가까운 혈육인 여동생 카르멜리아 뱅베니스트가 사설요양원을 찾아다니기 시

---

1 [옮긴이] É. Benveniste, *Langages*, no.17, Paris: Larousse, 1970, pp.12~18.
2 [옮긴이] É. Benveniste, *PLG I*, pp.308~314.

작했다. 그녀는 운전을 못 했기 때문에 내 소형차에 함께 탔고, 우리는 한 계절 내내 그를 받아 줄 수 있는 요양원을 찾아다니느라 파리 지역을 샅샅이 훑었다. 하지만 이러한 요양원 방문은 매우 실망스러웠다. 위치가 음산했고, 환자들도 다소 낙담한 표정이었으며, 원장들의 반기는 모습도 순전히 의례적이고 형식적인 것으로 보였다. 그 후 나는 그의 가족들과 더 이상 연락을 이어 가지 못했다. 1975년에 뱅베니스트에게 바치는 헌정본 두 권에 투고했고, 그 후 1976년의 어느 날 그의 사망 소식을 접했다.

그리하여 나는 두 번의 단편적 만남을 통해서만 뱅베니스트라는 존재를 직접 알 수 있었다. 멀리서는 콜레주 드 프랑스의 강의를 들으러 다니며 보아 왔고, 가까이서는 그가 말을 하지 못하는 채로 병원에 입원해 있을 때였다. 일반언어학에 대한 저술을 제외하면 그의 저술을 잘 이해하지 못했고, 그의 학문적 생애는 더더욱 잘 몰랐다. 그래서 동료들과 친구인 조르주 르다르가 편집하기 시작했던 그의 학문적 이력(이 책에 게재된 글)과 또한 이 책의 편집자들이 작성한 뱅베니스트의 연대기적 업적을 통해 그를 꽤 자세히 알게 되었다.[3]

뱅베니스트의 활발한 연구 활동은 시간 차가 크고, 분명히 구별되며 심지어 상반되기까지 하는 두 시기로 나뉜다.

첫 시기(1902~1927)는 주변적이고 불확실하며 혼란스러웠던 시기로 볼 수 있다. 그는 시리아 알레포에서 세계이스라엘연맹 학교 장학

---

3 여기서 출처가 나오지 않는 인용은 뱅베니스트의 두 권의 논문집, 『일반언어학의 여러 문제 1』(*PLG I*)과 『일반언어학의 여러 문제 2』(*PLG II*)에서 가져온 것들이다. .

관이던 유대인 부모에게서 태어나 몇 년간 부모가 거주지를 이동할 때마다 따라다녔다. 11세에 파리에 — 혈혈단신으로? — 보내져 랍비학교에 입학했다. 이 시기에 그의 부모는 불가리아에서 근무했다. 불가리아는 시리아와는 달리 오스만 제국의 속국은 아니었다. 그의 부모는 시골 소도시인 사모코프에서 살았다. 그의 어머니는 아들 뱅베니스트를 보지 못한 채 1919년에 사망했다.

뱅베니스트는 17세에 대학입학자격시험baccalaureat에 ('보통'이란 점수를 얻어) 통과했다. 하지만 어느 열정적인 교수의 영향으로 이미 언어 바이러스에 걸려 있었다. 그는 배우려고 했던 12여 개의 언어 목록을 작성하여 소르본 대학 강의에 등록했다. 여기서 조제프 방드리에스의 강의를 들었고, 콜레주 드 프랑스에도 자주 들락거리며 강의를 수강했다. 그곳에서는 당시 인도유럽어 비교문법의 대가인 앙투안 메이예가 강의하고 있었다. 어려운 연구 소재인 언어가 이 젊은 청년의 관심을 끈 것은, 훨씬 나중에 밝힌 것이지만(PLG II, pp.11~12)[4] "연구 방법이 성질상 엄밀한 것이고, 언제나 더욱더 엄밀한 것을 추구하려는 것"이었기 때문이었다. 그는 언어만이 아니라 문학과 정치 문제에도 관심을 가졌다. 그는 몇 해 후 앙리 바르뷔스나 초현실주의자들과 함께 『뤼마니테』지에 글을 기고했고, 기고한 글 중 하나로는 「혁명이여, 영원히!」가 있다. 그는 또한 프랑스의 대모로코 식민지 전쟁에 반대하는 성명서에 서명을 하기도 했다.

첫 시기의 여러 해 동안 이 어린 청년의 생계는 빈약했다. 랍비학

4　[옮긴이] 「구조주의와 언어학」(Structuralisme et linguistique), 피에르 데스와의 대담, pp.11~28.

교에서는 장학생이었고, 대학 시절에는 리세에서 복습교사로 일했을 것이다. (20세의 나이로) 교수 자격을 획득한 후에는 2년간 콜레주에서 강의했다. 그 후 1924~1926년 사이에는 인도에서 부유한 가정의 자녀를 가르치는 가정 교사로 일했다. 1926~1927년에는 (그간에 그는 프랑스 국적을 취득했고 이름도 에즈라에서 에밀로 개명했다) 군 복무를 마쳐야 했다. 그는 전쟁이 한창이던 모로코에 파견되었고, 그 전쟁은 불과 몇 해 전 그가 비난했던 것이었다.

1927년에 그의 생애에 큰 변화가 나타났다. 당시 그는 고등연구원의 비교문법 담당 연구부장직을 맡고 있었는데, 이때부터 연구 경력은 별 어려움 없이 잘 풀려 나갔다. 그는 1936년에 박사학위 논문을 취득했고, 1937년에 콜레주 드 프랑스의 교수가 되었다. 1920년부터 이미 파리언어학회의 가장 열렬한 회원이었고, 『파리언어학회지』의 편집자가 되어 여기에 10여 편의 논문과 서평을 발표했다. 그 외에도 여러 학회와 학술단체에 가입했고, 1960년에는 프랑스국립연구소에 가입했다. 1931년과 1967년 사이에 국제언어학회에 참가했고, 다른 학자들의 회합에도 수없이 참가했다. 그는 많은 언어를 배우고자 했던 꿈을 실현했다. 그중에는 켈트어, 고전 라틴어, 소그드어, 고대 이란어, 히타이트어, 토카라어, 산스크리트어, 아르메니아어, 고대 그리스어, 게르만어, 발트어 등의 언어들이 있다. 이란과 아프가니스탄에 체류하면서 그는 5개 파미르 지역의 언어 연구에 몰두했다. 북아메리카 연구 여행 중에도 애서배스카어군에 속하는 두 언어인 하이다어와 틀링깃어에 열광했다. 다른 한편으로는 유럽의 몇몇 현대어인 영어, 독일어, 이탈리아어, 에스파냐어를 통달하기도 했다.

이 빛나는 연구 경력 가운데서 단 한 번의 혼란기는 제2차 세계대전 시기였다. 뱅베니스트는 전쟁 초부터 징집을 당했다. 1940년에 포로로 잡혔고, 1년 반 후에 아르덴의 수용소를 탈출하여 독일군 비점령 지역으로 피신했다. 그는 거기서 스위스로 피신하여 프리부르 도서관에서 일했다. 프랑스가 해방되자 그 다음날로 파리로 돌아와 약탈당한 자신의 아파트를 찾아갔다. 그의 형은 벨디브의 대량 검거에서 체포되어 아우슈비츠로 강제 이송당했는데, 끝내 살아 돌아오지 못했다. 뱅베니스트가 발표한 글 가운데 그 어느 곳에서도 이 비극적인 사건에 대한 언급은 볼 수 없고, 전후의 연구 주제에서도 이에 대한 아무런 흔적을 발견하지 못했다.

마지막 시기인 1969~1976년은 병으로 유폐된 시기였다. 이미 내가 알고 있는 사실에 덧붙여서 프랑스 병원 체계에 대해 싫은 소리를 해 보자. 뇌졸중에 걸린 경우, 특히 첫 1년 동안은 재활치료가 가능할 수도 있었을 것이다. 그러나 그런 시도는 이루어지지 않았다. 그가 입원해 있던 여러 요양원들(모두 9개소)에서 문병객들이 받은 인상은 개탄스러웠고, 프랑스처럼 부유한 국가에 전혀 어울리지 않는 것이었다. 노후화되고, 소란스럽고, 제대로 보살핌을 받지 못했지만 입원비는 고가였다.

뱅베니스트의 신병 치료 과정에서 받은 전체적 인상은 그가 거의 40년간 (1927년에서 1940년까지와 1944년에서 1969년까지) 오로지 한 가지 열정, 즉 언어 지식에 헌신한 존재라는 느낌이었다. 그는 온몸과 영혼을 종교에 헌신하듯이 언어학에 헌신하였다. 직업 소명 이상으로 성직에 가까운 것이었다. 개별어와 인간언어에 대해 가진 관심 외에도 의무감이 있었고 언어학자로서의 직업에 대한 깊은 감사가 우러났으며 그 덕택에 물질적 불안에서 벗어나, 부모도 없이 동방 국가에서 프랑스로 이민 온 이 가난하고 자그마한 유대인은 놀라운 품위와 명예를 지니게 되었다. 그래서 그에게 연구란 곧 열정이자 의무였다. 동료 집단 이외의 친구는 전혀 없었고, 휴가 한번 간 적이 없었다. 연구실 책상을 떠나는 경우는 학술 모임에 참가하거나 전혀 연구된 바가 없는 언어를 연구하러 '현지'에 가기 위해서였다. 그는 1956년에 심장마비를 겪은 후 지인들에게 오직 연구 능력이 줄어들지 않을까를 걱정했다. "가장 고통스러운 것은 더 이상 연구를 할 수 없다는 것이었습니다. 장기간에 걸쳐 누적된 과로에 대한 대가를 톡톡히 치르고 있습니다", "날마다 단지 두세 시간만 일할 수 있습니다"라거나 "조금씩 작업을 하긴 하지만 정말 보잘것없습니다". 변고를 당하고 3년 후, 그는 여전히 "연구 능력이 서서히 회복되고 있습니다"라고 했다.

그가 아메리카 대륙의 북서 지역에서 수행한 연구 여행 동안에 쓴 더욱 사적인 얘기들을 들어 볼 기회가 있었다. 거기서도 연구 작업이 여전히 큰 부분을 차지했다. 뱅베니스트는 1952년에 브리티시컬럼비아 제도에 체류했다. "매일같이 몇몇 노인들과 작업을 했다. 홀로 외진 곳에 사는 한 백인의 실질적 생활이란 평탄하지가 않았고, 그것이 작업에 큰 방해가 되었다." 이곳에서도 그것이 그의 유일한 불만이었다. 일 년 후 그는 캐나다의 유콘주로 갔다. "이 여름 내내 언어 제보자들과 일하지 않고 보내는 날이 단 하루도 없었다. 내가 가진 기회를 최대한 이용해야만 했다." 그는 어느 날 유콘주의 주도인 화이트호스를 방문했는데, 실망스럽게도 언어 제보자들이 약속을 어겼고, 버스는 그곳을 일주일에 단 두 번만 지나다닌다는 사실을 알게 되었다. "여기서 할 일 없이 이틀을 지내야 한다는 생각이 뇌리를 사로잡았다." 그보다 좀 더 앞서 겪었던 천국 같은 곳과 대비되는 지옥 같은 데서 지냈다. "아침부터 저녁까지 단어형과 문장을 수집하는 작업을 하느라 매우 지쳤지만 이 새로운 일에 도취됐다." 하지만 그는 아주 드물게 시간을 내어 연구 작업에 대한 위안을 찾았다. 자연과 합일되는 감정이 바로 그것이었다. 그는 유콘 강가에서 "백악질의 둑이 있는 강물의 강렬한 시적 감정이 힘차고 생동감 넘치는 움직임으로 경사진 잎사귀들 사이를 흘러 가슴을 꿰뚫고 들어와, 나를 엄습하던 침울한 기분을 서서히 씻어 버렸다"고 했다.

연구 작업에 도취한 이 학자는 예술가, 창조자의 소질을 지녔다. 20세기 초에 라이너 마리아 릴케(뱅베니스트가 젊은 시절에 너무나 좋아하던 작가)는 거기서 예술가의 삶의 비결을 찾았다. 로댕과의 첫 만남에서 릴케가 그로부터 배웠던 교훈도 그것이었다. 후에 릴케는 그에게 썼다. "나는 어떻게 살아야 할지 물으려 당신을 찾아왔고, 당신은 '일하면서 살아요'라고 말했지요." 뱅베니스트는 이것이 곧 폴 세잔의 견해이기도 하다는 사실을 깨달았다. "일보다 더 좋은 것이 없다." 물론 거기에는 희생이 따른다. 이러한 일을 선택함으로써 이 창조자는 다른 사람들과 인간관계를 맺는 데는 많은 시간을 할애할 수 없었다. 그는 고독 속에 유폐되었다. 하지만 이를 후회해야 하는가? 릴케가 인용하는 다른 예술가인 베토벤 역시 이렇게 말했다. "나는 친구가 없어서 나 자신과 홀로 지내야 했다. 하지만 예술 속에서는 타인들보다 하나님이 내게 더 가까운 존재라는 것을 잘 알고 있다."

연구를 더 깊이 천착하기 위해 이 학자도 이러한 고행을 스스로에게 부과하려고 노력했다. 거기에 치러야 할 대가는 엄청난 인간적 고독이었다. 뱅베니스트가 노트에 베껴 쓴 키르케고르의 금언이 이 책 서문의 명구다. 그것이 우연히 그의 뇌리에 박힌 것은 아니었다. 그는 고독한 독신 남성으로서 오직 어떤 이념을 위해서만 사는 사람이었기 때문이다. 소쉬르의 운명에 사로잡혀 있던 뱅베니스트는 소쉬르에 대해 이렇게 썼다. "모든 창조자에게는 숨겨져 있으나 영속적으로 요구되는 조건이 있다. 그를 지지하기도 하며 그를 뒤덮고 있는, 벗어나려고 해도 그만둘 수 없는."(*PLG I*, p.33)[5] 이 말은 곧 뱅베니스트 모습을 묘사한 것이기도 하다. 이 말이 환기시키는 현실적 체험은 저주라기보다는 천부적 선물과도 같았다. 그의 아주 가까운 지인 중 한 사람은 "'일상 속 뱅베니스트의 모습'은 스스로 은폐되어 감정을 숨기고, 다른 사람에게 폐를 끼치는 것을 싫어하는 사람"이라고 묘사했다. 그 스스로도 자신을 '고독한 명상가'로 회상했다. 그의 글 속에 문학적 관심사, 예술가로서의 취향, 정치적 견해가 없는 것도 아니다. 그는 모든 개별언어에 대해, 인간언어의 모든 모습에 관심을 가졌고, 그것만이 전부였다. 인간 의사소통의 전문가로서 특이하게도 다른 것에는 거의 몰두하지 않았다.

내가 보기에 뱅베니스트의 학문적 연구는 크게 세 부문으로 나뉜다. 첫째는 애당초 연구하던 비교문법과 인도유럽어이다. 사실상 그에게 인간언어에 대한 성찰은 우선 실제의 개별어에 근거를 두어야 한다

---

5 [옮긴이] 「소쉬르 사후 반세기」(Saussure après un demi-siècle), pp.32~45.

는 것이 기본 전제이기 때문이다(*PLG I*, p.1). 그리하여 그는 이들 언어 중 상당수를 연구했다. 특히 히타이트어, 산스크리트어, 이란어, 고대 그리스어, 라틴어, 프랑스어와 이들 언어의 비교를 연구했다. 이 언어 분야에 그처럼 광범위하고 해박한 지식을 가진 학자는 아마도 없을 것이다. 그는 개별언어들이 사용되는 지역의 크기가 얼마든 이들이 역사에서 어떤 역할을 했든 상관없이 모든 개별언어를 연구할 필요성을 역설했다. 언어학적 관점에서 볼 때 인도유럽어는 특권적인 지위가 전혀 없다. 어느 언어가 다른 언어에 비해 원시적인 것이 아니며, 각 언어는 인간 정신의 새로운 면모를 드러내 준다. 언어 지식은 실용적인 이유가 필요하지 않다. 인간 존재에 대한 연구는 그 자체가 목적이며, 인류의 소명에 속한다.

연구의 두 번째 부문은 개별언어를 통해, 더 구체적으로는 어휘연구를 통해서 밝혀낸 개념사와 정신사의 영역이다. 이에 근거한 뱅베니스트의 연구는 특히 두 권으로 된 『인도유럽사회의 제도·문화 어휘연구』로 1969년에 출간되었고 또한 『일반언어학의 여러 문제』의 「어휘와 문화」, 「언어 속의 인간」이란 제하에 여러 장으로 발표되었다. 언어는 일정 시기 내 집단의 문화를 포착하게 해 준다. 왜냐하면 단어 속에서 사고가 드러나기 때문이다. 각 언어를 통해 이루어지는 세계에 대한 포착, 파악은 서로 동일하지 않다. "언어는 세상을 재생하지만, 자체의 고유한 조직 내에 종속시키면서 재생한다."(*PLG I*, p.25)[6] 따라서 언어대조는 유익하며, 이는 과거를 알기 위해서뿐만 아니라 매일같이

---

6 [옮긴이] 「언어학의 발전을 살펴봄」(Coup d'oeil sur le développement de la linguistique), pp.18~31.

사용하는 사고의 범주를 더 깊이 이해하기 위해서도 그렇다. 그가 분석한 '문명', '문화', '리듬', '증여', '교환', '과학', '도시' 같은 예들이 이를 잘 보여 준다. 이러한 뱅베니스트의 연구는 지식과 지성의 조화로운 결합을 보여 주며, 그 시의적절성은 결코 사라지지 않는다. 이 『마지막 강의』를 읽는 독자는 '읽다', '쓰다' 같은 개념에 할애된 그의 연구에서 시사적인 사례를 발견할 수 있다.

　마지막으로 뱅베니스트가 탐구한 세 번째 주요 부문은 (필자가 그가 쓴 저술을 모두 아는 유일한 분야이기도 하다) 일반언어학으로서 인간언어에 대한 이론, 즉 특정한 개별언어의 연구를 넘어 구축한 이론이다. 이 말은 개별언어의 연구를 무시한다는 의미는 아니다. 인간언어를 규정하려면 "언어학자는 가능한 한 많은 개별언어를 알아야 한다."(PLG II, p.30)[7] 그렇지 않으면 언어학자는 자기 언어의 범주를 보편적인 모델로 설정하는 위험에 노출된다. 뱅베니스트는 이러한 함정에 빠지지 않으려고 프랑스어 이외의 수많은 언어를 연구했고, 1950년대 초부터 완전히 이질적인 외국어를 인도유럽어와 직접 대조하기로 결심했다. 그러고는 미 대륙의 북서 지방에 두 번이나 체류하면서 미국 인디언어 중 두 언어의 연구에 착수하기로 했다. 이는 꽤 놀라운 행동이었다. 콜레주 드 프랑스의 교수가 휴식과 편안함을 버리고 장기간에 걸쳐 브리티시컬럼비아와 유콘주의 비참한 주민들 사이에서 현지어 연구를 하는 것이 외부의 강제가 아니었기 때문이다. 하지만 그의 인생의 목표는 지식을 증진하는 것이었고, 또 이 지식을 얻기 위해서는

7　[옮긴이] 「인간언어가 만들어 내는 역사」(Ce langage qui fait l'histoire), pp.18~31.

아주 다른 언어 사례를 비교하는 것이 필요했기에 이 모험에 기꺼이 뛰어들었다.

그때까지 사람들이 늘상 연구해 왔던 언어비교는 동일한 모태에서 유래하는 친근관계가 있는 언어들을 대상으로 하는 것이었고, 이들을 유사한 것으로 추정하여 이 친근관계를 증명하는 것이었다. 이제 그가 당면한 근본적인 언어비교는 언어대조로서, 비교와는 전혀 다른 것이었다. 연구하는 대상언어와 자신이 확실히 아는 언어의 차이가 바로 대조이다. 이런 점에서 이방의 사회를 기술하려는 야망을 가진 인류학자가 연구하듯이 먼 타지의 언어와 익숙한 언어의 대조를 통해 다른 언어들을 더 깊이 잘 이해한다면 동시에 자기 언어도 발견할 수 있는 것이다. 그렇지만 이 경우에는 보편적인 종種을 연구하는 인류학자가 될 것이다. 언어의 차이를 통해서 인간언어 일반이 무엇인지 그 개념을 더 잘 규명할 수 있기 때문이다.

뱅베니스트의 두 논문집에 실린 연구들이 다루는 '여러 문제'는 다양하고 수도 많다. 하지만 일관된 상수가 발견된다. 그에게 인간언어란 인간의 특성이라기보다는 인류라는 종의 특징적 범주이자 제도의 근간이라는 것이다. 인간언어와 독립적으로 존재하는 사고란 없다. "우리는 언어가 먼저 그 틀을 형성한 세계를 생각한다."(*PLG I*, p.6)[8] "사고 가능성은 언어능력과 관련이 있다. 왜냐하면 […] 사고한다는 것은 언어의 기호들을 조작하는 것이기 때문이다."(*PLG I*, p.74)[9] 언어 없이,

---

8 [옮긴이] 「일반언어학의 최근 경향」(Tendances récentes en linguistique générale), pp.3~17.
9 [옮긴이] 「사고 범주와 언어 범주」(Catégories de pensée et catégories de langue), pp.63~74.

보다 일반적으로 말해서 뱅베니스트가 '상징화 능력' 또는 '상징적 본질을 표상하는 능력'으로 부른 것 없이는, 추상은 인간의 상상력과 마찬가지로 불가능하다.(*PLG I*, p.26)[10] 그에게는 이 점이 인간과 동물의 넘을 수 없는 차이다. 이러한 이유로 그는 "인간은 두 번 — 한 번은 언어를 가지고, 한 번은 언어 없이 — 창조되지 않았다"(*PLG I*, p.27)[11]고 했다. 인간은 말하는 순간부터 분명 원숭이와 구별되는데, "우리는 언어와 분리되어 있는 인간을 만난 적이 없고, 언어를 만드는 인간을 본 적도 없다. 이는 언어가 인간의 정의 그 자체임을 알려 준다."(*PLG I*, p.259)[12]

사회도 이와 마찬가지이다. 인간은 그 사회 구성원들 간의 언어교환 없이는 사회를 상상할 수 없다. 모든 사회에는 문화, 즉 공통의 표상과 규칙 집합이 있고, 이는 언어를 통해서 현시된다. 뱅베니스트는 여기서 한걸음 더 나아간다. 어떤 의미에서 언어는 사회를 포섭하는데, 언어가 사회를 기술하고 해석할 수 있기 때문이다(언어는 인간 종의 고유한 모든 상징체계를 해석하는 해석체이다). "사회는 언어 내에서 그리고 언어에 의해서 유의미해진다. 그리고 사회는 무엇보다도 언어의 피해석체이다."(*PLG II*, p.96)[13] "인간이 주체로 형성되는 것은 언어 내에서 그리고 언어에 의해서다. 동시에 언어 없이는 인간 주체도 없다. 이 "주체"는 언어의 근본 속성이 존재 내에 출현한 것에 지나지 않는다. 'Ego'

---

10 [옮긴이] 「언어학의 발전을 살펴봄」.
11 [옮긴이] 앞의 글.
12 [옮긴이] 「언어에 나타난 주관성」(Subjectivité dans le langage), pp.258~266.
13 [옮긴이] 「언어 구조와 사회 구조」(Structure de la langue et structure de la société), pp.91~102.

는 'Ego'라고 말하는 사람이다."(*PLG I*, pp.259~260)[14] 다음으로 인칭 범주는 거기에 의존한다. 뱅베니스트는 언어 내의 주관성을 연구하고자 한다. 곧 언어 발화 내에 있는 인간의 존재이다. 하지만 그는 동시에 주체 내의 언어적인 것을 강조한다. 즉 모든 인간 행동과 언어 태도 내에 현존하는 언어라는 존재가 그것이다.

이러한 논지는 뱅베니스트가 웅변적으로 주장하는 주제인데, 이 주제는 그에게서 생겨난 것이 아니라 다른 사상가들과 공유한 것이다. 이와 반대로 그가 독창적으로 창시한 일반언어학의 다른 주제도 있다. 개인에게서 추상적인 코드를 포착하여 이 코드를 서로 교환하게 만드는 인간언어의 면모에 대한 연구가 그것이다.

일반언어학적 문제를 제기하기 위해 뱅베니스트는 자기의 롤 모델인 페르디낭 드 소쉬르의 사상을 비판적으로 연구했다. 소쉬르의 저작 『일반언어학 강의』는 뱅베니스트에게 매우 중요한 책이었다. 1939년부터 뱅베니스트는 소쉬르의 언어기호의 자의성에 대한 견해를 거부한다. 하지만 그렇다고 해서 이 스승의 유산을 저버린 것은 아니었다. 이제 그는 소쉬르의 근본적인 구별 사항 중 한 가지인 언어(랑그)와 발화(파롤)의 구분을 문제 삼는다. 이 제네바 언어학자에게 발화는 언어의 실행에 지나지 않는 것으로서 이 경험적 자료로부터 지식의 대상으로서의 언어(랑그)로 부른 것을 추출하고 구축해야 한다. 일상의 대화에서 들을 수 있는 발화(파롤) 그 자체로는 관심이 없고, 더욱이 '집'이란 단어를 수천 번 발음해도 그것은 그 본질에 영향을 미치지

---

14 [옮긴이] 「언어에 나타난 주관성」.

않으며, 언어학자의 관심을 오래 끌지 못한다. 이 단어는 동일한 단어 '집'이자 분명 추상체이며, 이것만이 단지 관심의 대상이 된다. 이와 동일한 관계를 맺는 다른 유사한 명칭도 마찬가지다. 예컨대 1920년대와 1930년대에 프라하언어학회에서 통용되던 '코드'와 '메시지' 같은 것인데, 이는 1950년대에 친우인 야콥슨이 사용하던 용어이다.

시간이 지나면서 뱅베니스트는 그러한 개념화가 언어란 실체를 호도한다고 여겼으며, 그런 점에서 구조주의자들의 개념, 즉 소쉬르와 야콥슨의 언어 개념을 거부하기에 이른다. 이런 비판적 시각에서 러시아 사상가 미하일 바흐친과 상통한다. 뱅베니스트는 1920년대 말부터 발표되기 시작한 이 사상가의 저작을 알지 못했지만, 이 저술들은 언어(랑그)를 코드로 생각하는 소쉬르와 러시아 형식주의자에 대한 비판이었다. 발화(파롤. 뱅베니스트는 이 용어를 거의 사용하지 않았다)는 단순히 언어(랑그)의 실행이 아니며, 이에 대한 연구는 관점의 전환을 필요로 하고, 언어학 내에 새로운 하위분류가 필요하다. 왜냐하면 새로운 관점은 새로운 앎의 대상을 만들어 내기 때문이다.

이러한 발견은 두 차례에 걸쳐 이루어진다. 첫째 시기는 1950년대이다. 뱅베니스트는 문장이 발화되거나 기록되는 맥락 요소들을 참조하는 모든 언어 형태를 목록화하기 시작했다. 언어 사항이 발화되는 틀에 의존하지 않는 항 외에도 이 발화의 틀을 직접 참조하는 다른 요소들도 있다. 예컨대 인칭대명사 'je', 'tu'는 추상적 언어 사항을 가리키는 것이 아니라 말을 거는 사람과 말을 듣는 사람이다. 예컨대 발화상황 지시사$_{deixis}$ 'cela', 'ceci' 같은 지시대명사, 'ici', 'maintenant' 같은 부사는 발화행위의 시간과 장소에 의존한다. 또한 동사 시제는 언제나 현재축을 기점으로 조직되며, 담화가 발생되는 시점으로 바로 정의된다. 또한 세계가 아니라 자신의 발화에 대한 화자의 태도를 가리키는 동사도 있다. 예컨대 je crois que…(내 생각에), je suppose que…(추측하건대) 같은 것이다. 마지막으로 je jure(맹세하건대), je promets(약속하건대) 같은 소위 수행동사인데, 이들은 발화행위를 통해 이들이 의미하는 행동을 실행한다. 이 모든 사항들이 뱅베니스트가 '언어에 나타난 주관성' 또는 '발화행위의 형식적 장치'로 부르는 것을 구성한다. 그 흔적은 발화체 내에 담화 현장에 의해 남겨지는데, 이는 언어 코드가 언어 발화의 교환에 뿌리를 두고 있음을 나타내며, 따라서 언어(랑그)가 담화로 전환되는 방식을 드러내 준다.

둘째 시기는 1964년부터 뱅베니스트의 언어 연구의 최후 시기까지이다. 이 시기의 변화는 보다 근본적이고 철저한 것이었다. 구체적 인간이 언어에 스스로를 도입하는 수단을 가지고 있다고 해도 그것으로는 충분하지 않다. 뱅베니스트는 자율적인 두 대상을 문제시하고, 따라서 두 개의 별개 분야를 문제 삼는다. 소쉬르와 구조주의자가 생각하는 언어학은 언어(랑그)의 언어학이다. 그가 구축하려는 원리와 기획하는 언어학은 담화의 언어학이다. 뱅베니스트가 보기에 학자들에게 '언어(랑그)'란 어휘는 별개의 두 실체를 가리키는데, 사람들은 흔히 이 두 가지를 혼동한다는 것이다. 한편으로 언어(랑그)는 가능한 문법 형태와 단어의 목록이자 저장고인데, 이는 사전이나 문법책에서 열거된 활용 형태와 곡용 형태로 볼 수 있다. 외국어를 배우면서 암기하는 그 언어이다. 다른 한편 산출로서의 언어(랑그)는 문장 내에 단어들의 새로운 연쇄, 담화 내 문장들의 새로운 연쇄로서의 언어인데, 이는 매번 새로운 유일무이한 사건으로서 그 목적은 사고와 의도를 표현하기 위한 것이다. 이것은 형태의 인지('나는 이 단어를 알아')가 아니라 의미의 이해('나는 네가 말하려는 바를 이해해')이다. 이 두 대상 각각의 전형적인 조작작용 중 하나는 대치이고, 다른 하나는 결합이다. 여기서 소쉬르의 계열체와 통합체의 대립을 재발견할 수 있다. 또한 더욱 근본적인 대립으로 환원된 야콥슨의 '언어의 두 축' 같은 것도 볼 수 있다. 이때부터 이 두 대상과 두 분야의 자율성이 확보되었다.

이 두 관점을 분명히 구별하는 것은 흔히 논란거리가 된 몇 가지 문제를 해결하는 데에 빛을 비추어 준다. 완벽한 번역이란 가능한 것인가? 목록으로 간주된 언어(랑그)로는 늘 그렇게 되지 않는다. 그 까닭은 각 언어가 세계를 자기 방식대로 분할하기 때문이다. 이와 반대로 동일한 사고를 다른 언어로 표현하는 것은 언제나 가능하다. 회화는 언어인가? 담화로서는 그렇다. 언어 목록으로서의 그림은 사고나 감정을 전달한다. 하지만 언어(랑그)로서는 그렇지 못하다. 그것은 모두가 인지할 수 있는 기호 목록을 갖지 않기 때문이다. 이와 반대로 (이 사례는 뱅베니스트의 것이 아니다) 프랑스에서 외국어 교육은 의미의 산출로서, 따라서 살아 있는 화자들 간의 말의 교환 수단으로서가 아니기 때문에 이 언어를 목록으로서 배우기에는 난관이 많다(어휘와 문법규칙은 암기해야 하기 때문이다).

언어(랑그)의 담화로의 전환은 우선 단어들이 결합해 문장으로 만들어지면서, 이 과정에서 각 단어의 잠재 의미가 구체화되고 변형된다. 이러한 추이 과정이 동일 텍스트 내의 다수의 문장 연쇄를 통해서 확장되며, 텍스트 내에서 새로운 각 문장은 선행 문장의 의미를 명확히

하거나 변경하게 된다. 더욱이 동일한 문장이 발화행위 맥락에 따라서 다른 의미를 취할 수도 있다. 누가, 누구에게, 어디서, 언제, 어떻게 그 문장을 발화하는가에 따라서("만일 신이 죽었다면 모든 게 허용된다"라는 문장은 도스토예프스키와 니체에게 서로 의미가 다르다). 이러한 '전환'은 따라서 점진적인 이행 과정이며, 이 과정에는 여러 급수와 단계가 있다. 담화와 텍스트의 해석은 오직 언어학자의 언어능력에만 속한 것이 아니다. 그 까닭은 그 해석이 역사가의 지식과 주석가의 명석함에도 동시에 의존하는 것이기 때문이다.

일반언어학 분야에서 뱅베니스트의 저작은 오늘날 우리가 알 수 있는 바대로 두 가지 인상을 준다. 한편으로는 일련의 놀라운 직관, 새로운 통찰력, 미래 전망적인 관념과, 다른 한편으로는 미완성과 파편적인 것, 안타깝게도 종합되지 못한 것이라는 느낌을 준다. 비록 마지막 몇 해 동안 이 방향으로 시도한 연구, 예컨대 「언어의 형태와 의미」(1966), 「언어 구조와 사회 구조」(1968)가 있기는 하지만 말이다. 소쉬르가 서거할 당시 메이예가 사용하고, 뱅베니스트가 인용한 표현을 그 자신에게도 적용할 수 있을 것 같다. "그의 제자들이 받은 느낌은 그가 당시의 언어학에서 이 천부적 재능에 마땅히 부응해야 할 지위를 차지하지 못했다는 것이다."(*PLG I*, pp.44~45)[15]

하지만 몇 년 후 소쉬르의 제자들은 그의 강의노트와 학생들의 노트에 기반해서 『일반언어학 강의』를 출간했는데, 이는 수십 년간 이 언어학이란 학문의 발전 흐름을 바꾸어 놓았다. 그런데 그러한 변화가

15　[옮긴이] 「소쉬르 사후 반세기」.

뱅베니스트에게서는 일어날 수 없을 것 같았다. 그 자신이 이 『일반언어학 강의』의 모습을 지배하는 정황을 이처럼 얘기했다. 비교문법을 강의한 소쉬르는 일반언어학에 많은 아이디어가 있었고, 이들을 공식화하려 애썼다고 말이다. 그리고 1907년에 "이미 은퇴한 동료의 자리를 메꾸기 위해 학생들에게 일반언어학 입문 강의를 해야만 했다"(*PLG II*, p.15)[16]. 따라서 의무감으로나 어쩔 수 없이 소쉬르는 자기 관념을 체계화했고, 비전문가인 자기 학생들이 이해할 수 있는 형식으로 이들을 정리했다. 이것이 그의 강의가 지속적으로 성공한 비결이었다.

그런데 뱅베니스트에게 그러한 강의를 하도록 부추긴 사람은 아무도 없었다. 그는 콜레주 드 프랑스의 교수였고, 단지 그것으로 만족했다. 그는 어느 대담[17]에서 그곳에서 자유를 온전히 만끽했다고 말했다. 그리고 강의를 듣는 청강자들에게 어떤 책임도 느끼지 않았다고 한다. 어떤 의미에서는 강의를 하는 것이 금지될 정도였다. 왜냐하면 강의는 결코 동일한 내용을 반복하면 안 되기 때문이었다(*PLG II*, p.27).[18] 뱅베니스트는 그의 일회성 강의를 일관된 전체 체계를 구성하기 위해 변경할 필요성을 글에서 더 이상 설명하지 않았다. 『일반언어학의 여러 문제』 1권에서 보듯이 그에게 강제된 것은 아무것도 없었다. 자신의 글을 모아 엮으려고 했을 때, 그는 「서문」에서 "내용 제시나 결론에서 과거지향적인 모든 개입을 의도적으로 자제했다"(*PLG I*, p.ii)[19]

---

16 [옮긴이] 「구조주의와 언어학」.
17 [옮긴이] 앞의 글.
18 [옮긴이] 앞의 글.
19 [옮긴이] 「서문」.

고 밝혔다. 그 무엇으로도 강제하지 못했던 그의 이러한 결정이 어찌 아�섭지 않겠는가?

　그는 자기가 성취한 것에 만족하지 못했다. 그는 1950년대에 어느 친구에게 "나는 삶을 가득 채우기 위해 새로운 삶을 원했다"라고 편지했다. 몇 년 후에는 "내가 하려고 희망한 모든 것이 거의 실현되지 못했음에 스스로 놀랐다"라고 술회했다. 그의 사후 36년이 지난 오늘날, 우리가 그가 말했던 이 불가능의 원인을 알아볼 수 있기나 할까? 지적할 수 있는 것은 당시의 거의 모든 학자들처럼 뱅베니스트도 학문에 대해 아주 엄격한 이상을 가지고 생활했으며, 그 학문의 경계로 판단되는 것을 뛰어넘지 않고, 외재적 요소들, 즉 역사적·정치적·문학적·철학적인 요소들을 이 언어학이란 학문에 도입하지 못했다는 것이다. 다소 역설적인 것은 이 '언어에 나타난 주관성'의 이론가가 아주 엄밀하고 객관적인 방법으로 언어에 접근하는 데 만족했다는 점이다. 그는 오로지 인간언어만을 이야기했지, 자기 자신에 대해서나 인간언어를 창출하는 방식을 사유하는 과정은 결코 이야기하지 않았다.

　동시에 뱅베니스트가 학적인 직업에 내재한 모든 요구 조건을 고수하려고 한 것도 어찌 추켜세우지 않을 수 있을까? 어린 시리아 이민자가 전문가이자 학자의 전형적 모습으로 현시했다. 하지만 또 다른 서신은 그가 충분한 만족감을 느끼지 못했음을 보여 주고 있다. 그는 "그때그때 쓰는 글들이 시간을 잡아먹고 있다"고 불평한다. 여기에는 단지 수많은 서평이나 보고서만이 아니라 주간모임이나 월간모임, 좌담회와 대학회, 학술단체와 협회, 조정과 조직 작업도 포함된다. 그는 본인의 의무로 생각되는 일을 조심스레 이행했는데, 아마도 자신이 받은 은혜에 대한 대가를 치르는 것으로 생각한 듯하다. 그리하여 그는 수십 년간에 걸친 연구의 백미를 장식할, 장기간의 노력이 드는 대규모 작업은 결코 하지 못했다. 결국 번쩍거리지만 단편적이고 반복되는 통찰력을 지닌, 이곳저곳에 분산된 연구로 만족해야 했다. 콜레주 드 프랑스에서 거의 구속이 없이 자유로웠던 그의 강의는 이러한 대작의 방향으로 나아가는 데는 도움이 되지 못했다. 당시 관행적으로 이루어지던 이 언어과학의 의례적 행태가 이 학자의 연구에 해를 끼친 것처럼 보인다.

오늘날 우리에게 남은 일은 20세기의 가장 위대한 프랑스 언어학자인 에밀 뱅베니스트의 텍스트를 독서하는 것과, 그가 우리에게 밝혀준 길들을 꿈꾸는 일뿐이다.

옮긴이 해제 에밀 뱅베니스트의 언어관: 기호론과 의미론[1]

I. 언어는 의미이다

인도유럽어 역사비교언어학자이자 일반언어이론가이며 인류학자인 에밀 뱅베니스트의 언어에 대한 근본 태도는 매우 다양하고 독창적이다. 그는 복잡한 언어 현상을 좁은 한 테두리 내에서 설명하려는 것이 아니라 다양한 모습을 포괄할 수 있는 총괄적 시야를 가지고 연구한다. 그의 언어관은 특정한 관점에서 설정된 것이 아니며, 어떤 특정 학파에도 귀속시킬 수 없다. 그렇다고 해서 그의 언어 연구에 관점이 없다고 말하는 것은 아니다. 언어의 참된 모습을 밝히기 위해서는 다면적 복합체를 가진 언어 현상을 각기 일정한 관점을 가진 다양한 시각에서 해명해야 한다는 것이다(*PLG I*:1, pp.16~17).[2] 획일적 환원주의에

---

1 이 글은 원래 경북대학교 『인문학총』 제8권, 1983, 133~147쪽에 게재된 것을 독자들의 이해를 돕기 위해 다소 수정하여 실은 것이다. 프랑스어 원문은 모두 한국어로 번역했다.

2 『일반언어학의 여러 문제 1』(*PLG I*)과 『일반언어학의 여러 문제 2』(*PLG II*) 뒤의 아라비아 숫자

입각해서 언어의 다양성과 복잡성을 추상하는 것이 아니라 그러한 복합성 자체를 인정하면서 이를 해명할 수 있는 방법을 추구한다. 그는 연구 대상의 실체란 이를 정의하는 방법과 분리될 수 없으며, 언어의 이러한 복잡성에 직면해서 이 언어 현상을 합리적 원칙과 분석 방법에 따라 분류하고, 동일한 개념들과 기준에 의해 일관되고 고른 언어기술을 할 수 있도록 이 언어 현상에 질서를 부여해야 한다고 주장한다(*PLG I*:1, p.119. 또한 pp.16~17 참조).

그렇다면 그는 복잡다기한 언어 현상에 어떤 질서를 부여함으로써 대상을 정의하고, 그의 연구의 출발점으로 삼는가? 뱅베니스트의 언어에 대한 태도와 여기에 입각해 언어를 연구하는 그의 접근 방법은 몇 가지로 나누어 생각해 볼 수 있다.

그는 우선 언어학의 대상을 규정함에 있어서 두 가지 대상을 언급한다. 즉 언어학은 인간언어에 대한 학문science du langage이자 개별언어의 학문science des langues이다(*PLG I*:2, p.19). 그런데 언어학자는 일차적으로 개별언어를 연구 대상으로 삼아야 하며 언어학은 개별언어에 대한 이론이어야 한다고 주장하는데, 그것은 개별언어에 대한 이론이 어느 정도의 추상화, 일반화의 단계에 가서는 반드시 인간언어에 대한 질문과 만나기 때문이며, 개별언어에 기초한 연구에서 비로소 인간언어에 대한 이론이 나오게 되기 때문이라는 것이다(*PLG I*:2, p.19).

그렇다면 이 인간언어란 무엇인가? 뱅베니스트는 인간에게 내재한 보편적 능력으로서의 인간언어의 첫째 기능이 상징화 기능이라

는 각 권의 장을 가리킨다.

고 본다. 상징화 능력이란 현실réel을 기호signe로써 나타내고(표상하고), 이 현실의 표상체로 기호를 이해함으로써 사물(또는 현실)과 사물(또는 현실) 사이에 의미작용의 관계를 수립하는 능력을 가리킨다(PLG I:2, pp.25~26). 이러한 과정에서 현실은 재생되고, 화자는 자신의 경험이나 의도를 대화(또는 담화)를 통해 전달함으로써 의사소통이 이루어진다.

따라서 인간언어란 인간의 정신생활과 사회(와 문화)생활이 상호 간에 만나고 교호작용을 하는 곳이요, 또한 그 수단이다(PLG I:1, p.16). 그런데 인간언어란 언제나 개별언어 내에서, 일정한 개별언어의 구조 내에서 실현되는 까닭에 개인이 말을 배우고 의사소통을 하는 것은 이 구체적 개별언어가 사용되는 사회 내에서이다. 따라서 개별언어로서 언어의 개념은 사회의 개념과 분리될 수 없고, 사회 내에서 개별언어를 말하는 개인과 분리될 수 없다. 이러한 의미에서 뱅베니스트는 사회나 개인이나 오직 개별언어를 통해서, 개별언어에 의해서 그 존재가 확인된다고 했다(PLG I:2, pp.25~26).

개인이나 사회가 이 언어에 기초해 있는 것은 바로 언어가 상징화 능력의 고도로 조직된 형식을 제공해 주기 때문인데(PLG I:1, p.12), 문화 역시 각 사회가 갖는 독특한 의미 관계를 지닌 상징들의 특수한 메커니즘으로 볼 수 있다. 상징의 영역, 즉 의미의 영역에서 문화와 언어는 서로 만난다. 문화란 바로 이러한 의미와 상징의 체계로 이해되고, 사회의 구성원들은 의미와 상징의 체계를 이용하여 자신들이 살고 있는 세계의 실체를 표상하게 된다. 여기서 언어학이 문화인류학과 만난다(PLG I:2, p.25).[3] 이 상징, 즉 의미작용에 의해 인간과 언어와 문화가 서로 관계 맺어진다.

뱅베니스트는 개별언어의 본질에 대한 질문에서 언어기호론 및 언어 구조론, 개별언어가 화자에 의해 구체적 발화상황에서 사용될 때 나타나는 의미론과 화용론, 담화이론, 언어와 사회 그리고 언어와 문화 간의 관계에 대한 철학적, 심리적 관점 등 다양한 각도에서 언어를 연구함으로써 언어의 본질에 접근하려고 한다. 이처럼 다양한 그의 언어 연구관은 언어의 사회학적 관념 및 인간학적 해석에서 출발하고 있다. 이를 도식으로 표시해 보면 다음과 같다.

이 논문에서는 뱅베니스트의 언어이론의 가장 기초적인 작업이자 토대가 되는 언어기호론과 의미론을 살펴보고자 한다. 언어기호론 수립을 위해 그는 소쉬르의 언어기호론에서 출발하여 이를 비판적으로 검토함으로써 극복하고 독창적인 언어기호론을 전개함과 동시에 자신만의 독특한 언어의미론 체계를 수립한다.

---

3 또한 J. L. Dolgin et al. eds., Symbolic Anthropology: A Reader in the Study of Symbols and Meanings. New York: Columbia University Press, 1977, p.3 and introduction.

II. 언어기호는 자의적이 아니라 필연적이다

뱅베니스트는 소쉬르의 랑그$_{langue}$[4] 연구에 일차적 관심을 두고 그의
『일반언어학 강의』(이하 『강의』)에서 논의된 기호론의 문제를 재고한
다.[5] 랑그는 어떻게 기호체계가 되는가? 랑그를 이루는 단위로서의 기
호의 성질은 어떠한 것인가? 과연 소쉬르의 기호의 자의성은 정말 의
문의 여지 없이 자명한 것인가? 뱅베니스트가 비판하는 소쉬르의 기
호의 성질에 관한 몇 부분을 인용해 보자.

   1. 『강의』, p.98
언어기호가 결합하는 것은 사물과 명칭이 아닌 개념과 청각영상이다.

   2. 『강의』, p.99
우리는 개념과 청각영상의 결합체를 기호라고 부른다… 그래서 그 전
체를 가리키는 데는 기호라는 용어를 그대로 사용하고, 개념과 청각영상
은 각각 기의$_{signifié}$와 기표$_{signifiant}$로 대체할 것을 제안한다.

   3. 『강의』, p.100

---

4 여기서 언어학의 연구 대상으로 정의된 언어를 자연언어로서의 개별언어(des langues)와 구별
하여 랑그(la langue)로 적는다. 물론 이 랑그는 개별언어에서 그 존재의 자리를 갖는다.
5 소쉬르에게 언어학적 문제는 기호학적 문제로 환원되며, 언어학의 고학적 지위 여부도 기호학
에 의존한다. 따라서 언어학은 기호학의 기초 위에 성립하는 것이기 때문에 기호 연구는 언어
학 연구에 선행한다. 『일반언어학 강의』(Cours de liguistique générale), pp.33~34 참조.

기표를 기의와 결합하는 관계는 자의적이다. 다시 말해서 기호가 기표와 기의가 연합한 결과로서 전체를 의미하기 때문에 언어기호는 자의적이라고 훨씬 간단히 말할 수 있다. 예컨대 'soeur'(누이)라는 관념은 기표로 사용되는 s-ö-r라는 일련의 음성과는 아무런 내적 관계도 맺지 않는다. 그래서 이 관념은 다른 음성연쇄로도 잘 표현된다. 그 증거로 언어들 사이의 차이와 서로 다른 언어가 존재한다는 사실 자체를 들 수 있다. 예컨대 'boeuf'(황소)라는 기의는 프랑스 국경의 이쪽에서는 기표가 b-ö-f인데, 국경의 저쪽 독일에서는 o-k-s(Ochs)이다.

4. 『강의』, p.101

그래서 기표가 무연적無緣的이라는 것, 즉 기의에 대해 자의적이라는 것, 현실에서 기의와는 아무런 자연적 연관도 없다는 것을 말하고 싶다.

소쉬르는 언어기호를 시니피앙(=image acoustique)과 시니피에(=concept)의 결합체로 보고, 이 양자의 관계가 '자의적'이라고 하였다. 즉 시니피앙은 시니피에와 관련해서 볼 때 현실 내에 하등의 연루가 없는 순수히 무연적(=비동기적)인 것이라고 보았다. 그런데 여기서 뱅베니스트의 지적은, 소쉬르가 기호가 자의적인 것은 이것이 "현실 내에 하등의 연루가 없기 때문"이라고 하면서도 이를 설명하는 과정에서 실제로 이 기호가 현실에 연루된 것으로 봄으로써 논리적 모순을 범하고 있다는 것이다(『강의』, 위의 인용 중 3. 참조). 즉 소쉬르는 b-ö-f와 o-k-s의 차이를 설명하면서 '현실'을 무의식적으로 도입하는데, 그것은 프랑스와 독일의 국경을 경계로 해서 존재하는 동일한 실체(=황소)에 이 두 시니피앙을 적용하기 때문이라는 것이다. 소쉬르가 기호가 자의적이라 판단한 근거는 바로 이 현실의 개체인 '황소'를 가리키는 명칭이 각기 다르기 때문이라고 하는데, 이는 그가 앞서 정의한 "언어기호는 사물과 명칭을 결합시키는 것이 아니다"고 한 말과 상치된다(『강의』, 위의 인용 중 1. 참조). 뿐만 아니라 소쉬르 자신이 말한 "랑그는 형식이며 실질이 아니다"(『강의』, p.169)고 한 주장과도 위배된다. 랑그가 그 자체로 연구되고, 고유한 질서를 가진 체계라면(『강의』, p.43), 이 랑그를 구성하는 언어 단위인 기호의 성질에 대한 설명에서 언어-현실의 관계로 이를 설명한다는 것은 애당초의 연구 목적 설정에 위배된다고 반박한다. 그리하여 뱅베니스트는 기호의 성질을 외적 사물과 관련해서가 아니라 기호 자체의 내적 구조에서 찾는다. "기호의 구성 성분 중의 한 요소인 청각영상은 기호의 시니피앙을 형성한다. 또 다른 요소인 개념은 기호의 시니피에이다. 시니피앙과 시니피에의 연관성은 자의적arbitraire이 아니라 필연적nécessaire이다. 개념(시니피에) 'boeuf'는 나의 의식 속에서 음성적 총체(시니피앙) 'böf'와 반드시 동일해야 한다. 이것이 어떻게 서로 다를 수 있는가? 이 두 가지가 전체로서 나의 정신에 각인되어 있다. 모든 상황에서 이 두 가지가 서로 함께 환기된다. 이 둘 사이에는 아주 밀접한 공생관계가 있어서 개념 'boeuf'는 마치 청각영상 'böf'의 영혼과도 같다."(PLG I:4, p.51) 따라서 뱅베니스트에게 시니피앙과 시니피에의 관계는 필연적이며, 시니피앙은 내적 필연성에 의해 일정한 시니피에와 연관되어 있다는 것이다. 이 내적 필연성이 무엇인지는 분명히 언급하지 않지만, 그의 다른 두 논문(PLG I:10, PLG II:15) 중 의미와 형태의 관계를 논하는 데서 그것은 기호로서의 랑그의 의미작용임을 제시한다. 이 내적 필연성에 의해 한 몸으로 묶인 시니피앙과 시니피에는 동일한 개념의 양면이며, 요철을 구성함으로써 언어기호의 단위성을 확인시켜 준다고 한다(『강의』, p.157 참조).

그러면 소쉬르가 말하는 자의성을 뱅베니스트는 어떻게 규정하는가? 뱅베니스트는 "자의적인 것은 다른 기호가 아니라 어떤 기호가, 현실에서 다른 요소가 아니라 어느 특정 요소에 적용되는 것이다"고 한다(*PLG I*:4, p.52). 따라서 뱅베니스트는 자의성의 개념을 언어기호와 현실의 관계에서 파악한다. 즉 형식적 단위로서 기호를 지칭 대상과 연결하는 관계가 자의적인데, 그 관계는 기호체계인 랑그의 영역의 외부에 있는 것이다.

뱅베니스트는 기호의 자의성과 관련해 가치의 상대성을 논의하는 가운데 소쉬르가 역시 같은 방식으로 언어기호 자체와 관련되는 언어 내적 체계를 언어 외적 요소와 결부시켜 설명한다는 점을 지적한다. 이에 대한 소쉬르의 논의는 다음과 같다.

언어사실로 연결된 두 영역[사고와 음성]은 혼돈스럽고 무형태일 뿐만 아니라 관념에 대해 청각단편을 선택하는 것도 완전히 자의적이다. 만약 그렇지 않다면, 가치의 개념은 그 특성의 일부를 잃는데, 가치는 외부로부터 강요된 요소를 포함하는 까닭이다. 그러나 사실상 가치란 전적으로 상대적이며, 이러한 이유로 개념과 음성의 관계는 근본적으로 자의적이 된다(『강의』, p.157).

여기서 소쉬르는 관념과 청각단편의 결합이 자의적이기 때문에 가치의 개념이 고유의 상대적 특성을 유지한다고 보고, 이 관계가 자의적이 아니라면 가치의 상대적 속성은 없어지고 가치의 개념은 필연적으로 외부 요소와 결부된다고 주장하는데, 뱅베니스트는 이 과정에 삽입된 제3의 요소인 "외부에서 부과된 요소가 무엇을 의미하며, 가치가 상대적이라면 무엇과 관련해서 상대적인가?"라는 질문을 던진다. 여기서 소쉬르가 끊임없이 무의식적으로 객관적 현실을 염두에 두고 있다는 것이 뱅베니스트의 비판이다. 즉 가치의 상대성이란 객관적 현실에서의 상대성을 의미한다. 그러나 실제로 소쉬르의 『강의』에 나타난 가치의 상대성은 기호체계 자체 내에서 기호들 상호 간의 대립과 차이로 생기는 순수한 형식 개념이지 실질 개념은 아니다. 그리하여 뱅베니스트는 소쉬르가 또한 이론의 자가당착을 초래한다고 지적한다. 가치가 상대적이라는 것은 이 가치들 상호 간의 관계가 상대적이라는 것을 의미하며, 그렇다면 가치는 나름대로의 필연적 존재 이유가 있다. 기호로서의 랑그가 가진 속성도 여기서 생겨난다. 기호들이 상호 간에 규정하는 관계가 자의적인 관계가 아니라 어떤 필연적 구조 내에 있기 때문에 기호는 차이가 있고, 서로 대립한다고 한다(*PLG I*:4 참조).

그는 언어기호의 시니피앙과 시니피에의 관계가 필연적이고 따라서 언어기호가 상호 간에 맺는 긴장된 대립관계도 이러한 필연성 때문에 생긴 것이라고 보는데(*PLG I*:4, p.55), 이러한 요구는 어디서 생겨나며 이 필연성을 어떻게 해명하는가? 언어기호의 양면적 구성과 그 관계의 해명은 언어분석에 어떤 원리를 제공하는가? 언어기호에 대한 이러한 정의는 언어분석의 방법적 원리로서 적합한 것인가?

III. 의미는 언어분석의 불가결한 조건이다

랑그의 분절적, 비연속적 속성 위에서 랑그의 단위를 확인하는 것이 문제이다. 왜냐하면 랑그는 기호 단위의 형식체계라고 정의하였기 때문이다. 이 단위를 확인하기 위해서 그리고 이 단위들이 어떤 방식으로 구조화되기에 랑그가 기능하는가를 밝히기 위해서는 적절한 분석 절차와 기준이 필요하다. 랑그를 구성하는 각 단위는 동일한 차원에서 언어적 지위를 지니는가? 대등한 성질의 관계 그물망 속에서 결속되어 있는가?

뱅베니스트는 이 단위들의 경계를 확인하고 경계를 구분하기 위해서 층위$_{niveau}$라는 조작적 개념과 분할$_{segmentation}$과 대치$_{substitution}$라는 두 작업 절차를 이용한다(이하 논의는 *PLG I*:10 참조). 분할은 텍스트의 크기가 어떠하든지 더 작은 단위로 분해하는 것을 의미하며, 대치는 분할된 단위의 확인 장치이다. 즉 분할된 단위들이 서로 대치되는 한에서 그것은 언어 단위로 확인된다. 예를 들면 homme/ɔm/는 두 분할체 /ɔ/-/m/로 나뉘어지는데, 이들이 언어 단위(=음소)가 될 수 있는지의 여부는 한편으로는 hotte/ɔt/, os/ɔs/와, 다른 한편으로는 heaume/om/, hume/ym/과의 대치에 의해 각각 판명된다. 이러한 방식으로 랑그 기호 전체에 이 조작을 적용하면 언어 단위를 확인하게 된다. 그러나 이 두 가지 조작 절차의 적용범위는 다르기 때문에 각 단위의 성질은 달리 규정된다. 예컨대 음소는 대치와 분할이 가능하지만, 변별자질은 대치는 가능하나 분할은 불가능하다. (이 변별자질의 층위는 niveau mérismatique이다). 따라서 이보다 더 하위의 층위로 분할이 불가능하기 때문에 그것은 경계 층위가 되며, 계열적 관계만 가지므로 통합적 부류를 형성하지 못한다.

그런데 일정한 층위에서 기호 단위가 변별적이 되려면, 이 단위가 상위 층위에 통합될 수 있는 능력이 있어야 한다. 다시 말해서 서로 다른 층위에 속한 단위들 간의 관계를 정의하는 데서 중요한 기준은 하위 단위가 상위 단위에 통합될 수 있는지의 여부이며, 그것은 곧 상위 단위의 의미 구성에 관여하는가의 문제이다.[6] 분할과 대치는 바로 여기에 의존한다. 예컨대 [liviŋθiŋz]는 왜 [ŋθi]로 분할되지 않고 [θiŋ]으로 분할되며, [θiŋz]는 왜 [θiŋ], [z]로 분할되는가? 마찬가지로 대치에서도 하위 단위가 상위 단위로 통합되어 무의미한 단위를 만들어 내면 대치는 아무 의미가 없다. 그러므로 뱅베니스트는 단위가 주어진 층위에서 변별적인 것으로 확인되면 그것이 상위 단위에 통합되는 능력, 즉 유의미한 단위를 구성할 수 있는 능력이 있다고 보는 것이다. 그리하여 "의미란 모든 층위의 단위가 언어적 지위를 획득하기 위해 만족시켜야 할 기본 조건이다"(*PLG I*:10, p.122)고 한다. 어떤 단위든지 그것은 반드시 상위 단위를 끊임없이 참조한다. 음소가 정의되는 것은 상위 단위인 형태소의 구성 요소로 확인되기 때문이며, 변별적 기능은 그것이 특정한 유의미 단위 내에 포함되기 때문에 생겨난다. 이러한 형식적 분석 절차에 의미 문제는 배제된다기보다는 오히려 필수조건이다. 그러면 이러한 언어분석의 견지에서 뱅베니스트는 형태와 의미

---

6 뱅베니스트는 이를 종합적 관계(relation integrative)로 부른다. 즉 서로 다른 층위의 요소들 간에 맺는 관계이다. 반면 동일한 층위에 속하는 요소들이 맺는 관계를 분포적 관계라고 한다(*PLG I*:10, p.124).

를 어떻게 정의하는가?

　뱅베니스트는 러셀의 명제함수fonction propositionnelle 모델을 이용하여 랑그의 기호체계의 단위들의 구별, 즉 구성체constituant와 종합체intégrant 의 구별에서 생기는 기능으로부터 형태와 의미의 관계를 지배하는 원리를 찾아내려고 한다. 뱅베니스트는 언어분석 기술에서 배제된 의미 문제를 오히려 개입시켜 의미와 형태의 상호 관계에서 파악함으로써 기호 단위로서 랑그와 연관 짓는다. 그리하여 의미와 형태의 관계는 각 언어 층위의 구조 내에서, 그리고 각 층위에 상응하는 기능의 구조 내에서 밝혀질 수 있다고 보고, 이를 구성체와 종합체로 명명한 것이 다. 즉 언어분석의 절차들이 동일한 언어 단위 내에서 서로 상반되는 방향으로 적용되면서 일정한 층위에 속한 단위에 형태와 의미를 부여하고, 이 절차를 통해 형태와 의미가 언어 단위에서 만난다는 것이다. 그리하여 "분해dissociation는 형식적 구성을 제공하고, 종합intégration은 유의미 단위를 제공하며"(PLG I:10, p.126), 이 기준에 의거해서 형태와 의미의 관계를 정의한다.

　"한 언어 단위의 형태란 보다 하위 층위의 구성 요소로 분리될 수 있는 능력"으로 정의하고, "한 언어 단위의 의미란 보다 상위 층위에 종합될 수 있는 능력"으로 정의한다(PLG I:10, p.127).[7] 여기서 형태와 의미는 랑그가 기능작용을 하는 데 형식적으로 정의된 속성으로서 서로 분리가 불가능한 특성이다. 이들은 언어층위라는 조작 개념과 언어분석의 하강과 상승의 절차에 의해 드러나며, 이러한 것은 모두 언어

7　PLG II:15, p.228 참조.

의 분절성(시니피앙의 변별적이고 대립적 특성)과 모국어 화자의 언어 단위에 대한 확인 과정(시니피에로 이해되는 잠재적 능력)에 의존한다(*PLG II*:15, p.222 참조). 이것이 바로 랑그가 지닌 기호적 특성이다. 랑그의 구조적 특성은 이러한 랑그의 의미작용에서 생겨난다. 바꾸어 말하면 의미작용 때문에 랑그의 형태가 구조를 이룬다. 언어 연구에서는 이와 반대 방향으로, 형태가 어떤 방식으로 구조화되어 의미를 드러내는가를 찾아야 한다.

　언어분석이 이르는 최상위 층위는 문장이다. 문장은 하위 경계 요소인 변별 자질과는 반대로 분할은 가능하나 대치는 불가능하다. 모든 층위의 언어 단위 결정에서 하위 단위의 상위 단위에의 종합 가능성이 그 단위가 지닌 의미의 형식적 표현이다. 그렇다면 문장은 이러한 형식적 절차로 정의가 가능하고, 상호 간에 대립할 수 있는 단위(뱅베니스트의 표현에 따르면 문장소phrasème)가 되는가? 뱅베니스트에 따르면, 문장은 이러한 형식적 절차에 따라 정의될 수 없고, 상위 단위의 종합체 구성 요소로도 사용될 수 없다. 그렇다면 문장은 의미가 없는가? 문장의 특성은 문장의 고유한 술어의 존재에 기인한다. (이 층위는 술어 층위 niveau catégorématique이다.) 그러면 술어소catégorème는 존재하는가? 술어는 문장을 이루는 단위가 아니라 문장의 기본 속성이기 때문에 술어소도 역시 문장소처럼 형식적 부류를 이루지 못한다. 문장의 다양한 유형은 모두 술어 명제로 환원되기 때문에 술어화prédication의 차원을 벗어나지 못하며, 술어 층위에서는 발화문의 특수 형태인 명제만 있기 때문에 이 명제 자체로는 변별적 단위의 부류를 형성할 수 없다. 그러면 언어층위의 개념은 문장에는 적용되지 않는가? 뱅베니스트는 술어 층위를 넘어서면 언어층위가 존재하지 않는다고 한다. 그 이유는 문장을 통해 랑그가 전혀 새로운 유형의 언어활동에 들어가기 때문인데, 그것은 다름 아닌 의사소통의 세계이다.

"끝없는 창조요 무한한 다양성을 지닌 문장은 활동하는 언어의 생명 자체이다. 여기서 다음의 결론을 내릴 수 있다. 문장과 더불어 우리는 기호체계로서 랑그의 영역을 벗어나게 되며, 다른 우주, 즉 의사소통의 도구 ── 그 표현은 담화이다 ── 로서의 랑그의 영역에 들어서게 된다."(*PLG I*:10, p.129~130) 그리하여 뱅베니스트는 "엄밀한 절차에 의해 분석되고, 각 부류로 계층화되고, 구조와 체계로 결합된 형식적 기호의 총체로서의 랑그와, 다른 한편으로 의사소통 내에서 활동하는 랑그의 실현"이라는 두 가지를 구별한다(*PLG I*:10, p.130). 형식적 체계로서 랑그의 지위는 여러 언어분석 절차에 의해 확인되지만, 이 절차가 적용되지 않는다는 점에서 뱅베니스트는 문장의 지위에 새로운 해석을 내린다. 그는 문장론에서 체계라는 정태적 개념을 버리고, 랑그의 사용이라는 동태적 개념을 도입함으로써 소쉬르의 랑그와 파롤의 이원성을 극복하려고 한다. 랑그는 사용함으로써 기호학적 속성을 벗어나 담화의 세계로 접어들고, 담화의 단위로서 발화 상황, 지시대상과 연루되고 참조된다. 이제 담화의 단위, 사용의 단위로서 랑그는 의미와 지시에 동시에 관여한다. 문장은 완전한 단위이며, 의미와 지시 기능에 동시에 관여한다. 의미와 연관되는 문장이 의미작용을 지니기 때문이며, 지시 기능과 관련되는 것은 문장이 일정한 상황에 스스로 참조되기 때문이다. 의사소통을 하는 사람은 상황에 대한 지시 기능을 공통으로 갖는다. 의사소통은 이 상황 지시의 기능 없이 그 기능을 행사할 수 없다. 의미가 이해되더라도 지시 기능이 미지의 것으로 남기 때문이다(*PLG I*:10, p.130).

　그리하여 뱅베니스트에게서 문장이란 이원성을 지닌 단위인데, 즉 형식적 기호체계로서 랑그의 최상위 단위이자 의사소통의 도구로서 랑그(=담화)의 최하위 단위이다. 기호체계로서 랑그가 갖는 의미는 어떤 층위의 상위 층위에 종합되는 형식적 관계이자 이 관계를 구성하는 조건이다. 이 조건은 화자가 이 기호 요소를 발화 상황과 관련지어 의사소통의 도구로 사용함으로써 비로소 충족된다. 이때 랑그를 사용함으로써 생기는 의미가 바로 의미작용$_{signification}$이다. 그리하여 언어 기호가 발화 상황의 세계와 맺는 관계를 분석하는 작업이 그의 의미론 연구이다. 랑그의 기호학적 지위와 의미론적 지위는 이처럼 구별되고 서로 다른 유형의 언어학적 존재론의 가능성이 드러난다. 이것이 랑그의 이원적 의미화(또는 의미조직)$_{double\ signifiance}$ 기능이다. 그러면 랑그의 기호학적 지위부터 살펴보자.

IV. 랑그의 기호학

소쉬르 언어학의 세 가지 과제는 기존의 모든 개별언어에 대한 공시적, 통시적 기술, 이들 모든 언어를 지배하는 일반 법칙을 규명하고 발견하는 것, 그리하여 언어학의 고유 영역을 한정함으로써 자체의 고유 대상을 규정하는 작업이다(『강의』, p.20 참조). 뱅베니스트는 이 가운데서 마지막 과제, 즉 고유한 연구 대상인 랑그를 규정함으로써 나머지 두 가지 과제가 해결될 수 있으며, 이것이 언어학 연구의 시발점이라고 한다. 소쉬르 역시 언어학의 연구 대상인 랑그의 정의와 함께 『강의』를 본격적으로 시작한다. 그리하여 소쉬르는 첫째의 방법론적 요구로서 랑그를 인간언어와 분리시켜 랑그의 독립적인 자율성을 인정하고, 통일체로서의 랑그를 규정하며, 이에 기초하여 모든 언어 현상의 분류 원리를 제시한다(『강의』, p.25 참조).

소쉬르는 랑그의 성질을 기호로 보고, 기호체계로서의 랑그의 성격을 규명하려고 했다. 랑그가 통일체로 인정되고, 의미 기능을 행하는 것은 그것이 기호이기 때문이라고 하며 랑그를 이와 동일한 성질을 지닌 전체 기호체계 내에 통합시킨다. 그래서 기호는 단순히 언어학적 개념에만 그치는 것이 아니라 제반 인간사와 사회적 차원으로 확대되고, 랑그를 이 여러 기호체계 가운데서 가장 중요한 것이라고 하였다 (『강의』, p.33). 그러므로 모든 언어학적인 문제는 이 기호학적 문제에서 출발해야 한다고 주장한다(『강의』, p.33~34).

이와 반대로 우리에게 언어학적 문제는 무엇보다도 기호학적인 것이며, 따라서 우리의 모든 논지 전개의 의의는 이 중요한 사실에서 가져왔다(『강의』, p.33~34).

그렇지만 소쉬르는 언어학이 과학으로서 성립될 수 있는 가능성은 기호학의 영역 내에서이며, 기호학적 문제가 언어학적 문제를 해결해 줄 수 있을 것이라는 점을 시사했을 따름이다. 그리하여 기호체계의 중요한 한 요소인 랑그의 성질에 관한 몇 가지 점만을 『강의』에서 논하고 있을 뿐이고, 기호체계가 어떤 것인지, 기호체계들 상호 간의 관계는 무엇인지, 여타의 기호학과 언어기호학(언어학)의 관계는 어떤지 등의 문제는 전혀 논의하지 않았다.

뱅베니스트는 소쉬르의 이러한 기호론적 시도에서 출발하여 전체 기호론의 성격을 규명하는데, 기호론에 속할 수 있는 기준과 전체 기호에 공통된 특성은 의미화 특성과 의미화의 단위인 기호의 조직이라고 기호론의 존재 근거를 밝힌다(*PLG II*:3, p.51). 기호체계의 특성은 조작 방식, 유효성의 영역, 기호의 성질과 수효, 기능작용의 유형, 이 네 가지로 규정되는데, 전자의 두 특성은 기호체계의 외적, 경험적 조건이며, 후자의 두 특성은 기호체계의 내적, 기호학적 조건이다(*PLG II*:3, p.51~53). 어떤 체계가 이 네 가지 조건을 충족하는 경우에 그 체계는 기호체계라고 할 수 있다. 이러한 조건에 의해 기술될 수 있는 기호체계의 상호 관계는 두 가지 원리로 정의된다. 첫째는 비잉여성non-redondance의 원리로서 서로 다른 두 유형의 기호체계는 전환될 수 없다는 원리이다. 어떤 기호의 가치는 주어진 기호체계 내에서만 유효하기 때문에 동일한 기호라고 하더라도 기호체계가 달라지면 가치가 달라진다. 따라서 두 기호체계를 비교하려면 동일한 성질을 지닌, 전환이 가능한 기호체계라야 한다. 둘째 원리는 해석/비해석 체계système interprétant/interprété의 원리이다. 각 기호체계는 그 체계 자체 내에서 해석되거나 아니면 다른 기호체계로부터 해석을 빌려 와야 한다. 이 경우 스스로 해석이 가능한 기호체계를 해석 체계, 다른 기호로부터 해석이 되는 기호체계를 비해석 체계라고 한다. 언어기호체계는 해석 체계이며, 사회 내의 다른 모든 기호체계는 언어기호체계를 통해 해석되는 피해석 체계이다. 그러나 이러한 사회의 다른 기호체계가 언어체계를 해석할 수 있느냐 하면 그렇지 못하다. 여기서 기호체계들 간의 불균형의 관계, 비환원성의 관계가 성립한다. 이러한 이유로 랑그의 체계는 사회의 모든 기호체계 가운데서 가장 중요하고 독특한 체계를 구성한다. 이러한 기호체계의 관계를 지배하는 원리로부터 전체 기호론 내에서 각 기호체계의 분류와 계층화가 가능하다. 그렇다면 기호체계는 비교가 가능한가? 뱅베니스트는 기호체계들 간의 상호 비교가 가능하려면 최소한의 조건이 필요하다고 한다. 첫째, 기호의 유한 목록과 둘째, 기호의 형체figure를 지배하는 배열 규칙, 셋째, 이 기호체계가 만들어 내는 담화의 성질과 수가 그것이다(*PLG II*:3, p.56~57).

　기호체계들 사이의 관계를 드러내 주는 원리에 입각해 기호체계의 비교 가능성의 조건을 충족시키는 이들의 관계 유형은 세 가지이다. 첫 번째는 발생관계engendrement이다. 예컨대 이 관계는 정상적인 알파벳과 점자 사이의 관계로서 서로 구별되지만 동시적인 두 기호체계의 관계이다. 두 번째는 동형관계homologie이다. 이것은 두 기호체계의 부분들 사이의 상관관계를 나타내는 관계인데, 예컨대 구조가 다른 두 언어들 사이의 관계이다. 이 경우 동형관계는 부분적일 수도 있고 광범위한 것일 수도 있다. 세 번째는 해석관계interprétance이다. 이것은 해석체계와 비해석 체계의 관계로서, 랑그의 관점에서 보면 랑그는 다른 모든 기호체계의 해석자interprétant가 된다. 왜냐하면 모든 비언어적 기호체계는 언어의 통로를 거쳐야 하기 때문이다. 그리하여 언어의 기호학에 의해, 언어의 기호학 내에서만 이들 다른 기호체계의 존재가 드러난다. 따라서 랑그는 언어적이든 비언어적이든 모든 기호체계의 해석자가 된다(*PLG II*:3, p.60~61).

그러면 랑그는 전체 기호체계 내에서 어떻게 이처럼 중요한 지위를 차지하게 되었는가? 이를 밝히기 위해 뱅베니스트는 먼저 기호 단위 문제를 제기함으로써 랑그의 지위와 중요성을 밝히고자 한다. 기호 단위 문제가 제기되는 이유는 모든 유의미 체계는 의미작용의 방식 mode de signification으로 구별해야 하는데, 의미작용은 기호체계를 구성하는 이 단위들의 작용으로 생기기 때문이다. 다시 말해서 기호체계 내에서 이 기호 단위들이 어떤 방식으로 작용하는가에 따라 생겨나는 의미의 성질이 달라지고 이에 따라 이 기호체계가 규정된다는 것이다. 이러한 이유로 기호 단위를 먼저 정의해야 한다.

뱅베니스트는 모든 기호체계가 단위로 환원되는가, 그리고 이 단위가 존재하는 체계 내에서 기호를 구성하는가를 질문한다(*PLG II*:3, p.57). 단위와 기호는 별개의 것으로 구별해야 하는데, 모든 기호는 단위가 되지만 모든 단위는 기호가 될 수 없기 때문이다. 여기서 그는 랑그의 특성을 다음과 같이 규정한다. "랑그는 단위들로 구성되며, 이 단위는 기호이다."(*PLG II*:3, p.58) 언어기호는 무엇보다 유의미 체계를 형성하며, 그 의미는 외부에서 주어지는 것이 아니라 기호 자체에 내재해 있는 까닭에 랑그의 의미화는 바로 의미작용이다. 그러므로 랑그는 스스로를 해석할 수 있는 능력이 있고, 다른 모든 기호체계의 해석자로 등장할 수 있다. 여타의 다른 기호체계는 기호 그 자체 내에 이러한 의미화 작용이 없고, 따라서 자체의 기호학적 구별 원칙에 따라 범주화되고 해석되지 않는다. 그리하여 언어기호체계로부터 의미 해석을 부여받아야 한다. 뱅베니스트는 이러한 랑그의 기능을 기호학적 모델

작용_{modelage sémiotique}이라고 한다(*PLG II*:3, p.63). 랑그의 독특한 특성은 소위 랑그의 이원적 의미화에서 기인하는 것으로 분석하는데, 이 의미화 유형은 기호학적 방식과 의미론적 방식 두 가지이다. 랑그 이외의 다른 기호체계는 의미론적 방식과 기호론적인 방식 중 어느 한 가지 방식으로 기능하는데, 랑그는 이 두 가지 의미화 방식을 모두 갖는다. 이 두 가지 의미화 방식의 차이는 다음과 같다.

기호학적 방식	의미론적 방식
형식구조로서 랑그의 단위인 언어기호에 고유한 의미화 방식.	담화에 의해 산출되는 의미화의 특별한 방식이며, 그 단위는 전달 메시지를 지닌 단어. 즉 메시지 산출을 담당하는 역할을 하는 랑그.
모든 지시 기능_{référence}과는 따로 독립되어 있다.	반드시 모든 지시대상을 참조한다. 따라서 발화 상황 내에서 사용된 담화, 발화행위의 세계 내에서 작용한다.
기호는 인지되어야 한다.	의미는 이해되어야 한다.
기호는 대립가치를 지니며, 기호학적 연구는 기호를 확인한다. 즉 기호를 인지하고 변별적 표지를 기술하고, 변별성의 기준을 발견한다.	단어는 현실을 참조해 정의되는 까닭에 의미론적 연구는 단어를 이해하는 데 있다. 즉 모든 구체적 상황과 관련해 단어가 구성하는 메시지를 해석한다.

이 두 가지 의미화 방식은 기호체계로서 랑그가 그 구조 내에서 갖는 기호론적 의미화 방식과 이것이 상황 내에서 사용되었을 때 갖는 의미론적 방식으로 요약될 수 있다. 즉 랑그를 기호학적 형식 체계로 보는 한편, 또한 담화의 기능작용을 하는 단위로 간주함으로써 랑그에

이중적 지위를 부여한다. 담화로서의 랑그에 새로운 차원의 의미화 방식이 주어지는데, 이를 연구하는 것이 의미론이다. 그러므로 의미란 구체적 발화 상황에서 화자가 랑그를 사용함으로써 생겨난다. 이것이 바로 뱅베니스트가 말하는 발화행위énonciaton이다. 소쉬르의 랑그와 파롤의 대립과 기호학적 랑그의 개념, 랑그의 체계, 구조와 그 기능작용을 넘어서 새로운 담화의 세계를 도입함으로써 뱅베니스트는 언어의 의미화의 새 국면을 제시한다. 이러한 고려하에 그는 랑그의 지위를 다음과 같이 규정한다(*PLG II*:3, p.62). 첫째, 랑그는 서로 구별되는 형식적 단위로 구성되어 있고, 이 단위는 기호이다. 둘째, 랑그는 주어진 발화 상황을 참조하는 발화행위에 의해 의미가 드러난다. 셋째, 랑그는 공동체 내의 모든 성원들에게 동일한 지시 가치를 지닌 채 산출되고 수용된다. 넷째, 랑그는 주체들 사이에 이루어지는 의사소통의 유일한 실현이다.

랑그의 사용은 새로운 담화의 세계이며, 이 새로운 담화 세계는 기호학의 영역 내에서 설명할 수 없으므로 새로운 개념과 정의가 필요하다. 발화 상황을 참조하는 발화행위는 언제나 담화 내에 상황 참조의 표지들이 있는데, 뱅베니스트는 이들을 발화행위의 형식적 장치appareil formel로 부르고, 일차적으로 분석한다. 이와 같은 상황 표지에 의해 랑그의 기호가 의미화된다. 이 발화의 형식적 장치는 인칭체계je-tu, 시공간의 지시체계ici-maintenant, 화법modalité, 수행 발화énoncé performatif, 화식동사verbe délocutif 등이다(*PLG II*:5, 참조).[8]

---

8 R. Jakobson, *Essais de linguistique générale I*, Paris: Minuit, 1963, ch.9(「연계사, 동사 범주와 러시아

V. 랑그의 의미 화용론

뱅베니스트의 언어에 대한 근본적 태도는 의미론적이다. 그에게 언어의 본질적 기능은 의미작용이다. 그에게 언어란 무엇보다도 유의미한 행위이며, 그 속성은 의미하는 것이다. 이 의미하는 속성을 지닌 기능이 언어가 인간 사회 내에서 갖는 다른 모든 기능을 해명해 준다고 생각한다.

그러면 언어의 의미하는 속성은 어디서 생겨나는 것일까? 뱅베니스트는 언어의 기호학적 특성에서 역시 이 문제를 해명하려고 한다. 즉 랑그가 기호인 까닭에 의미를 갖는 것이며, 의미는 랑그의 존재 본질로서 이 의미 기능이 없는 랑그는 무無에 지나지 않는다. 인간사의 모든 문제를 언어와 관련지을 수 있는 것도 이러한 언어의 기호학적 능력 때문이다.

그리하여 뱅베니스트는 소쉬르의 랑그에 대한 기호학적 개념에서 출발하여 의미체계로서의 랑그 개념을 도입한다. 즉 기호가 기호로서 역할을 하는 것은 그것이 의미를 지니고 있기 때문이며, 의미를 가진다는 것은 곧 이 기호를 사용하는 사람들에게 받아들여져 사용된다는 것을 의미한다. 그러므로 기호학적 차원에서 의미를 정의한다는 것은 문제가 되지 않고, 오직 단위로서 랑그 기호를 주어진 언어사회의 화자들이 사용하고 있는지 여부에 대한 판단이 의미 소지의 기준이 된다. "기호는 랑그의 사용에서 그 존재가 확인된다. 랑그의 사용에 포

동사」 참조.

함되지 않는 것은 기호가 아니며, 따라서 문자 그대로 존재하지 않는다."(*PLG II*:15, p.222) 화자들에게 인정되어 사용되면 그것은 곧 기호라는 것이다. 기호의 사용은 곧 기호의 의미의 소지가 된다.

그런데 순수한 형식적 관계로서의 랑그 기호는 사용됨으로써 의미관계의 체계가 된다. 화자의 랑그 사용은 의미론의 세계이며, 기호로서의 랑그의 성격이 담화의 성격으로 바뀐다는 것을 의미한다.

	기호론적 세계			의미론적 세계
	랑그			담화
기호	$\rightarrow$	화자의 사용	$\Rightarrow$	문장
	형식체계			의미체계

그러므로 기호 자체와 기호의 사용, 랑그와 랑그의 사용을 구별해야 한다. 랑그의 내재적 구성 요소로서 시니피에와 담화 내의 실현으로서 랑그의 의미는 다른 것이다. 랑그의 실현으로서 생겨나는 의미는 이미 언어와 언어 외적 상황을 연결 짓는다. 의미의 표현으로서 문장은 각 상황에 특수한 개별적 사건이다. 반면 랑그 기호는 총칭적, 개념적 가치만을 지닐 따름이다. 여기에 언어 기능의 두 양식인 기호학적 기능(=의미화 기능)과 의미론적 기능(=의사소통 기능)이 있다. 랑그에 대한 의미론적 개념은 추상체계로서 랑그의 영역을 떠나 사용과 행위의 영역인 의사소통의 영역에 들어서게 된다. 랑그의 이 의사소통을 이루는 담화의 단위는 문장과 단어이다. 뱅베니스트에게 단어의 의미는 단어의 사용이며, 문장의 의미는 화자가 발화 상황에서 표현한 생각idée이

다(*PLG II*:15, p.226). 그리하여 뱅베니스트는 의미를 보다 폭넓은 견지에서 다음과 같이 정의한다. "전체 화자들이 동일하게 이해하는 의사소통의 모든 절차"(*PLG II*:15, p.226).

VI. 마무리

이원적 체계로서 랑그에 대한 고려, 즉 한편으로는 형식적, 추상적, 이론적 기호체계와 다른 한편으로는 경험적, 구체적 사용의 의미체계로서 랑그에 대한 뱅베니스트의 고찰은 소쉬르의 기호관과 랑그/파롤의 이원적 대립을 초월하려는 시도였다. 그러나 뱅베니스트는 기호 자체를 구성하는 시니피에와 기호가 형식적 대립 체계를 이루면서 생겨나는 가치, 이 기호를 구체적 발화 상황에서 사용할 때 생겨나는 의미작용의 관계를 명확히 구별하면서도 이들의 관계는 명확히 설명하지 않고 있다. 더욱이 그의 의미론 영역에서 랑그의 사용으로 담화가 구축되고, 이 랑그의 실현으로 담화가 되는 과정에서 의미가 생성된다고 하는데, 이러한 의미를 기술할 수 있는 분석 절차와 기준, 개념의 정의가 기호론의 영역에서처럼 명확하고 엄밀하게 제시되어 있지 않다. 랑그체계가 어떻게 담화체계로 전환되는지, 어떻게 이 전환과정에서 시니피에, 가치, 의미작용이 교호 작용을 하며 의미$_{sens}$를 생성하는지에 대한 분석 역시 분명하게 제시된 것이 없다. 그리고 담화 차원에서 언어학을 어떤 방법으로 연구하는지에 대한 것도 시사와 계획적 언급만 있을 뿐이다. 뿐만 아니라 언어의 사용인 발화행위에서 규정하는 언어

행위의 원천이 되는 주체자로서의 화자의 지위와 언어가 사용되는 상황과 사회의 개념을 정확히 한정하는 것도 과제로 남아 있다. 따라서 뱅베니스트의 의미론은 인간 해석과 세계 해석이라는 철학적, 인류학적 문제로 넘어간다. 유의미 체계로서의 언어가 일정한 사회의 성원들에 의해 사용됨으로써 비로소 그 의미를 생성한다면, 인간과 사회, 그리고 인간과 사회가 만나 만들어 내는 문화에 대한 연구 없이는 언어 연구는 불충분한 것이 된다. 뱅베니스트는 이러한 관점에서 상징의 원리가 지배하는 모든 영역, 즉 인간, 사회, 정신, 문화의 개념을 언어상징과 결부 짓고, 이들을 폭넓게 언어 연구에 활용함으로써 언어의 본질을 밝히려고 했다(*PLG I*:2, p.29~30 참조).

참고문헌

Benveniste, É., *Problèmes de linguistique générale I/II*, Paris: Gallimard, 1966/1974.

Dolgin J. L. et al. eds., *Symbolic Anthropology: A Reader in the Study of Symbols and Meanings*, NewYork: Columbia University Press, 1977.

Ebel, M. and Fiala, P., "Les notions de sémiotique et de sémantique chez É. Benveniste", *Revue européenne des sciences sociales 12:32*, Genève: Droz, 1974.

Jakobson, R. *Essais de linguistique générale I*, Paris: Minuit, 1963.

Saussure, F. de, *Cours de linguistique générale*, ed. critic of T. de Mauro, Paris: Payot, 1972[1916].

1. 에밀 뱅베니스트와 『마지막 강의』 소개 및 서평

"Benveniste et le préhistoire du langage", *Le Monde*, 1970.1.31, p.IV~V.

"Un grand nom de la linguistique moderne: E. Benveniste", *Le Monde*, 1975.4.21, p.15

"Les grands penseurs du langage", *Sciences Humaines*, Les grands dossiers, n.46, 2017.3~5

R.-P. Droit, "Le linguiste dont la vie fut un roman"; J.-C. Milner, "Un risque tout", un entretien avec J. Kristeva, *Le Monde des livres*, 2012.4.19, p.2~3.

R. Maggiori, "Délier la langue. Les derniers cours du linguiste polyglotte Emile Benveniste", *Le Cahier livres de Libération*, 2012.4.25, p.VI~VII.

J.-C. Chevalier, "Benveniste, fascinant et multiple", *La Quinzaine littéraire*, 2012.4.16~30, p.22.

M. Arrivé, "Benveniste 'un monstre d'érudition'?". *Boojum*, 2012.5.

M. Hunyadi, "*Derniéres leçons*. d'Émile Benveniste au Collège de France", *Le Temps*, 2012.6.29.

「Le journal de la philosophie」, France Culture, 2012.5.7.

---

1 이 간략한 참고서지는 『마지막 강의』와 뱅베니스트가 갖는 중요성과 연구 성과를 재평가하는 작업의 일환으로서 옮긴이가 추가한 것으로, 주로 *PLG I · II* 이후 에밀 뱅베니스트 연구자들이 진행한 세미나, 학회, 집담회를 통해 출간된 단행본이나 논문, 학술지 특집호들의 목록이다. 여기서는 주로 저서를 중심으로 소개했고, 논문은 싣지 않았다.

V. Capt, *Semen: Revue de sémio-linguistique des textes et discours*, n.34, 2012, pp.193~198.

J.-P. Saint-Gerand, *Questions de communication*, n.23, 2013, pp.423~425.

I. Fenoglio, *Letras, Santa Maria*, v.23, n.46, 2013, pp.67~81

F. Bader, *Cahiers Ferdinand de Saussure*, n.66, 2013, pp. 207~215.

2. 에밀 뱅베니스트 특집호와 집중 연구서, 전문학회

Adam, J.-M., Laplantine, C. et al. dirs., *Les notes manuscrites de Benveniste sur la langue de Baudelaire*, SEMEN: *Revue de sémio-linguistique des texte et discours*, n.33, Besançon: Presses universitaires de Franche-Comté, 2012.1.

Barthes, R., "On Émile Benveniste", *Semiotica*, vol.37.1, La Haye: Mouton de Gryter, 2009[1981], pp.25~46.

Bédouret-Larraburu, S. and Laplantine, C. dirs., *Émile Benveniste: vers une poétique générale*, Pau: Presses Universitaires de Pau et des Pays de l'Adour, 2015[Le Colloque "Emile Benveniste et la littérature", Org. Bédouret-Larraburu, S. and Laplantine. C., Bayonne, 2013.4.2~3.]

Benveniste, É., *Problémes de linguistique générale* (1939-1964), Paris: Gallimard, 1966.

_____, *Problémes de linguistique générale*(1965-1972), Paris: Gallimard, 1974.

_____, *Vocabulaire des institutions indo-européennes*, t.1, *Économie, parenté, société*, t.2, *Pouvoir, droit, religion*, Paris: Minuit, 1969.

_____, "The semiology of language", *Semiotica*, vol.37.1, La Haye: Mouton de Gryter, 2009[1981], pp.5~24.

_____, *La communication: extrait de Problèmes de linguistique générale*, extracted by Seloua Luste Boulbina, Paris: Gallimard, 2009.

_____, *Baudelaire*, Presented and transcripted by C. Laplantine, Limoges: Lambert-Lucas, 2011.

_____, *Dernières leçons: Collège de France 1968 et 1969*, coordinated by Fenoglio, I. and Coquet, J.-C., Paris: Gallimard/Seuil, 2012.

_____, *Langues, cultures, religions*, Choix d'articles rèunis par C. Laplantine et G.-J. Pinault, Paris: Ed. Lambert-Lucas, 2015.

Benveniste, É., Kristeva, J., Milner, J. C. and Ruwet, N., *Langue, discours, sociètè : pour Émile Benveniste*. Paris: Seuil, 1975.

Brunet, E. and Mahrer, R. eds., *Relire Benveniste. Réceptions actuelles des Problèmes de linguistique générale*, Paris: L'Harmattan, 2011.

Colas-Blaise, M., Perrin, L., Tore, and G. M. dirs., *L'énonciation aujourd'hui. Un concept clé des sciences du langage*, Limoges: Lambert-Lucas, 2016.

Coquet, J.-C. and Derycke, M., *Le lexique d'É. Benveniste I/II*, Centro Internazionale di Semiotica, Urbino: Università di Urbino, 1971/1972.

Coquet, J. C. and I. Fenoglio, I. et al., *Autour d'Émile Benveniste: Sur l'écriture: Avec deux inédits d'Émile Benveniste*, Paris: Seuil, 2016.

Dessons, G., *Émile Benveniste, L'invention du discours*, Paris: Bertrand-Lacoste/Edition In Press, 1993/2006.

D'Ottavi, G. and Fenoglio, I. dirs., *Émile Benveniste 50 ans après les Problèmes de linguistique générale*, Paris: Éd. Rue d'Ulm, 2019.

Fenoglio, I., "Linguistique générale et héritage saussurienne dans les notes préparatoires du cours de Benveniste, Collége de France 1963-64", *Cahiers Ferdinand de Saussure*, n.67, 2014, pp.69~89.

La journée d'étude, "Benveniste aujourd'hui. Où sont les titres du langage à fonder la subjectivité?", Caen, 2008.5.30.

La journée d'étude, "Regards croisés sur l'énonciation. Actualité d'Émile Benveniste dans les sciences du langage", Paris, 2008.6.

La journée d'étude, "Émile Benveniste: écrits sur la poésie et manuscrits de linguistique générale", Lausanne, 2010.11.5~6.

La Table-ronde, "Autour d'Émile Benveniste", l'Ecole Normale Supérieure, 2012.6.7.

L'Enonciation(특집호), *Langages*, n.17, 1970.

Laplantine, C., *Émile Benveniste; poétique de la théorie: publication et transcription des manuscrits inédits d'une poétique de Baudelaire*, Thèse de Doctorat: Université de Paris 8, 2008.

_____, *Émile Benveniste, l'inconscient et le poème*, Limoges: Lambert-Lucas, 2011.

_____, "Actualité d'Emile Benveniste", *Semen: Revue de sémio-linguistique des textes et discours*, vol.33, 2012, pp.165~184.

_____, "Faire entendre Benveniste", *Acta fabula: Revue des parutions pour les études littéraires*, vol.14, n.7, 2013.

Le Colloque "Les théories énonciatives aujourd'hui: Benveniste après un demi-siècle",

Marne-la-Vallée, 2011.11.24~25.

Lionel, D. and Lucie, G., *Benveniste après un demi-siècle: regards sur l'énonciation aujourd'hui*, Paris: Ophrys, 2013.

Malkiel, Y., "Necrological Essay on Émile Benveniste (1902-76)", *Romance Philology*, vol. 34, no.2, 1981.11, pp.160~194.

Martin, S. dir., *Émile Benveniste: pour vivre langage*, Mont-de-Laval: L'atelier du grand Tétras, 2009. (2008.5.30 연구발표회)

Moïnfar, M. D. ed., *Mélanges linguistiques offerts à Émile Benveniste*, Paris: Société de Linguistique de Paris, 1975. (É. Benveniste의 저술 목록 게재)

_____, "L'œuvre d'Émile Benveniste"; "Annexe 1: Titres et fonctions d'Émile Benveniste"; "Annexe 2: Orientation bibliographique", *LINX* 26, Nanterre: Université de Paris X, 1992, pp.15~26.

Montaut, A. and Normand, C. dirs., *L'écritures d'Émile Benveniste*, *LINX* 26, Nanterre: Université de Paris X, 1992.

Normand, C. and Arrié, M. dirs., *Émile Benveniste vingt ans après: actes du Colloque de Cerisy*, *LINX* 9, Nanterre: Université de Paris X, 1997 [Colloque de Cerisy, "Émile Benveniste vingt ans aprés", 1995.8.12~19].

Ono, A., "La notion d'énonciation chez Émile Benveniste: formation et problématiques", Thèse de doctorat en Sciences du langage, Paris X, 2004.

Ono, A., *La notion d'énonciation chez Émile Benveniste*, Limoges: Editions Lambert-Lucas, 2007.

Taillardat, J., Lazard, G. and Serbat, G. eds., *É. Benveniste aujourd'hui: Actes du Colloque international du C.N.R.S.*, t.I, *Linguistique générale*, t.II, *Grammaire comparée, Études iraniennes*, Paris: Peeters, 1984 [Conference "É. Benveniste aujourd'hui: actes du colloque international du CNRS.", Université F. Rabelais, Tours, 1983.9.28~30].

Toutain, A. G., *Entre langues et logos: une analyse épistémologique de la linguistique benvenistienne*, Berlin: De Gruyter Mouton, 2016.

인명 찾아보기

개념 찾아보기

삽화목록

삽화 1 © Serge Hambourg/Opale

삽화 2~18, 20~29 © Bibliothèque nationale de France

삽화 19 © Collège de France. Archives